です。

神戸では、来神外国人が増えても、最早居留地を増やす必要がなく、外国人は好んで雑居地に住みました。その結果、外国人居留地は最初に設定されたまま、全く増減がなく、町の区割りも道路もほぼそのまま残り、現在も「旧居留地」として、地図上にも記載されています。これも神戸だけの特徴です。

言うまでもありませんが、近代都市・神戸は居留地・雑居地だけで形成されてきたわけではありません。古代から海港都市として発展してきた兵庫津とその後背地域、須磨・垂水の地域や武庫山（六甲山）の北側の地域も含まれます。

さて、「ＮＰＯ法人・神戸外国人居留地研究会」は、一九九八（平成一〇）年三月に呱々の声を挙げ、二〇二三（令和五）年に創立二五周年を迎えます。この間、会員がさまざまなテーマで近代都市神戸の歴史について研究を行い、その成果を色んな機会に発表してきました。この数年は、コロナ禍のため研究会もやむなく中止をしたり、規模を縮小して開催したりしてきましたが、この度これまでの成果を本としてまとめることにいたしました。ここに寄せられた九編の論文、五編のエッセイ・その他は、それぞれのテーマについてその研究成果を明らかにした自信作・会心作です。

本書が、多くの読者を得て、神戸の歴史についての共有財産となることができれば、これ以上の喜びはありません。

二〇二三年一月

神木哲男

はじめに

一八七二年一〇月一四日（明治五年九月一二日）、新橋・横浜間に鉄道が開通してから、二〇二二年は、一五〇年に当たり記念の行事が行われました。大阪・神戸間の鉄道もほぼ同時に着工しましたが、芦屋川や石屋川などの天井川には下にトンネルを掘って開通させたので、竣工が約二年間遅れ、開通したのは、一八七四（明治七）年五月一一日でした。

一九〇〇（明治三三）年に作られた鉄道唱歌（第一集・東海道篇）の第六二番は、「神戸は五港のひとつにて　集まる汽船のかずかずは　海の西より東より　瀬戸内がよひも交じりたり」とあり、神戸は海港都市として発展していることが謳われています。

さて、神戸は五港の一つとして開港が決定されますが、幕末維新の動乱で外国人居住専用区域・居留地の建設が遅れ、日本人が承諾すれば日本人の居住する地域に住んでもよい雑居地が認められ、多くの来神外国人が日本人の住居の隣に家を借りたり、新しい家を建てたりして住み始めました。現在の北野町や元町などがその地域に当たりますが、このことが神戸独自の生活文化を生み出すことになったのです。横浜や長崎などの開港地では、来住外国人が増えれば外国人居留地が増設され、日本人と外国人が同じ地域に住むことはありませんでした。

神戸の雑居地域では、日本人と外国人が日常的に接触し生活する中で、日本人は外国人の生活習慣を日本人が受け入れやすいように日本化して（Japanization）取り入れ、外国人は日本人の生活習慣を取り入れやすくして（westernization）受け入れ、それぞれが神戸独自の生活文化を造りあげていったの

口絵6　1924年、東遊園地で行われた神戸一中 vs. 二中のラグビー定期戦（レフリー：J. エブラハム＝ KR&AC 会員）。旧制甲南高等学校を設立した平生釟三郎は学生にラグビーを推奨した
（神戸市文書館蔵）→ 272 ページ

口絵7　文楽作品の一つ「義経千本桜渡海屋」大物浦の段。歌舞伎でも演じられる作品で、義経に敗れた平知盛は大碇とともに海に身を投げる
（『大日本六十余州之内』 国立国会図書館デジタルコレクションより）
→ 352 ページ

口絵４　神戸に居住したH･E･ドーントが描いた絵。ドーントは『INAKA』の編集・発行を行った
（『INAKA』Vol.18 神戸市文書館蔵）
→66ページ

口絵５　中山手通にあったヤマト・ホテル。第二次世界大戦中、神戸へ逃れてきたユダヤ難民の滞在施設（合宿所）として利用された
（神戸市文書館蔵）→330ページ

近代神戸の群像

居留地の街から

目　次

目次

幕領期「神戸外国人居留地図」の再検討
—初期構想図・計画図・完成図への変更とねらい—

大国　正美

はじめに

神戸外国人居留地は、一八六七年五月一六日（慶応三年四月一三日）の英米仏三カ国と江戸幕府との間の「兵庫大坂規定書」[1]によって、初めて旧生田川と神戸町の間に設置することが決まり、イギリス人技師C・ブロックらによる測量で設計された。倒幕による工事の中断の後、一八六八年六月、伊藤俊介兵庫県知事のもとで工事が再開された。一八六八年に伊藤県知事とイギリス人技師J・W・ハートが作成した「伊藤俊介英人ハルト立会分見絵図　居留地之図」や一八七〇年と一八七二年の年紀のある「PLAN OF THE FOREIGN SETTLEMENT OF KOBE」があり[2]、J・W・ハートの功績が高く評価されてきた。

幕領時代の神戸外国人居留地の計画図については、C・ブロックらによる一八六七年一一月（慶応三年一〇月）の「条約スミ（済）兵庫港神戸外国人居留地絵図面　地所区割并道路ノ定メ」（以下、「条約スミ絵図面」と略称）が知られ、『神戸市史　本編各説』『神戸市史　附図』は、この「絵図面」を「公けなる居留地図として最初のものなるべく」とした。[3] しかしこれに先立つ半年前の一八六七年五月二六日付「神戸外国人居留地図」が国立公文書館に現存している（図1、口絵2）。村田明久氏が一九九五年にこの地図を取り上げ「条約スミ絵図面」の「元図」[4]、小代薫氏が未完成の「居留地計画下書き図」[5]と評価したが、それ以降の刊行物もこの「神戸外国人居留地図」には触れず、一般にはほとんど知られていない。

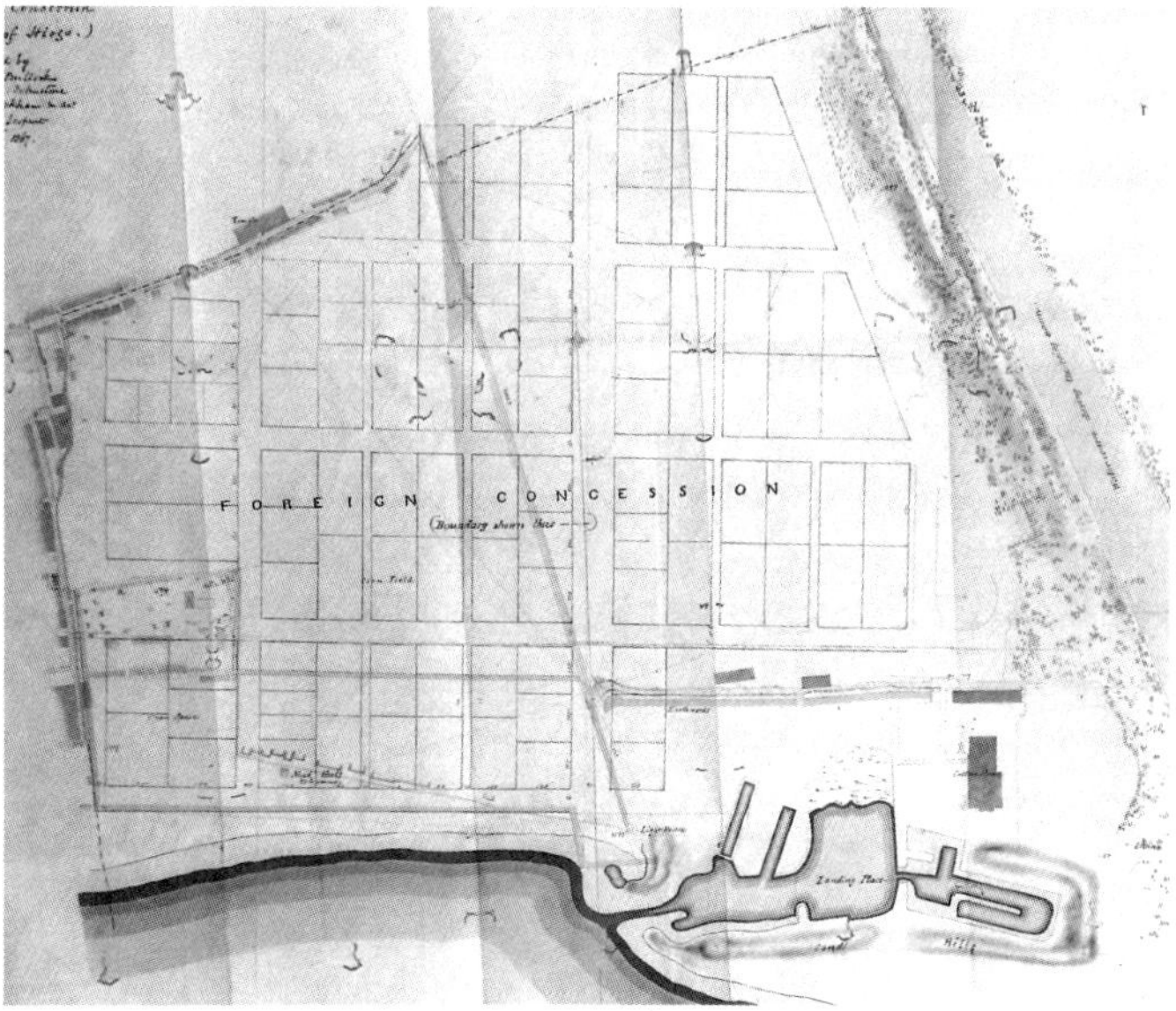

図1 「神戸外国人居留地図」（1867年５月26日付、国立公文書館蔵）

また『神戸市史 本編各説』は、C・ブロックらによる「条約スミ絵図面」について、公園が東南隅の一小部にとどまり、現在の東遊園地に沿う東町は甚だしく屈曲しているとして、「後に成れる居留地の実際とは全く其趣を異にせり」[6]と評した。それは現在の東町と東遊園地周辺についての部分的な指摘であり、計画全体を示したものではなかったが、この「全く其趣を異にせり」という見解は、後の多くの研究者によって全体を示すように引用され、居留地の最初の設計者C・ブロックらの役割は軽視されてきた。[7]

これに対し、小代薫氏は、イギリス国立公文書館でC・ブロックらによる五月付の街区・道路の記入のない「測量図」、「下書き図」を改良した「居留地計画本図」(PLAN OF FOREIGN CONCESSION KOOBE、口絵1)などを新たに発見した。小代氏により、C・ブロックらの神戸外国人居留地の地図は、測量図―下書き図―計画本図が作成され、それらが日本とイギリスに現存することが判明した。

また小代氏は、J・W・ハートの地図が作成される以前に、自治組織である居留地会議が発足、C・ブロックらによる地図をベースに、居留地整備を議論していることを明らかにした。この結果J・W・ハートの地図はハートが個人で作成したものではなく、小代氏は「基本計画、実施計画の両方において、ハートにより修正は多少あったものの、神戸居留地はC・ブロックの計画が踏襲された」と、設計でのJ・W・ハートによる地図との重要度を逆転させた。神戸外国人居留地の最初の設計者のC・ブロックらは、ようやく正当な評価を得たと言っても過言ではない。

ただ、小代氏の研究の主眼は、明治以降、居留地会議が行った自治活動の過程と成果の解明にあり、幕府とイギリスとの居留地計画の協議には重点を置いていない。このためC・ブロックらの英文の地図がどのようにして、幕府のもとで和文の「条約スミ絵図面」となったのか、それにだれが関与したのかについては「日本人が写した」とするにとどまっている。またC・ブロックの地図とJ・W・ハートの地図とでは道路の幅員以外に、道路網や道路の長さも修正され、北部の街区の形や、居留地内の地番も大きく変更されている。しかしこれらの理由も未解明である。

「神戸外国人居留地はC・ブロックの計画が踏襲された」と評価し、C・ブロックらこそが基本的な設計者であるとするのであれば、元の構想や計画はどのように変更され、最終的にどうした経緯と理由でJ・W・ハートの地図という形で成案をみたのか、検討することは不可欠と考える。小稿では、幕領時代のC・ブロックらが構想した神戸外国人居留地の整備とJ・W・ハートの地図までの変遷、そこでの幕府や明治政府、兵庫県と各国との関与を含めて再検討したい。なお道路の名称は一八七二年に命名されたが、内部の道路の本数は幕末の計画段階から変更がないことから、道路をわかりやすく表現する目的で一八七二年命名の道路表記に統一して使うことをあらかじめお断りしておく。名称は図8を参照されたい。

一・一八六七年五月の「居留地計画下書き図」

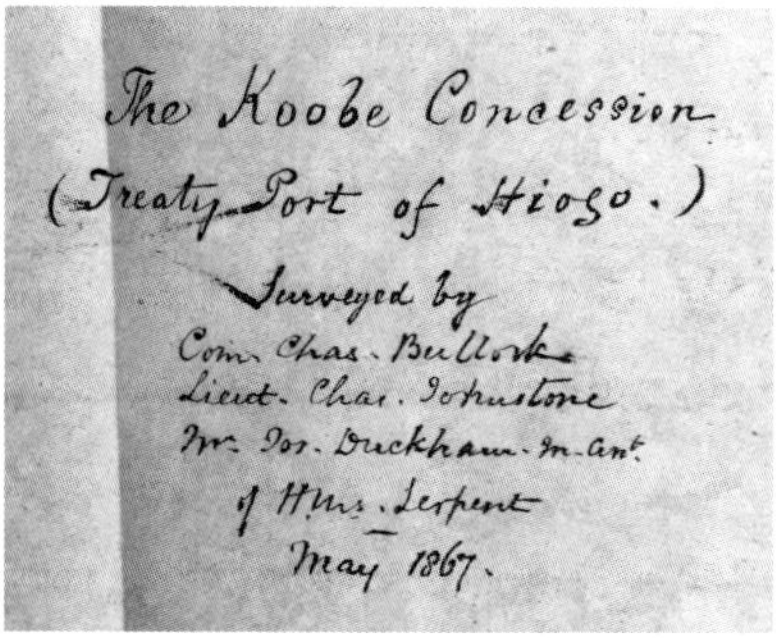

図2　「神戸外国人居留地図」の内題部分

・最初の神戸外国人居留地の「計画下書き図」

国立公文書館に保存されている「神戸外国人居留地図」（「居留地計画下書き図」）は、「26 may 1867」（一八六七年五月二六日）とあり、「兵庫大坂規定書」で居留地の位置を定めてから一〇日後の日付である。道路および、道路で挟まれた街区、さらに街区の中の区画が描かれ、それぞれ幅員も記載されている。これこそが「最初の神戸外国人居留地構想図」である。

「居留地計画下書き図」は、外題が「神戸外国人居留地図」とある彩色図である。内題は図2にあるように「The Kobe Concession（Treaty

Port of Hiogo)」とあり、続いて「Surveyed by」（測量者）としてC・ブロック、ジョンストン、ダッカムの三人の名前をあげている。内題は直訳すれば「神戸租界（ヒョーゴの不平等条約による開港場）」となるだろうか。地図の中央にも大きく「FOREIGN CONCESSION」と書かれている。神戸外国人居留地の設置を決めた「兵庫大坂規定書」の英訳は「The Foreign Settlement」であるが、[8] C・ブロックらは、「居留地計画本図」も「兵庫大坂規定書」と異なる「CONCESSION」と表記している。初期には必ずしもSettlementが定着していなかったことがうかがえる。

・日本側の測量関与

「居留地計画下書き図」の凡例で興味深いのは「Abbreviations used（使われている略語）」に「JP：Japanese peg（Jap Survey）」があり「日本人の杭（日本人測量）」の記入があることである。このことから、神戸外国人居留地の区域設定について最初の段階で日本側が自前で測量したことが判明する。JPは、具体的には旧生田川の堤防と居留地（図3—1）、西国街道と居留地の境界に見える（図3—2）。旧生田川には「Water Cours during the rainy Season（雨季の水路）」と書き込まれ、梅雨時を除けば干上がっていた

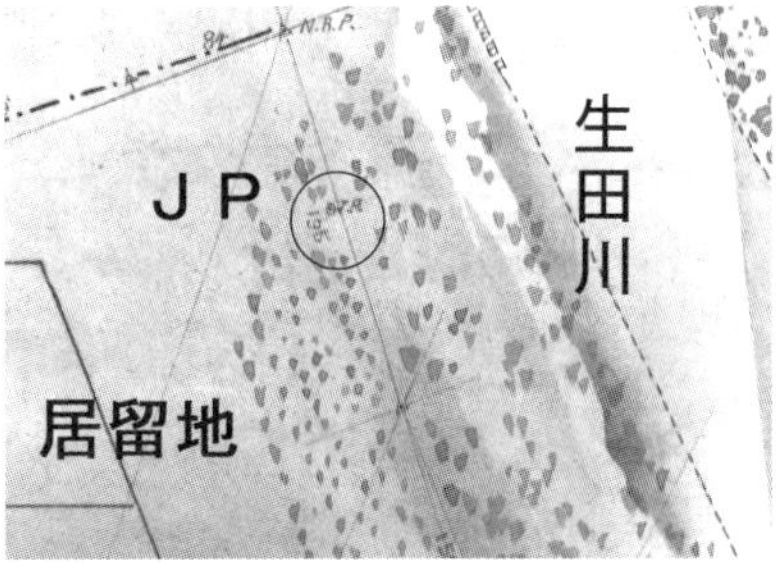

図3-1　旧生田川堤防と居留地の境界にある「JP：Japanese peg（Jap Survey）」

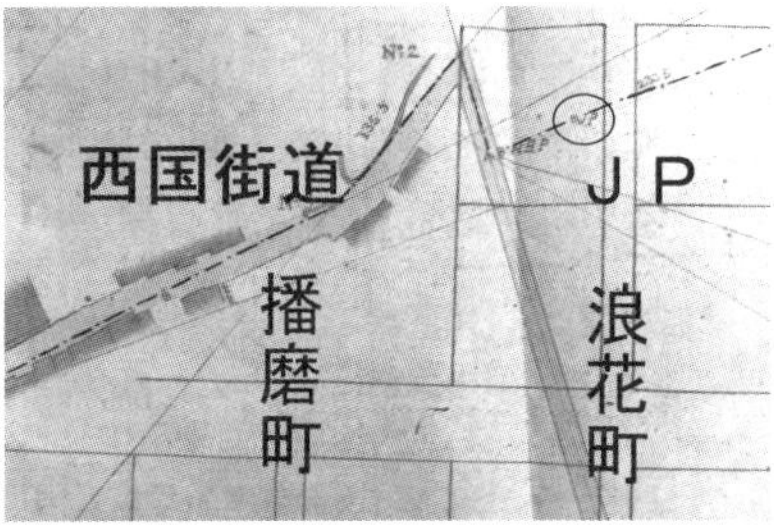

図3-2　西国街道と居留地の境界の「JP」

が、大雨では氾濫するため、景観が変わりやすく、境界を明確にすることは重要だった。西国街道との境界も往来の安全の観点から重要視したのだろう。

C・ブロックらが作成した一八六七年五月の「居留地計画下書き図」には、居留地の周囲をめぐる道路がいずれも描かれていないうえ、北西部分は居留地の外にはみ出す形になっていて、不十分なものだった。これを完成させたものが、小代氏がイギリス国立公文書館で発見した「居留地計画本図」であるが、残念ながら作成の年月の記載がなく、小代氏は一八六七年五月から一二月までのものとしている。

二、「条約スミ兵庫港神戸外国人居留地絵図面」の検討

・絵図はイギリスが提供

次に検討するのは、『神戸市史　本編各説』『神戸市史　附図』が「最初の居留地区劃図」と紹介した

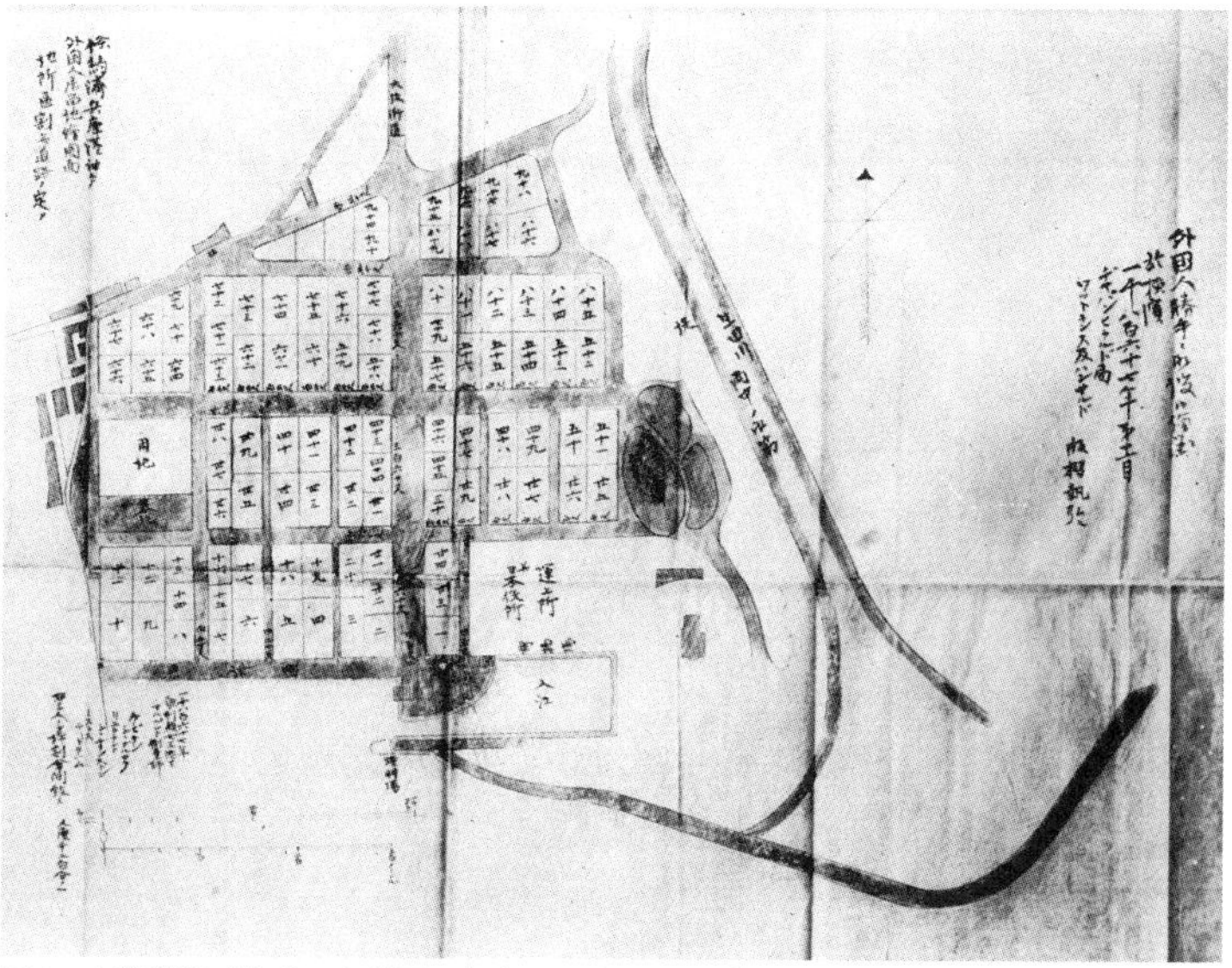

図4　大蔵省蔵「条約スミ絵図面」（1867年11月、『神戸市史　附図』）

和文の「条約スミ絵図面」（図4）の作成をめぐる経緯である。『神戸市史　附図』は、この絵図に記載されている注記から、「一八六七年一一月に横浜のジャパンヘラルドから出版されたもの」と解説する。しかし『神戸市史　附図』収録の絵図が大蔵省蔵なのに対し、外務省にもこの絵図が複数保存され、作成経緯や使用目的が判明するのに、これまで検討されていない。この章では外務省蔵図の作成経緯を検討し、どのような形で日本側に渡されたのか、そして『神戸市史　附図』収録の大蔵省蔵図との関係を明らかにしたい。

慶応三年九月一四日にイギリスの書記官ミットホールから幕府に届いた書簡の翻訳文が残っている。

【史料1】[9]

丁卯九月十四日

大坂の居留地ハ、可成丈改革を為さずといへとも、道路ハ図の如くし堀を埋め境界を定て、又ドック造船場を図の如く作るへし、両居留地の図各弐枚を贈る、一は如此すへき事を顕し、一は在来の道路・家屋等を顕す、北方及ひ西方の角《スミ》に於て区分の大さハ、その境の形に依るへし、測量にハ誤りなきを得す

此書ハ、英国ミットホールヨリ兵庫大坂居留地図添へ来セシモノナリ、大坂図ハ佚ス

この書簡には図5と図6が添付され、一枚は現状、もう一枚は整備すべき区画と道路が描かれている。表題は「条約スミ兵庫港神戸外国人居留地絵図面　地所区割並道路之定メ」と、『神戸市史　附図』収録の大蔵省蔵図と同じである。一見して街区の黒塗りされている図5が現状で、一番から九八まで区割り

して地番を入れた図6が、今後整備すべき図である。言い換えるとこの時点で図5段階まで計画が進行していた。さらに翌日、幕府の外国奉行江連

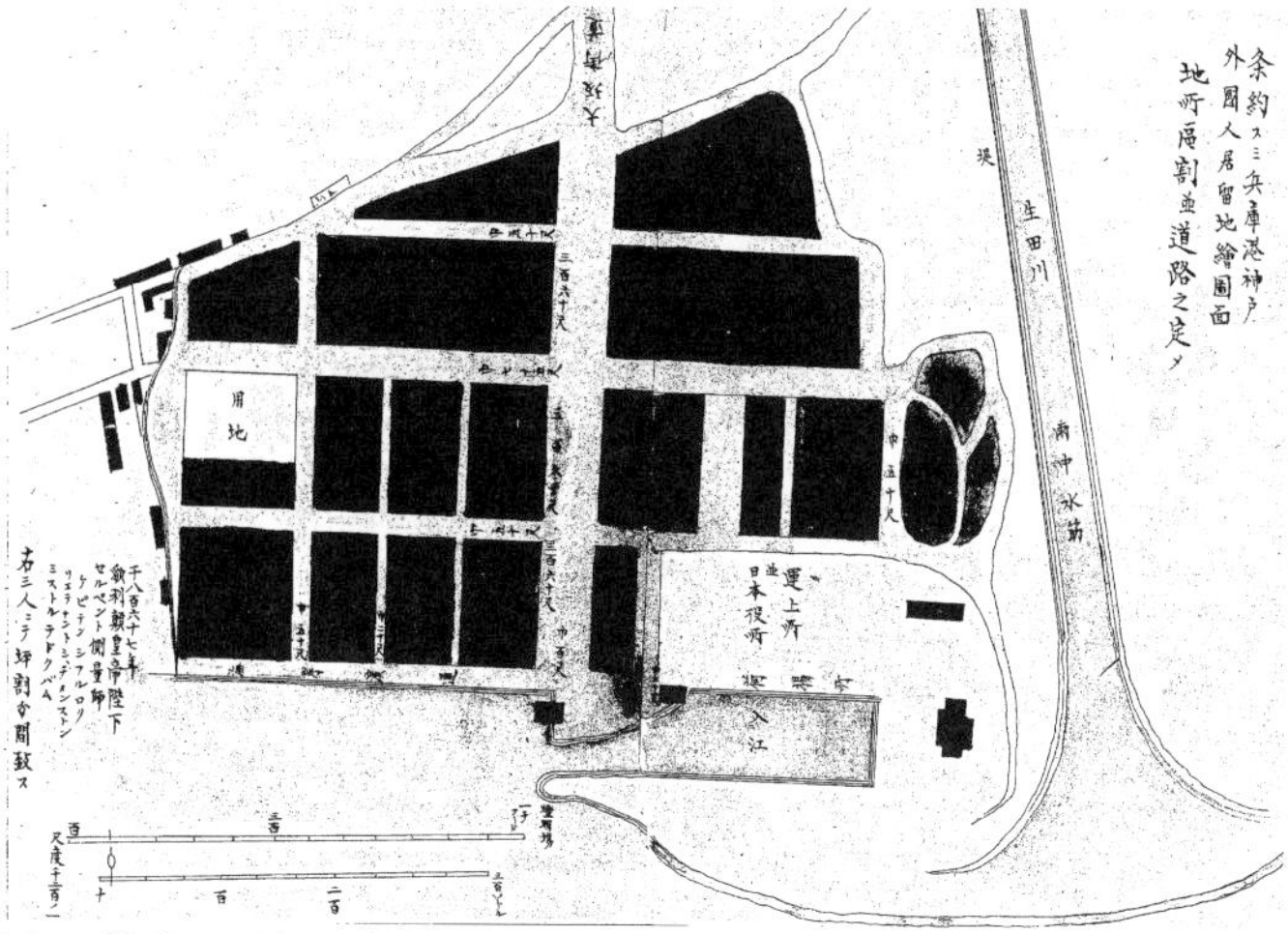

図5 「条約スミ絵図面」の現状図（慶応４年９月14日付、外務省史料館蔵）

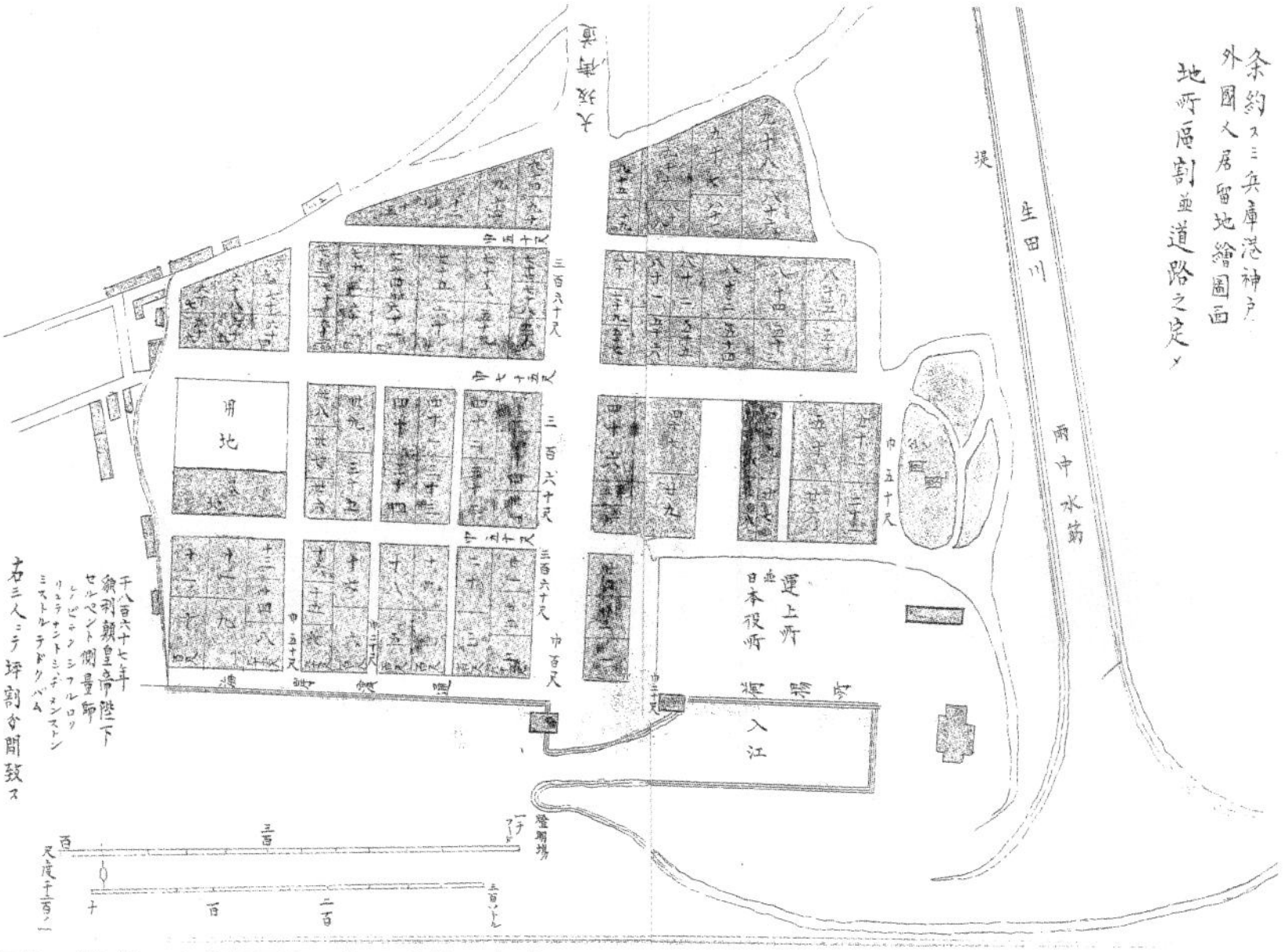

図6 「条約スミ絵図面」の各国公使の商議による地図（同）

加賀守堯則は兵庫奉行柴田日向守剛中に宛てて次の書簡を送った。

【史料2】[10]

以書状致啓上候、然は此程御申越有之候居留地分間絵図、兵庫之分弐枚、大坂之分弐枚并別紙横文共、英国書記官ミットホールより差越候間、横文を翻訳為致、原書并絵図共差進申候、尤絵図面は差急き候儀ニ付、当方ニ而は写し取候暇無之候間、御序之節為御写取、御差越有之度存候、右可得御意、如斯御坐候、以上

九月十五日　江連加賀守

柴田日向守様

この外国奉行の書簡によれば、絵図はイギリスの書記官から届き、原書と英文の翻訳を兵庫奉行柴田剛中に送った。工事を急ぐために外国奉行は絵図の複写を取っていないので、ついでに写しを取って送ってほしいという。ミットホールの英文の書簡を翻訳したのは幕府側と思われるが、絵図については控えを取る時間すら惜しんで兵庫奉行に送っており、和文絵図の作成、黒塗りと付番は、イギリス側だった可能性が高いのではないか。またこの絵図と同じものが外務省の「神戸公園地設置ノ為亜米利加国人「ホールフラン」ニ貸渡地取戻一件」での外務省側の証拠として保存されていることから、[11]外務省側は国際的に信用のある公式な絵図と位置付けていることが判明する。「条約スミ絵図面」と小代薫氏がイギリス国立公文書館で発見した「居留地計画本図」は酷似しており、「居留地計画本図」か、それに近い地図が和訳され兵庫奉行に提供されたのだろう。

・絵図作成への各国公使の関与

「条約スミ絵図面」は、イギリスから提供された翌月の慶応三年一〇月、横浜のジャパンヘラルドが出版して紛議になる。この問題の真相については別稿を用意しているが、幕府の調査の過程で、「条約スミ絵図面」の作成経緯がさらに判明する。慶応三年一〇月四日付で外国奉行石川河内守利政は、柴田剛中にこの絵図について「過日大坂并兵庫居留地絵図四枚、同国書記官共より貴様へ宛差進、右は各国公使等商議之上決定致し候」と書き送った。[12]すなわちイギリスの書記官ミットホールから届けられた絵図は、イギリスが単独で作成したものではなく、各国公使らが商議をしたうえで決まったものだった。これに対し、柴田は出版への関与を否定したうえで「右図差越候期限、兼而之談よりは壱ケ月程相後れ、於当表甚不都合之事共有之」と書き、絵図の到着が一カ月ほど遅れ、工事に着手できず難儀したとしている。[13]

以上のことから、「条約スミ絵図面」は、C・ブロックが作成した地図をもとに、各国公使が商議を行い、兵庫奉行柴田剛中に区画造成を指示したものと判明する。「地所区割并道路ノ定メ」という表題から、道路の幅を確定し、街区の中に新たに区割りを行い、一番から九八番までの地番を付与した。そしてこの外務省蔵図と大蔵省蔵図は①「条約スミ兵庫港神戸外国人居留地絵図面　地所区割并道路ノ定メ」という表題の位置が左右逆になっている②大蔵省蔵図だけに「外国人勝手ニ」「於横浜　一千八百六十七年第一一月　ヂャパンヒラルド局　ワットキンス及ハンサルド　版摺執弘ル」という別のタイトルと注釈がある③区画数は九八で一致しているが、大蔵省蔵図は九一〜九三の番地が空白になっている④裏町の幅が大蔵省蔵図には五〇尺と記入があるが外務省蔵図には記載がない⑤外務省蔵図には海岸通の各街区の区画に大きさが書かれているが大蔵省蔵図は欠落している―など細かな記載の違いを除けば、道路網や街区、区画は全く一致している。「外国人勝手ニ」という表題から、大蔵省蔵図は、ジャパンヘラルドによって出版された絵図をさらに写したもので、地番などが抜けているのは写し漏れと思われる。

・各国公使による道路網の変更

C・ブロックらによる一八六七年五月の「居留地計画下書き図」が、各国公使との商議によってどう変化し、同年一〇月の「条約スミ絵図面」となったのか、検討したい。なお「居留地計画下書き図」は英文のため数値はフィート、「条約スミ絵図面」は和文のため尺で表記されている。ただ一フィートは三〇・四八センチ、一尺は三〇・三〇センチで、〇・六％しか違いがない。また当時のメートル法の普及状況を考えると、C・ブロックらの地図のフィート表記をメートル法に換算してさらに尺貫法に換算したのではなく、フィートと尺は同じものと解釈して絵図の写しを作成したと思われる。このため小稿ではメートル法を使わず、史料記載通り、イギリス側はフィート、日本側は尺で記述する。

まず道路網についてみる。神戸外国人居留地は東西通りが五条あり、北から裏町・北町・仲町・前町・海岸通である。「居留地計画下書き図」では前町は西端の神戸村の墓地に突き当たったところで途切れ、墓地の上に街区が描かれている。墓地を撤去して街区を設ける計画だったことがわかり、同年一〇月の「条約スミ絵図面」では墓地は縮小して道路が貫通している。また「居留地計画下書き図」では道幅は北町・仲町・前町・海岸通のいずれも五〇フィートだったが、「条約スミ絵図面」になると仲町が七五尺と太くなるが、北町・前町は五〇尺のままで、仲町を東西通りのメーン道路に格上げしたことが判明する。一方、北町が東町から西町まで貫く道路である点は変更がなく、この点はJ・W・ハートの地図や現状と異なっている。

南北通りは八条で、西から西町・明石町・播磨町・浪花町・京町・江戸町・伊藤町・東町である。「居留地計画下書き図」「条約スミ絵図面」とも中央の京町が最も広い。ただ「居留地計画下書き図」は九〇フィートだったが、「条約スミ絵図面」では一〇〇尺に拡大している。その次に太い南北通りは西から二本目の明石町で、これは「居留地計画下書き図」が五〇フィート、「条約スミ絵図面」は五〇尺。[14]ほかの道路は、播磨町・浪花町は二〇フィートと二〇尺。伊藤町には道幅の記載はないが図のスケールから、播磨町・浪花町と同じだろう。これに対し南北通りの長さは、江戸町・浪花町・播磨町は、「居留地計画下書き図」では港や海岸通から北端まで貫通していたのに、「条約スミ絵図面」では、いずれも仲町までの短い道路になっている。江戸町はその代わり明石町を上回る太い道路になった。おそらく荷上場への道として物資の物流の混雑に配慮したのではなかろうか。こうして変更された道路の幅員を表1にまとめ、参考までにJ・W・ハートの地図から加茂博司・伊東孝両氏が読み取った数値[15]を参考に掲げた。

表1　ブロックとハートの道路幅員

	ブロックの地図			ハートの地図	
	下書図	計画本図	条約済図	街路	歩道
海岸通	50	60	—	49.06	13.38
前町	50		50	49.06	5.798
仲町	50	75	75	49.952	6.5562
北町	50	50	50	40.14	5.798
裏町	—	50	—	45.938	5.798
西町	27～88		—	28.99	4.46
明石町	50	50	50	55.75	5.575
播磨町	20	(20)	20	42.37	5.575
浪花町	20	20	(20)	44.6	5.575
京町	90	100	100	89.2	8.92
江戸町	(20)	20	—	40.14	5.352
伊藤町	(20)	(20)	—	40.14	5.352
東町	—	50	50	40.14	5.352

単位は条約済図は尺、そのほかはフィート、計画本図は小代薫氏のご教示による。(　) は推定

・道路網変更による街区と区画の変化

次に道路同士で囲まれた街区を検討したい。C・ブロックらの「居留地計画下書き図」と、各国公使との商議を経た「条約スミ絵図面」を比較すると、仲町の南側の街区数は同じ一二で、海軍操練所跡地のために京町と前町の交差点の南東側の街区が狭いことも共通している。

これに対し北部の街区の形はかなり異なっている。「条約スミ絵図面」では、江戸町・浪花町・播磨町が仲町以北には伸びていないため、「居留地計画下書き図」と比べると、仲町と北町との間は六街区から三街区、北町と裏町との間は四街区から二街区にそれぞれ減少している。その結果「条約スミ絵図面」の街区の形は東西に長い長方形に変化している。

一方、「条約スミ絵図面」は、「居留地計画下書き図」と異なって北端の裏町、東端の東町が描かれ、街区は居留地の区域内に収まるなど、細部の修正が行われている。最大の違いは「条約スミ絵図面」では地番が入っていることである。ただその特徴は、J・W・ハートの地図や現状と異なる。その理由は章を改めて後述する。

また海岸通と前町で挟まれた街区の長辺は、「居留地計画下書き図」では南北三一五フィートで、仲町や北町に挟まれた北の街区より短いのに対し、「条約スミ絵図面」ではいずれも南北三六〇尺に統一された。

街区の中の区画は、「居留地計画下書き図」に描かれたのは一〇四で、「条約スミ絵図面」では九八に減った。区画が減ったのは、当初の「居留地計画下書き図」では西国街道上にはみ出し家屋を建てるのが不可能な地区まで区画にしているほか、仲町の北側で街路が減り、街路に面した区画を取りにくくなったためである。

三．J・W・ハートの地図への修正の再検討

・北町・伊藤町・江戸町・浪花町・播磨町の道路変更

この章では幕府のもとで各国公使の商議で作成された「条約スミ絵図面」が、明治政府のもとでなぜ変更を加えられたのか、それはいつのことか、などについて検討する。[16]

まず道路網である。南北通りでは、幕府のもとでの絵図は伊藤町が仲町以南の一街区だけだったが、J・W・ハートの地図では仲町の北側にも伸び、二街区分の長さになった。一方江戸町・浪花町・播磨町は、C・ブロックらによる当初の構想が変更され、「条約スミ絵図面」でいったん仲町以南だけの道路に短縮されたが、J・W・ハートの図では、居留地北端まで南北を貫くC・ブロックらの元の構想に戻った。仲町以北に南北道路を伸ばしたことで、北部の街区は再び分割され道路に面する街区が増え、北部の区画数を増やすことに繋がった。またC・ブロックらによる構想で五〇フィートだった仲町は、各国公使の商議で七五尺に広げられたが、J・W・ハートの地図では前町や裏町と同じ幅に戻った。このことで街区の広さを確保できた。

また東西通りの北町は幕府のもとでの絵図は一貫して東西を貫く道路だったが、J・W・ハートの地図では、浪花町より西側部分がカットされ街区となり、浪花町とT字路を形成した。

道路網の再編は、各区画の面積の確保しつつ、総区画数を一二六にまで増やすためだったのではないか。京町と前町の交差点南東部分の街区が広げられたことも区画数を増やすことに繋がった。

・若林秀岳画「開港神戸之図」との比較

では北町・伊藤町・江戸町・浪花町・播磨町の道路の変更はいつ行われたのか。横浜に来日したＪ・Ｗ・ハートが神戸に向かったのは七月一七日（慶応四年五月二八日）で、その前の「慶応四年辰四月新版」の「開港神戸之図」（図７）を検討したい。[17]神戸の画家・若林良（号秀岳）が描いたもので、やや模式図的な描写になっているが、京町は太いメーン道路として描かれ、注目されるのは、北町が東西を貫く道路ではなく浪花町とＴ字路を形成していること、播磨町・浪花町・江戸町は北端まで貫いていること、伊藤町は少し事実と異なるが仲町を越えて二街区にまたがる道路になっていることである。また仲町・前町はＣ・ブロックらの構想では直線道路として計画されたが、実際には明石町以西はいずれもやや南に方角を変えているが、この点も忠実に描いている。これらの点は新聞紙面で掲載された「条約スミ絵図面」と異なり、その後の居留地の道路構造を踏まえた絵図となっている。このことは「道路の再修正が行われたは、一八六七年一一月の新聞紙上で公表された後、若林秀岳が「開港神戸之図」を刊行する一八六八年四月以前」という仮説を生む。

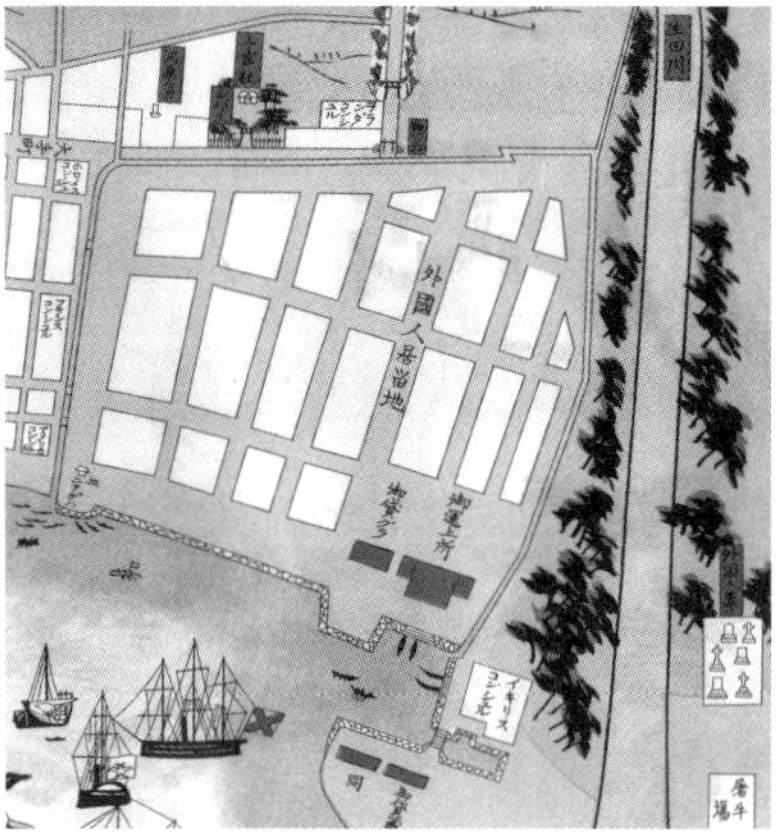

図7 「慶応四年辰四月新版」の「開港神戸之図」居留地部分（『神戸市史　附図』）

若林秀岳は画家であり土木技師ではないとの批判もあるだろう。即断は早計かもしれない。ただ若林秀岳は『神戸覧古』などの著作で知られ、地域の歴史遺産を忠実に写生した同時代の画家である。ここまでJ・W・ハートの地図に似ていることをどう説明するか。いずれにしても若林秀岳の「開港神戸之図」を居留地の設計を読み解く史料として再評価すること、設計変更の時期を再検討する必要があることを指摘しておきたい。

・居留地工事の再開と地番付与の変更

幕府時代に各国公使らの商議を経た「条約スミ絵図面」とJ・W・ハートの地図との間で地番が大きく異なっている点について、小稿では変更の過程と、そこに込められたねらいを明らかにしたい。

「条約スミ絵図面」では、図4、図6にあるように、運上所前を一番地とし、海岸通に沿って二番、三番と西へ続き、西端で前町南側を旧生田川堤防際まで進み、次いで前町北側を西へ向かう。要するに運上所前を起点に東西方向で折り返しながら千鳥式の一筆書きで北へ向かっている。これに対し、J・W・ハートと伊藤俊介兵庫県知事が立ち会って作成した地番は大きく変更されている。すなわち図8のように、海岸通の西端を一番地として二番、三番と東に向かい、運上所の前で一二番地となった以降、京町の西側を七三番まで進み、七四番からは、京町に沿って南に向かう。一筆書きによる千鳥式は変更がないが、東西と南北方向を混在させながら、最後に旧生田川に近づき、一二二〜一二六の地番は旧生田川の最下流の堤防の前になる。[18]

この変更の経緯を明らかにするために、倒幕により中断していた工事の再開と内容を確認しておきたい。工事は一八六八年六月六日（慶応四年閏四月一六日）普請用達嶋屋久次郎に再開が命じられた。まず着手した工事は地ならしであり、①墓地西の下水筋古川跡②墓の際③川の東手④中の下水際、西手の古川⑤西手の底見⑥溝東手の底見、古川埋め立て⑦東貸長屋前、生田往還際—であった。[19] J・W・ハートが横浜から神戸に向かった七月一七日より一カ月以上前に下水整備後の地ならしが設計されている。下水といってもJ・W・ハートが完成させた近代的なものではないが、[20] この時点で一定整備が進んでいるのも事実である。嶋屋は一カ月半後の慶応四年六月一日、①〜⑦の地ならし七一〇坪分が終了したことを報告、同時に旧生田川川中の土砂掘り取りでその一一倍に当たる七八八三坪の追加地ならしを提案している。並行して海岸の二重波返しも完成、鯉川の土工や東の境の旧生田川堤防の修築も始まっている。[21]

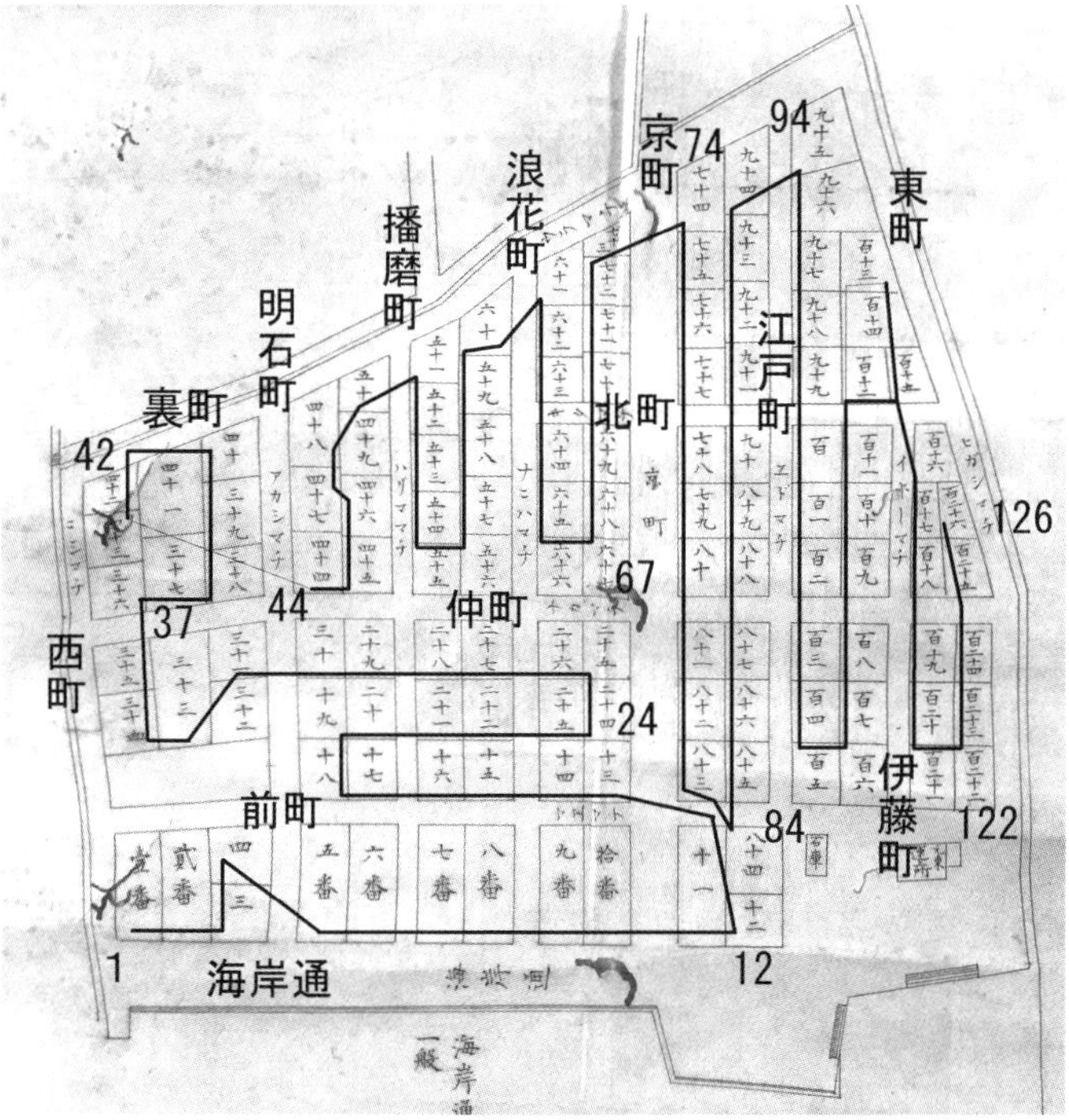

図8　J・W・ハートの地番と道路名（国立公文書館蔵「兵庫神戸居留地図」に加筆）

・無視された各国公使の商議の絵図

居留地の地番変更の経緯を、J・W・ハートが伊藤俊介兵庫県知事と「立会分見絵図」が作成される過程から検討したい。これには一八七〇（明治三）年の居留地の第三回競売までの結果が書き込まれている。競売は一八六八年八月七日（慶応四年六月一九日）に出された「兵庫大坂外国人居留地約定書」で手続きが定められた。その第一条は大坂に関し「先般布告セシ図面可成丈用ユヘシトイヘトモ、同所日本役人並各国岡士不残同意ニテ改ムル事、苦シカラス」とあり、競売のための図面が布告済である。ところが、第二条の兵庫に関しては、以下のようにある。

【史料3】[22]

兵庫ヲイテ、初テ地面羅売之方角並日限、日本役人ト各国岡士相談ニテ相定ムヘシ、且羅売日限ヨリ少クトモ五日前ニ日本政府ニヲイテ羅売ニ差出ス地面ノ図ヲ設ケ、兵庫ニ於テ布告イタシ、区地之数方角、且追テ開クヘキ道路下水、各国ヘ知ラシムヘシ、地面一区ノ坪数ハ二百坪小地トシ、六百坪大地面トス、道路ノ幅四十尺ヨリ狭キ事ナカルヘシ

この条文は、これまで末尾にある一区画を二〇〇坪から六〇〇坪とすることや、道路幅を四〇尺以上とすることなど、神戸外国人居留地の設計の規定として注目されてきた。しかし条文の主旨は、大坂はすでに競売図が布告されているのに対し、兵庫の方はこれから作成し、道路や下水、競売に出す区画の数、方角などを五日前までに公表することである。幕府のもとで各国公使が商議で決まった「条約スミ絵図面」は無視されているのである。そして「兵庫県史料」によれば、「同（慶応四）年七月十九日地図

成ル、因テ各国領事官ヘ各壱幀ヲ送付ス」[23]とあり、「約定書」からちょうど一カ月後、第一回競売の一八六八年九月一〇日（慶応四年七月二四日）の五日前、定められた期限にぎりぎり間に合ったのである。

・伊藤兵庫県知事が示した水害対策

大坂に比べ兵庫が遅れた理由は史料に明記されていないが、ようやくできた競売図を送った二日後、九月七日（同七月二一日）伊藤俊介兵庫県知事は、各国領事官に次の書簡を送っている。

【史料4】[24]

一筆致啓達候、生田川河決ノ儀、此節既ニ取掛、凡三箇月ノ後ニハ可成、然ル上ハ居留地水害ノ危機ヲ可免、且居留地中央ノ大道ヲ調ヘ左右ニ溝ヲ堀リ、処々往来筋ノ石橋ヲ調替候事、我政府ヨリ壱箇月中ニ可相調、且又三箇所荷揚場所モ早々為築可申、此段及御通知置候間、御承知可有之候、為其如此御座候、以上

この年の春は長雨が続き、旧生田川の堤防が決壊し居留地も大きな被害が出た。『神戸開港三十年史』によれば、「米国仮領事館全面に於ける砂浜の如きは、水害を蒙ること甚だしく、其際、造営僅に成れる「テキシトル」商会の如きは、濁水浸入して軒下の通路は往復すべからず」[25]という状態だった。伊藤県知事は書簡で決壊した旧生田川の堤防の修復は三カ月以内、水害から免れるため京町の両側に溝を掘り、石橋を造り変えることを一カ月以内に達成することを確約した。競売の直前に伊藤県知事がわざわざ各国領事官に水害対策が進んでいることを説明する書簡を送ったのは、各国からの水害対策を求める圧力

に対する答えであり、三日後に迫った競売を成功させる目的だっただろう。

そして第一回競売に出されたのは一〜二一番地、二四〜二六番地、二九〜三七番地、四二・四四・六七番地の三六区画のみで、これはおおむね仲町より南、京町より西で、旧生田川から離れた居留地南西部に当たる（図8参照）。七〇番台以降の競売は第二回以降、九〇番台以降は第三回以降というように、おおむね旧生田川から遠いところから先に競売にかけられている。「条約スミ絵図面」の地番の変更は、旧生田川から遠く整備の終わったところから付番したのではないか。J・W・ハートと伊藤県知事の立ち会いによる地番変更は、水害対策に追われる日本側の事情によるものと思われる。

おわりに

本稿では幕領時代の一八六七年五月の「居留地計画下書き図」と、同年一〇月の外務省蔵の「条約スミ絵図面」を中心に検討してきた。J・W・ハートの一八七〇年と一八七二年の「神戸外国人居留地計画図」が地元に残っていたこと、その地図が「PLAN（計画図）」と命名されていたため、設計図と誤解されたのだろう。[26] さらに一八七一年四月一七日付の英字新聞「ファー・イースト」が、神戸外国人居留地が「東洋一」とされた理由を「ひとりのヨーロッパ人の土木技師を測量の顧問にしたから」とJ・W・ハートにとりわけスポットライトを当てたことが、誤解を助長したと思われる。

C・ブロックらの計画は、小代薫氏によってようやく正当な評価をされるに至ったが、具体的な整備はC・ブロックらの計画通りではなかった。各国公使の商議により「条約スミ絵図面」が作られ、これをもとに幕府によって居留地造成が進められた。工事を指揮していた兵庫奉行柴田剛中の慶応三年一一月二一日付書簡によれば、一八六七年一二月には七割程度ができていた。[27]この書簡はこれまで「居留地工事の落成は七分通りにすぎないと報告されている」と、未完成の状況を示す史料として利用されてきたが、柴田はこの文章に続いて「御序之節閣参方へ可然被仰上、且公使へも程能御申聞置可被下候」と書き、工事は急がせて土ならしなども七割は終わったので幕閣や外国の公使にも報告してほしいと依頼する内容である。各国公使からの絵図は当初予定より一カ月も遅れ難渋したが、その後は、短期間のうちに工事は順調に進んでいるというのが柴田剛中の書簡の趣旨であった。

各国公使の商議を経た「条約スミ絵図面」は、公表後も再変更された。慶応四年四月の刊記がある「開港神戸之図」が描く北町・播磨町・浪花町・江戸町は、「条約スミ絵図面」をさらに変更したものではないか。「条約スミ絵図面」より骨格はJ・W・ハートの地図の方に似ているからである。

これまではC・ブロックらの計画に修正を加え完成させたのはすべてJ・W・ハートの設計によると考えられてきたが、そうではなく各国公使の商議のほか、J・W・ハートの来日前にも道路網や街区の骨格の再修正が行われたのではないか。下水工事やその後の地ならしも進んでいた。ただ旧生田川の洪水によって新たな治水工事が必要になり、「約定書」を踏まえ、J・W・ハートと伊藤県知事の立ち会いで、競売図を作り直し、地番も大きく変更された。その完成は、「約定書」に定められた第一回競売日の五日前、一八六八年九月一九日であった。

本稿をなすにあたって小代薫氏からイギリス国立公文書館の史料についてご教示、ご指導を得た。また⑮『区画整理士会報』の閲覧にあたっては、一般社団法人「全日本土地区画整理士会」の協力をいただいた。末筆ながら厚くお礼申し上げる。

【参考文献】

① 兵庫県史専門委員会『兵庫県史』史料編 幕末維新一、同二 兵庫県 一九九八年
② 『神戸市史 附図』神戸市役所 一九二三年
③ 『神戸市史 本編各説』神戸市役所 一九二四年
④ 『神戸市史 資料編三』 神戸市役所 一九二四年
⑤ 村田明久「開港7都市の都市計画に関する研究」、長崎総合科学大学博士論文 一九九五年
⑥ 小代薫「神戸開港場における内外人住民の自治活動と近代都市環境の形成に関する研究」、神戸大学博士論文 二〇一四年
⑦ 坂本勝比古『神戸の異人館：居留地建築と木造洋館』神戸市文化財調査報告五 神戸市教育委員会 一九六二年
⑧ 坂本勝比古『明治の異人館 一八五八―一九一二』朝日新聞社 一九六五年
⑨ 坂本勝比古『神戸外国人居留地とJ・W・ハートの地図について』神戸三宮ライオンズクラブ 一九六七年
⑩ 土居晴夫「神戸外国人居留地略史」『歴史と神戸』七三号 一九七五年
⑪ 土居晴夫『神戸居留地史話』リーブル出版 二〇〇七年
⑫ 堀博・小出石史郎訳『神戸外国人居留地 ジャパン・クロニクル紙ジュビリーナンバー』神戸新聞総合出版センター 一九八〇年初版、一九九三年再版
⑬ 尹正淑「神戸居留地の都心への発達過程」『史林』七二巻四号 一九八九年
⑭ 神木哲男・崎山昌廣『神戸居留地の3／4世紀 ハイカラな街のルーツ』神戸新聞総合出版センター 一九九三年
⑮ 小原仁司「神戸居留地の造成事業について」『区画整理士会報』五四号 一九九五年
⑯ 西川和機「外国人居留地の道路照明と自治運営」『神戸史談』三一二号 二〇一五年
⑰ 藤岡ひろ子『神戸の中心市街地』大明堂 一九八三年
⑱ 田井玲子『外国人居留地と神戸―神戸開港150年によせて』神戸新聞総合出版センター 二〇一三年
⑲ 水嶋彩乃「「神戸外国人居留地計画図」について」『地図情報』四〇―一 二〇二〇年
⑳ 加茂博司・伊東孝「開港都市神戸における外国人居留地の図面分析―J・W・ハート作成の一八七〇年と一八七二年の図面分析」『土

木学会関東支部技術研究発表会講演概要集』Vol：30-4　二〇〇三年
㉑ 大国正美『古地図で見る神戸』神戸新聞総合出版センター　二〇一三年
㉒ 堀勇良「明治の道路技術」高村直助編『道と川の近代』山川出版社　一九九六年
㉓ 堀勇良「都市経営の技術―横浜のまちづくり」中岡哲郎・鈴木淳・堤一郎・宮地正人編『新体系日本史一一　産業技術史』山川出版社　二〇〇一年
㉔ 伊東孝「近代都市のインフラ施設―文明開化三都市の比較」鈴木博之・石山修武・伊藤毅・山岸常人編『シリーズ　都市・建築・歴史7　近代とは何か』東京大学出版会　二〇〇五年
㉕ 村田誠治編輯『神戸開港三十年史』開港三十周年紀念会　一八九八年

【注】

1 ①幕末維新編一、四五五頁、外国側は「兵庫港並大坂に於いて外国人居留地を定むる取極」と呼んだ。当時は神戸村だが規定書には「神戸町」となっている。

2 いずれも②収録。「伊藤俊介英人ハルト立会分見絵図　居留地之図」は第二十一図、J・W・ハートの地図のうち一八七〇年は第二十二図、一八七二年が第二十三図。

3 ③六四九頁。②所収第二十図。なお、後述するように、外務省版と大蔵省版があり、「条約済」「条約スミ」と表記に違いがある。本稿ではより原本に近い外務省版に統一する。

4 ⑤六六頁。

5 ⑥五八頁。

6 ③六四九頁。

7 C・ブロックが最初に設計をしたことに触れた文献が多いが、具体的な違いについて言及した文献としては、⑦二八頁、⑧四六頁、⑩六―一〇頁、一二頁、一七―一九頁、⑪一四―一八頁、二九―三五頁、⑬八三頁、⑭二四頁、⑮一一頁、⑯四二頁―などがあるが、『神戸市史　本編各説』の表現を引き継いで、ブロックの設計を積極的に評価しているとはいえない。

8 ④八一頁。ConcessionとSettlementの違いについて、藤岡ひろ子氏は⑰三四頁でConcessionは「一定地域を一括して外国人がその土地を永借し、さらにそれを個人に払い下げる」、Settlementは「土地所有権は日本にあり、外国人が土地の永借を行う」と述べている。一方小代氏は⑥六頁で「当時の現地の外国人は居留地をConcession、雑居地をSettlementと区別している」とするが、明治政府下で作成されたJ・W・ハートの三枚の地図もいずれもSettlementである。

9　外務省史料館蔵『続通信全覧　類輯之部』「地処門　兵庫外国人居留地二」所収。
10　同右。
11　外務省外交史料館蔵。戦前期外務省記録三―一二―一―一五。
12　④四〇一頁。
13　④四〇二頁。
14　③六四九頁では「南北道路をば幅二十尺乃至四十尺とし」とあるが五〇尺の誤りである。
15　⑳一三〇―一三一頁。なお両氏は前年の第四六回日本大学理工学部学術講演会でも同様の内容を発表し『第四六回日本大学理工学部学術講演会講演論文集』CD版三八〇―三八一頁で公開されている。
16　J・W・ハートの地図については『神戸市史　本編各説』『同　附図』で紹介された以降、多くの言及があるが、主なものとして⑤〜⑳を掲げる。
17　②袋入地図。㉑口絵。㉓三六二頁によると、J・W・ハートは一八六八年六月二六日に来日した。
18　「兵庫神戸居留地図」（国立公文書館蔵二九一―四二七）に加筆。小代氏⑥七二頁の「居留地競売図」と基本的に同じだが一一三―一一五の順番が逆転している。なおNHK番組「ブラタモリ神戸編」（二〇一七年二月二五日放送）では、開港の勅許がなかなか出ず居留地整備が遅れ完成した区画からランダムに引き渡されたためとするが、競売図の地番は一筆書きによって規則性をもって付けられており、ランダムではない。また一八六七年一〇月に各国公使の商議により地番図は作成されていたが、J・W・ハートによってなぜ変更されたのかという問いの答えになっていない。
19　「兵庫県史料」四「兵庫縣史　政治之部　縣治第一編」国立公文書館蔵。
20　㉔一六八頁。
21　前掲注19。
22　①幕末維新編二、四八一頁。
23　前掲注19。
24　前掲注19。
25　㉕上巻、三〇五頁。
26　この点について、小代薫氏は⑥七八頁で「火災保険」のための地図の可能性に言及し、この点を含め、現時点のJ・W・ハートの地図の評価をまとめたものとして、水嶋彩乃氏の⑲一二―一三頁がある。
27　慶応三年一〇月二一日付山口駿河守ら宛て柴田日向守ら書簡。④四〇六頁所収。

居留地三十八番行事局の売却をめぐって

谷口　義子

はじめに

神戸外国人居留地（以下、「神戸居留地」）は、一八六八年一月一日（慶応三年一二月七日）の兵庫（神戸）開港から一八九九（明治三二）年七月一七日の改正条約発効（居留地返還）まで三十年余り続いた。その間、一八六八年八月七日（慶応四年六月一九日）に定められた「大坂兵庫外国人居留地約定書」などを根拠として、神戸の在住外国人が「兵庫居留地会議（Hyogo Municipal Council）」[(1)]を組織して自治行政を行った。

日米修好通商条約（一八五八年）をはじめとする安政五か国条約のもと、徳川幕府は欧米列強国に対し、神奈川（横浜）・長崎・新潟・兵庫（神戸）・箱館（函館）の開港と江戸（東京）・大坂（大阪）の開市を決め、開港・開市場に外国人居留地を開設すると約束した。いずれの開港・開市場においても条約国の専管居留地が設けられることはなく、条約国が居留地内に混じり合って住居する共同居留地であった。

一八五九年七月一日（安政六年六月二日）に開港した長崎では、翌一八六〇（万延元）年に「長崎地所規則」によって居留地の土地の配分や道路・排水溝・波止場の整備などが取り決められ、長崎奉行と各国領事の間で同規則に調印がなされた。菱谷武平『長崎外国人居留地の研究』は、この「長崎地所規則」の九条によって「Municipal Council（市参事会）、Municipal Committee（市政委員会）、Municipal Government（市政庁）などと呼ばれる自治機関が成立し強力な自治活動が開始されるに至った[2]」と述べている。さらに、「長崎居留地において日本最初の形態として居留地借地人集会がとり行われ、総意によってMunicipal Councilが構成されたのは一八六一年四月（文久元年三月）のことで英人オールトおよびメジョールと米人フウィルドの三人がそのCommittee, Councillor[3]に任命されている[4]」と続け、居留地借地人集会によって外国人住民による自治行政が開始した経緯を説明している。長崎居留地における自治行政は、オイルランプの街灯点灯や自治警察など限定的であったが、財源不足や長崎貿易の衰退などにより次第に自治組織の弱体化が進み、「明治八、九年には壊滅に瀕する[5]」こととなった。長崎と同時に開港した横浜においても同様に居留地住民が自治行政を開始するが、「財源不足を理由に居留自治の廃止を明治新政府発足の直前に宣言した[6]」のであった。

一八九九（明治三二）年の条約改正まで自治行政が続いたのは、兵庫（神戸）と大坂（大阪）の居留地のみである。ヤン・ヴァンデルカメンは論文「大阪の居留地会議[7]」で、横浜と長崎の居留地で自治が長続きしなかった理由について「資金不足、借地人たちによる一般居留民の支配、領事たちとの摩擦と非協力などによって」と述べている。一方、洲脇一郎は神戸居留地の自治が三十年余り続いた理由の一つに「居留地住民の恣意的な意思を排除し、また自治行政の裏付けとなる安定した税源が確保されていたこと[8]」を挙げている。さらに、居留地会議の運営については「手続きは厳正であるといってよく、議題について賛成、反対の十分な討論が行われている。新聞にも議事録が掲載される。会議の進行、討論、委員会への調査の指示、厳格な会計、情報の公開などの仕組みは、まさに西洋の市民精神の発露であるといってよいだろう」[9]と述べている。

一八九九（明治三二）年七月一七日に改正条約が発効し、この日をもって神戸居留地は日本政府へ返還されるとともに、在住外国人の自治組織である兵庫居留地会議（以下、「居留地会議」）もまた役割を終えて同日に解散した。神戸居留地の自治行政の執行機関は「行事局」と呼ばれ、行事局庁舎（以下、「行事局」）は居留地三十八番（現・神戸市中央区明石町三十八番地）に置かれていたが、居留地会議が解散する二年前に売却された。行事局の売却処分については、『ジャパン・クロニクル紙ジュビリーナンバー：神戸外国人居留地』（以下『ジュビリーナンバー』）に「居留地が日本に返還される前に、この庁舎と土地は隣接のカトリック教会に三万二〇〇〇ドル[10]で売却され、その代金は道路と下水溝の完全整備と改修費に充当された」[11]との説明がある。しかし、詳細については述べられておらず、その過程も検証されていない。

図１　神戸外国人居留地街区（丸印が38番）

では、行事局はどのように売却され、売却によって得られた収入はいかなる用途に使われたのであろうか。居留地住民の共有財産の処分において、居留地会議はどのような役割を果たしたのであろうか。本稿は、外務省外交史料館のデジタル史料や当時の英字新聞に掲載された居留地会議の議事録などを中心に調査・研究し、行事局の売却に関する経緯や売却で得られた代金の使途を明らかにするとともに、終焉期の居留地会議の活動について考察するものである。

なお、英字新聞ほか、仏文・英文史料は筆者が訳した。和訳にあたり、個人名や固有名詞の表記において一部先行研究との不統一を生じているが、引用部分は原資料のままとした。

一・兵庫居留地会議と行事局

神戸居留地の自治組織である居留地会議は、各国領事・兵庫県知事[12]・住民代表三人で構成され、月一回の定例会議や臨時の会議で自治行政に関わるさまざまな提案や議論、報告が行われ、意思決定がなされた。住民代表三人は登録外国人による選挙で選ばれることになっており、第一回選挙は一八六八（慶応四）年一〇月一二日に実施された。このとき選出された住民代表三人（英国人・米国人・ドイツ人）と各国領事、兵庫県知事の伊藤俊介（博文）の参加により、同月二〇日に最初の居留地会議が開催された。[13]

自治行政の財源は居留地競売代金の一部と居留地の地税、警察税などで、これらにかかる年間支出は一万七〇〇〇円前後であった。自治行政の範囲は、道路・下水・街灯・公園などの管理・整備、さらに私設警察による治安維持である。[14] 警察については、例えば一八九八（明治三一）年末の居留地会議報告によると、外国人の警部一人、外国人の巡査二人、日本人の巡査一三人で、総勢一六人を雇用している。(15)自治行政の執行機関である行事局には、専任の行事局長が雇用された。ヘルマン・トロチック（Hermann TROTZIG）は、一八七二（明治五）年から一八九九（明治三二）年まで、つまり行事局が解散したその日まで行事局長の任にあった人物で、居留地警察署長も兼務した。(16)

三十八番行事局の土地（約三五八坪）は、一八六九（明治二）年の第二回居留地競売において居留地会議が一万五〇〇〇ドル（七二〇円一銭三厘）で落札したもので、そこに庁舎を建設して事務所や大会議室、警察署、消防署、留置場などの施設を整備した。居留地会議の開催場所であり、神戸在住外国人にとっては「自治会館」的な位置づけの建物である。

行事局の建設については、同時期の英字新聞が欠番しているためよく分かっていない。(17) 一九〇二（明治三五）年二月二四日付『神戸又新日報』には、建物竣工が一八七三（明治六）年、設計者はオランダ人建築家のボンガーであると書かれている。一九〇三（明治三六）年一〇月一四日付の英字新聞『ジャパン・クロニクル』に掲載されたトロチックへのインタビュー記事によると、彼は一八七二（明治五）年八月一日に行事局長に任命され、行事局建設にも関わった。庁舎全体の完成には一年ほどを要したとも伝えている。(18)

長崎で発行された英字新聞『ナガサキ・エクスプレ

図2　居留地38番行事局（提供：神戸市文書館）

ス』に、わずかであるが神戸の行事局建設に関する記事が見える。一八七三（明治六）年四月五日付の同紙に『ヒョーゴ・アンド・オオサカ・ヘラルド』（同年三月一八日付）の転載記事があり、三月一日に開催された居留地会議で「行事局（Town Hall）や事務所、留置場などの設計と見積もりがようやく承認され、これより建物は六か月以内の完成が期待されている」と報じている。続いて、同年九月二七日付の『ナガサキ・エクスプレス』に転載された『ヒョーゴ・アンド・オオサカ・ヘラルド』の記事には、「行事局の建物は一一月一日に使用開始の予定である」とあり、建物は完成に近づいていることがうかがえる。ただし、竣工あるいは工事の経過を伝える記事は見つかっていない。したがって、正確な竣工日は不明なままであるが、同年一一月二二日付『ナガサキ・エクスプレス』に転載された『ヒョーゴ・ニュース』の記事に「一八七三年一一月一一日に、臨時の居留地会議が行事局事務所（at the Council's Office）で開催された」とあるから、「the Council's Office」が行事局建物を指しているならば、工事はこの日までに完了したということになる。すなわち、行事局の完成は一八七三（明治六）年一一月ごろ、というのが目下の結論である。

居留地返還当日（一八九九年七月一七日）に撮影された行事局の写真（図2）を見ると、屋根上の大きな時計台が目を引くが、これは庁舎竣工から十年以上後に増築されたものである。[19] 時計台について、一九〇二（明治三五）年二月二六日付『神戸又新日報』は次のように説明している。

頂上の大時計は初め（原文ママ）大阪築地十番の外商館から納めたもので今ではコンナ時計は何處にでもあるが當時では大阪府廳のが第一で是が第二か第三かと稱せられた名代の時計だ其機械は一週

間掛で元町の大田吉三郎が保険修繕を請負って居る

「大阪築地十番の外商館」とは、大阪・川口居留地十番地にあった外国商館を指すと考えられる。なお、建築史研究者の坂本勝比古は、一・二階の外観と時計台の建築様式が大きく異なる点を指摘し、時計台の設計者がボンガーだとは考えにくいと説明している。

一八九九（明治三二）年七月一七日、居留地の返還に伴って外国人住民による自治行政に終止符が打たれ、行事局はその役目を終えた。以後、建物は兵庫県神戸警察署明石町巡査派出所および神戸消防署として使用され、さらに外国企業のオフィスビルなどに転用された。建物は築五十年余りで建て替えられ、一九二九（昭和四）年に米国の銀行ナショナルシティ・バンク神戸支店が竣工した。同建築はSRC造三階建て（地下一階）で、ヴォーリズ建築事務所の設計によりアメリカン・ルネサンス様式のデザインが採用された[20]。この建物は数度の改築・補修工事を経て、現在は大丸神戸店の店舗の一部として活用されている。

二．行事局の「売渡証書」の記載から

居留地返還の二年前、一八九七（明治三〇）年に行事局の土地・建物一式が売却された。同年七月二三日に「売渡証書」が作成されており、その写し（一九〇二年一月一九日、神戸で筆写）が外務省外交

史料館（アジア歴史資料館）に保存されている。この「売渡証書」の写しは行事局建物やその売却について多くの情報を含んでいるが、家屋税仲裁裁判にかかる関係書類として綴られており、これまでは行事局の研究史料として着目されることがなかった。本節では、「売渡証書」の写しから売却の概要をみていく。なお、「売渡証書」がフランス語で書かれたのは、この取引がフランス人および神戸・大阪フランス副領事館の関与のもとで行われたからで、「売渡証書」へのサインは神戸・大阪フランス副領事館で行われている。(21)神戸居留地に関する史料においてフランス語の文書は希少である。

史料の表題は、「居留地会議から大阪カトリック宣教会に対する神戸外国人行事局(22)の土地と建物の売渡証書：Acte de vente du terrain et des immeubles de la Municipalité étrangères de Kobé par le Conseil Municipal à la Mission Catholique d'Osaka」である。

「売渡証書」に記された売り手は、居留地会議の土木委員会メンバーのトーマス・トーニクラフト（Thomas THORNICRAFT／英国人医師・居留地会議副議長）、ハロルド・エセックス・レイネル（Harold Essex REYNELL／英国人貿易商）、アントン・オストマン（Anton OESTMANN／ドイツ人貿易商）の三人である。買い手は大阪カトリック宣教会で、同宣教会の代理人であり神戸カトリック教会に所属するピエール・ファージュ宣教師（Pierre FAGE／スイス人）が取引を行い、「売渡証書」に署名している。また、証書作成の立会人として、神戸・大阪フランス副領事のピエール・ド・リュシィ・フォサリウ（Pierre de LUCY FOSSARIE）、エドゥアール・ジュリオ（Edouard JULIOT／フランス郵船代理店）、アンリ・ピテリ（Henri PITTERI／貿易商）の氏名が記されている。三人はいずれもフランス人である。

「売渡証書」の写しに沿って土地建物の構成を確認する。ただし、ここに記されているのは一八九七（明治三〇）年の売却時の状況であり、建築時のものではないことに留意されたい。

土地は地番三十八番、面積三五七坪七九。ここに建造物が五棟ある。以下、各棟の建物概要を記載する。

（一）行事局の本館：行事局の事務所、警察署、行事局長の住居として使用。一階は木骨煉瓦造り、タイル張り外壁。二階は木骨構造、タイル張りおよび漆喰塗り外壁、瓦葺き屋根、煉瓦造り煙突。

（二）警察官と使用人の住居：二階建て、木骨構造、タイル張りおよびセメント外壁、瓦葺き屋根、煉瓦造り煙突。

（三）消防ポンプの倉庫および消防署（消防士の待機所）：二階建て、木骨構造、タイル張りおよびセメント外壁、瓦葺き屋根、煉瓦造り煙突。

（四）倉庫（撒水用の樽を収容）：一階建て、木骨構造、タイル張りおよびセメント外壁、瓦葺き屋根、煉瓦造り煙突。

（五）留置所：一階建て、煉瓦造り、瓦葺き屋根。

以上の建物五棟と土地三五七坪七九の売価合計は、三万二〇〇〇円である。同じ年の神戸市の会計予算が年額二三万円(23)であったことを考え併せると、この不動産取引の一つの側面が理解できる。すなわち居留地会議の主財産である三十八番の土地・建物は、その公共性を鑑みれば神戸市や兵庫県を売却先とするのが順当だったと考えられるが（実際、売却後しばらくは兵庫県神戸警察署明石町巡査派出所として利用されている）、神戸市の年間予算の一四パーセントに相当する売価に対しては、財政的な理由から県も市も売却先候補となる可能性が極めて低かったということである。

次に、この物件を購入した大阪カトリック宣教会についてみていく。「売渡証書」にある大阪カトリック宣教会（la Mission Catholique d'Osaka）は、フランスに本部を置くパリ外国宣教会（Société des Missions Etrangères de Paris）に所属する組織である。パリ外国宣教会は、非ヨーロッパ世界におけるカトリックの布教活動を目的として宣教司祭の派遣や育成を行っており、幕末に日本が開国した際には教皇庁布教聖省からの委任により、カトリック再布教の先駆となった。[24]

神戸におけるカトリック教会は、パリ外国宣教会から派遣されたフランス人宣教師のピエール・ムニクー（Pierre MOUNICOU）に始まる。ムニクーが神戸に上陸した一八六八（慶応四）年七月当時は、居留地が未整地であったため、彼は居留地北側のベルヴュー・ホテルの敷地の一画に仮の聖堂を設けて礼拝を始めた。同年九月にようやく実施された第一回居留地競売でムニクーは三十七番（約四六〇坪）の借地権を獲得して教会建設に着手し、一八七〇（明治三）年に神戸で最初の教会「七つの御悲しみの聖母天主堂」の献堂式を行った。[25] 同じくパリ外国宣教会から日本へ派遣されたプティジャン司教（Bernard Thaodée PETITJEAN）の要請で、一八七七（明治一〇）年にはショファイユの幼きイエズス修道会の修道女四人が、フランスから神戸に派遣された。修道女たちは神戸に到着後まもなく、生活苦のために捨てられた子や孤児の養育活動を始め、その規模は次第に大きくなっていった。同年のうちに修道会は、居留地三十七番の北に位置する四十一番（約四七六坪）に修道院と養護施設の「センタンファンス」を整えている。また、一八九九（明治三二）年には神戸在住の外国人子女の教育を目的として、四十一番の敷地内に聖マリア女学校（エコール・セント・マリー）を開校した。[26]

以上のような経緯から、大阪カトリック宣教会は神戸におけるカトリック教会のさらなる活動拡大を見据え、関連施設の充実を図るべく、隣接する居留地三十八番の不動産を取得した、と考えることもできる。しかし実際は、一九四二（昭和一七）年に大阪カトリック宣教会が手放すまで、土地建物は四十年あまりにわたって専ら商業的な「貸ビル」として運用された。大阪カトリック宣教会がなぜ三十八番の不動産を取得したのか、その理由を明らかにする史料は現在のところ見つかっていない。不動産運用による収入が宣教会の運営に役立てられたと推察されるものの、不動産取得後の建物利用を見る限りにおいて大阪カトリック宣教会の購入動機は判然としない。

一八九七（明治三〇）年頃の地図を見ると、居留地三十八番は、官営鉄道の三ノ宮停車場（現在のJR元町駅付近にあった）、歌舞伎の芝居小屋や飲食店がひしめく神戸随一の遊楽地であった三宮神社界隈、「神戸のウォール街」と呼ばれた金融ビジネス街の栄町通、横文字看板の商店が軒を連ねる元町通、山手と居留地を結ぶ南北道路のトアロードのいずれにも近接し、居留地はもとより神戸の一等地といってよい好立地である。産業・経済の発展著しい時期の神戸で、この不動産に関心を寄せた事業者や投資家は、他にも少なからずいたと考えられる。

図3　居留地37番にあった神戸カトリック教会
（提供：ショファイユの幼きイエズス修道会）

三．「売渡証書」の取引条件

「売渡証書」には興味深い取引条件が記載されている。この内容から売買契約の意図を考えてみたい。以下に取引条件を記載する。

（第一条）現行の売買において、居留地会議は、過去の権利に基づく土地と建物の使用権を完全に保有する。居留地会議は、前記の一八六八年八月七日の約定書に基づく設立条件のもとで存在し続ける。一方、大阪カトリック宣教会は居留地会議の活動を妨害することはできない。また、居留地会議の権限が終了する前に土地や建物の引渡しの権利を要求することもできない。

（第二条）補償について。居留地会議は常態的に建物を含む土地の使用権を保有し、売買代金が支払われた日をもって大阪カトリック宣教会に対し、売買価格の六パーセントを根拠に算定した年額の賃貸料を支払う。つまり、年額一九二〇円で、賃貸料は月末払いの月払いも可能とする。

（第三条）賃貸契約の全期間中、居留地会議が地税の支払いを続ける。

（第四条）賃貸契約の全期間中、売買に含まれる建物の内部も外部も同様に、居留地会議が維持や修復の責任を負う。

（第五条）居留地会議はこの売買に含まれる建物の管理を約束する。建物には日本円で総額二万二〇〇〇円の火災保険が付いている。火災などにより建物が損傷した場合、大阪カトリック宣教会が代理人となって保険金を受け取るが、再建または修理の際、居留地会議が設計や見積りの決定、工事の監督を引受ける。また、破壊または損傷した建物の再建または修理の際は、売買時の状態と同一の外観や寸法、設備、材質で再建または修理しなければならない。(27)
（第六条）居留地会議は、売買の対象である建物の全てまたは一部を公益サービスの必要に応じて改造する場合、建物の価値を低下させてはならない。居留地会議は、建物の新築を提案することができる。また、賃貸契約の期間中は、売買した土地への新築建物は売買に含まれないとみなす。賃貸満了時に、もしも大阪カトリック宣教会が新築建物を取得したいと希望する場合は、適正な価格に基づいて優先権が得られる。そうでない場合は、居留地会議が建物を撤去する。
（第七条）前述の取引条件第五条に記載がある建物の全損は、火災による損害にのみ適用される。火災以外の事由による建物の全壊・半壊・一部損壊の場合、大阪カトリック宣教会が修理することはない。同様に、前述の取引条件第四条に記載がある居留地会議の義務は、借家の修繕と一般的な維持にのみ適用される。地震・台風・水害または不可抗力で生じた事故による建物の全壊または一部損壊の場合、居留地会議が修理を行う必要はなく、同様の事由で生じた損壊の場合は、建物価格の一〇パーセントを限度として修理を行う。建物価格は上記の見積もりによる。

取引条件に続いて、所有権の開始に関する項目が記されている。

大阪カトリック宣教会においては、居留地会議が存在しなくなってから丸八日後に、土地および売買に含まれる建物に関する不動産全ての使用と処分に関する所有権が開始する。大阪カトリック宣教会は、その時点の状態を受け入れ、全契約にかかる権利とともに、状況により生じた負債も引受ける。土地と建物の権利を得た日から大阪カトリック宣教会は、全ての税金および地税、その他の負担を負うものとする。

これとほぼ同じ事柄が取引条件の第一条に書かれている。つまり、「大阪カトリック宣教会は三十八番の土地・建物の代金を支払い、物件を買い取ったのちも、居留地会議が解散するまでの二年間については所有権を行使することはできず、居留地会議が継続的に使用し続けることを確約する」という取り決めが、この取引の最も重要な事柄だということである。

買い手の大阪カトリック宣教会にとっては極めて強い制約があり、売り手の居留地会議側の権利については十分に保護的なこの取引条件は、明らかに居留地会議主導で書かれたものである。第二条の賃貸料の支払いや第三条の地税の負担、第四条の建物の維持管理の負担においては、大阪カトリック宣教会に配慮した内容となっているのも、居留地会議が不動産の所有と使用についての権利を確保するための要件であると推察される。

売買契約の成立後は年額一九二〇円、つまり月額一六〇円、所有権開始までの二年間で合計三八四〇円の家賃を居留地会議が支払うことになっている。大阪カトリック宣教会が支払った三万二〇〇〇円を不動産投資とみるならば、二年間で一二パーセントが回収されるという計算になる。ただし、一九〇二(明治三五)年二月二四日付『神戸又新日報』の記事によると、兵庫県警の派出所について「該屋舎(三十八番の建物）は加特力（カトリック）[28]伝道本部より一ヶ月三百円の家賃で本県へ借入れ」とあるから、居留地会議が大阪カトリック宣教会に支払った家賃は相場の半額程度であったと考えられる。大阪カトリック宣教会は、居留地会議が支払う家賃に営利を求めていなかったのである。

四．行事局売却以後の居留地会議

行事局の売却計画について、居留地会議でいかなる議論がなされたのであろうか。先の「売渡証書」には、居留地会議の土木委員会メンバーの名簿に続いて、「本年六月一一日付の前述の会議の審議に基づいて、神戸居留地会議の代理人として共同名で意思表明する。前述の審議は、この日付の居留地会議の議事録に正式に記録され、委員らによって承認されている」との一文がある。「売渡証書」が書かれる一か月半前に居留地会議で最終的な審議・決裁がなされたことは判明したが、売却に至る経緯や計画段階の議論等についてはは明らかになっていない。

先述の通り、神戸において発行された英字新聞の保存状況は完全なものではなく、神戸市文書館に収蔵されている英字新聞の複写には欠番がみられる。本件については、一八八九（明治二二）年一月から一八九七（明治三〇）年六月まで、つまり行事局売却に関する議論が行われていたであろうと思われる時期の英字新聞を調査することができなかった。確認できたのは、一八九七（明治三〇）年九月二四日の居留地会議以後で、その議事録は同年一〇月二日付『コウベ・クロニクル』に掲載されている。

同年九月二四日の居留地会議を議事録からみていきたい。会議の出席者は、議長のフォン・クレンキ（von KRENCHI／ドイツ領事）、F・W・プレイフェア（F.W.PLAYFAIR／英国領事代理）、ブラス（BRAESS／オランダ領事）、W・F・K・ファーロン（W.F.K.FEARON／ベルギー領事）、T・C・トーニクラフト医師、A・オストマン、H・E・レイネル、行事局長トロチックの八人である。

会議の冒頭、フォン・クレンキ議長は「六月以来会議が開かれなかった。七月は、会議召集に対する返答数が規定数に満たなかった。先月は会議の招集がなかった」と述べている。七・八月は夏季休暇の期間にあたり、メンバーの多くが不在で居留地会議を開くことができなかったのである。このため、七月の行事局売渡契約に関する報告がなされたのは、九月二四日の同会議であった。

議長は「居留地三十八番は、正式に大阪カトリック宣教会のものとなった」と報告し、ファーロン領事が金銭処理について説明した。

ファーロン氏は「八月三日に大阪カトリック宣教会から三万二〇〇〇ドルの小切手を受け取り、七日に七〇〇〇ドルを居留地会議の預金口座に入金し、二万ドルを金利四パーセントで十二か月満期の定期預金とし、五〇〇〇ドルを金利三・五パーセントで六か月満期の定期預金とした」と述べた。[29]

ファーロン領事のこの説明から、行事局売却で得られた収入三万二〇〇〇円の扱いについては、あらかじめ計画されていたことがうかがえる。支出予定を半年以内、半年以上一年以内、一年以上と三分割し、当面の支出予定がない資金を銀行（香港上海銀行）で運用し、定期預金の期間満了後に居留地会議は一六五〇円もの利子を得ている[30]。この額は、居留地会議が大阪カトリック宣教会に支払う行事局家賃十か月分に相当した。居留地住民の共有財産処分において、居留地会議は収入を計画的かつ慎重に手堅く取り扱ったのである。

その一方で、同時期の英字新聞『コウベ・クロニクル』は、論説「随想録」で行事局の売却について居留地住民の中に異論があったことを伝えている。

「居留地会議は土地建物の売却で適正な金額を得たと思うか」という投書が（新聞社に[31]）届いた。わたしは「イエス」と答えそうになったが、その人物は建物の建築費だけで二万七〇〇〇円であると言った。つまり、この物件は公正な市場価格であったとはいえ、居留地会議はこれまでの支出に対してほとんど利益を出していないのである[32]。

この「随想録」の論旨は「居留地会議は行事局を安売りした」もしくは「行事局をもっと高く売るべきであった」ということである。しかし、先述したように、家賃を払うとはいえ売却した建物を二年間も継続使用し、賃貸期間中は転売できないという取引条件のもとで売買契約が成立したことを考えると、居留地会議が重視したのはより高く売ることではなく、自分たちが求める取引条件を遵守する相手に売却することだと推察される。加えて、「随想録」の住民意見からも類推されるように、この不動産取引において民間企業もしくは個人が利益を上げるという事態が起これば、住民から「不正取引ではないか」との疑いを向けられるとの危惧もあったに違いない。大阪カトリック宣教会という経済活動の外側にいる買い手を得たことは、居留地会議にとって誠に幸運であったという他なく、契約に至るまでは入念な交渉があったことがうかがえる。

居留地会議が行事局を売却して現金を手に入れた理由は、居留地会議が存在する間に住民が望む公共工事を実施したいという思惑があったからである。一八九九（明治三二）年の改正条約発効は、日本政府にとっては国土における主権の回復をもたらした一方で、居留地外国人にとっては自治権の消滅を意味した。三十年間続いてきた自治行政は、神戸の居留地住民による「まちづくり」の成果であり、極東における西洋的市民精神の実践でもあった。自治行政が自らの手の中にある間に、すなわち改正条約発効の二年前から準備をして、持てる財産を使い切って居留地のまちづくりを行うことが売却の目的であった。

なお、先の「随想録」には、「実のところ、行事局の売却について最初に声を上げたのはコウベ・クロニクルであった[33]」とも書かれている。

五．三万二〇〇〇円の使途について

大阪カトリック宣教会が支払った三万二〇〇〇円を、居留地会議はどのように使ったのだろうか。先述のように、『ジュビリーナンバー』には「道路と下水溝の完全整備と改修費に充当された」とある。しかし、行事局の売却により二年間で三八四〇円の家賃支出が生じているため、道路改修工事などに支出可能な額は、三万二〇〇〇円満額ではなかった。使途については、居留地会議の議事録に記録がある。まず、道路改修への支出についてみていく。

道路改修の具体案は、一八九七（明治三〇）年九月二四日の居留地会議で土木委員のトーニクラフトが提案している。土木委員会は、居留地内の主要道であるバンド（海岸通）・前町・仲町・明石町・江戸町・伊藤町の各通りに砂利石を四インチの厚さに敷き、他の通りは砂利石を二インチの厚さに敷いて補修する計画を立て、一万二四〇〇円の見積金額を提示している。しかし、この会議の直後にトーニクラフトは居留地会議の議員を辞任した。理由は不明である。一一月二六日の居留地会議では、新メンバーとなったA・C・シム（A.C.SIM）が補修計画を提案した。彼は土木委員のオストマン、レイネルとともに事前に話し合い、最も交通量の多いオクシデンタルホテルから神戸クラブに至る道路（海岸通であると推察される）[34]の改修を行うべきだと結論づけ、トーニクラフトが提案した道路六本のうち、東西道路のバンド（海岸通）・前町通・仲町通の三本と居留地十二番から税関（現・神戸地方合同庁舎）までの短い道路の補修を行うと語った。また、「道路整備をうまくやり遂げるために、土木委員会に白紙委任状が与えられるべきだ」と主張している。

シムが提案した工事は、居留地十二番から税関までの短い道路から着工され、一八九八（明治三一）年二月一一日の居留地会議で工事完了が報告された。総額三七五円四九銭で、坪単価は二円一二銭である。同工事は試作的なもので、これ以後、居留地十五番から税関前を通って百二十二番の通称「デラカンプ・コーナー」[35]まで道路整備が進む。この工事には二〇〇〇円の費用が投じられた。最終的に、道路整備にかかる支出は一万五三二七円五〇銭となり、特別会計として計上された。[36]

行事局の売却決議が六月、売渡契約が七月、小切手の入金が八月、夏季休暇を挟んで九月には工事計画と見積が居留地会議に提出され、一一月に再度の工事計画提案・承認。そして、クリスマスと年始の休暇を挟んで二月に工事完了の報告と、計画から完成までの手際の良さは見事である。行事局売却に至るまでの入念な計画と実務に関わった委員らの労務の賜物である。

一方、排水溝の改修工事は長年の懸案事項であった。神戸外国人居留地は、都市整備の当初からレンガの下水管を整備して衛生的であったと伝わるが、それは居留地区画内だけのことで、居留地東西両端の境界道路（Division street）の排水溝（Drain）は、大雨のたびに水をあふれさせて水害をもたらした。六甲山南麓の河川の多くが天井川となっているのは、大雨のたびに背山から流出した土砂が川底に堆積していくからで、居留地東西両端の排水溝も例外ではなく、流出した土砂の堆積が顕著であった。排水溝の問題点については、一八九七（明治三〇）年九月二四日の居留地会議で、レイネルが「現在、排水溝の底には土砂が溜っている。台風のたびに土砂が溜って溝を浅くしてしまうので、溝に流れ込んだ水が排出できなくなっている」と指摘している。[37] レイネルの指摘から数日後の九月二九日夜、大雨によって居留地に洪水が発生し、周辺道路は膝の深さまで浸水した。[38] 排水溝の改修工事は、もはや差し迫った課題となった。

洪水が発生した翌月、一〇月二二日の居留地会議において、イギリス領事のJ・C・ホール（J.C.HALL）は兵庫県知事の大森鐘一と面談し、排水溝問題について話し合ったことを報告している。面談の目的は「大坂兵庫外国人居留地約定書」（一八六八年）の通り、排水溝の管理・保全の義務を負っている兵庫県知事に対して、早急な対応を求めることであった。ホール領事の要望を受けて大森知事は、県の幹部職員と技師に対して、居留地会議メンバーの立ち合いのもとで排水溝の点検を行うように命じた。県の技師らがホール領事、フォン・クレンキ領事、行事局長トロチックとともに実地調査を行ったところ、排水溝の底に厚く堆積した砂や泥が確認され、排水溝の設計および施工に問題があるとの判断がなされた。この問題を解決する方法は、排水溝をより深く、より広いものに改修することであった。県の技師は改修計画の策定に着手し、工事の実施計画を立てることとなった。この報告に続いてホール領事は、居留地会議に対して「日本政府は彼らの負担で排水溝を管理する義務を負っているが、我々が提案した修繕については大きな支出を伴うから、居留地会議は支出の半分を負担する」ことを提案した。ホール領事の提案は言うまでもなく行事局売却で得た三万二〇〇〇円を念頭に置いたものであり、排水溝の修繕はその用途にふさわしいと考えたのであろう。

しかし、土木委員のレイネルは「排水溝の管理・保全は日本政府の義務である」と主張し、費用負担の提案に猛然と反対した。提案者のホール領事は「金銭的に見れば、我々の義務を越えて彼らに利することになるかもしれないが、我々は結果的に大きな利を得るのである」とレイネルを説得し、「彼らに義務を守らせるようにしなかったのは、我々の落ち度である」とまで発言している。しかし、排水溝工事の費用負担に関する議論は紛糾し、この日は結論が出せないまま会議は終了した。(39)

翌一一月二六日の居留地会議で再び排水溝の改修が議題に上がった。このときシムが居留地の排水溝について興味深い指摘をしている。

鉄道と山麓の間を水田とため池が覆っていたのは、そんなに昔のことではない。大雨が降ると水田が雨量の半分ほどを蓄え、その残りはため池が保持していた。つまり、近年居留地で起こっている激しい洪水は、以前にはなかったものだ。しかし、居留地の後背地に広がっていた水田は都市化し、今となっては以前のように雨水を蓄えることができなくなってしまった。[40]

つまり、神戸の発展に伴う人口増加、とりわけ居留地周辺の都市化が居留地に深刻な水害をもたらす原因になったと分析しているのである。したがって、排水溝から土砂を取り除くだけでは洪水予防が期待できないから排水溝の拡幅工事が必要である、というのがシムの見解であった。さらにシムは、境界道路の排水溝拡大のため、一六年前に居留地会議は工事費の半額にあたる一五〇〇円を支出したと述べている。[41] 前例に倣って居留地会議が費用負担し、工事を迅速に進めようというシムの提案は、要するに前月の会議で出されたホール領事の提案の後押しであった。

とはいえ、レイネルも簡単には譲らない。「境界道路の排水溝を費用負担の上で保全することは、日本政府にとって約定書上の義務であるから、なぜ居留地会議が負担するのか理解できない」と反対の姿勢を変えることがなかった。レイネルは、「神戸居留地覚書：Memorandum」（一八六八年一〇月八日[42]）に書かれた取り決めの通り、日本政府に排水溝を補修させるのが正当だと主張したのである。レイネルの主張に異論を挟む余地がないことは、シムもホール領事も百も承知である。しかし、彼らは原理原則と実利を天秤にかけて、居留地返還へのカウントダウンが始まったこの時期は、現実主義に徹して実利を手にすべきだと言いたかったに違いない。「居留地会議が排水溝設備の改善費用の一部を負担する提案を了承するならば、この案件は東京で加速し、これに充当する費用が次年度予算に加算されることになるだろう。費用負担の申し出をしなければ、工事の好機を逸するかもしれない」というホール領事の言葉こそ、その本音ではなかったか。居留地会議が費用の半分を負担すれば、日本政府は素早く工事に取り掛かり、しかも丹念に施工しなければならなくなる。これまで排水溝の不備を放置してきた日本政府にプレッシャーをかけるためにも、費用負担というカードを切るべきだと提案したのであった。

同会議でシムは「神戸居留地覚書」を読み上げ、排水溝の拡張工事は日本政府の義務であることを参加者全員で確認する。その上で多少の議論を重ねて、居留地会議はホール領事とシムが推す「排水溝工事の費用負担案」を満場一致で決議した。(43)

この決議をもって、一二月一一日にフォン・クレンキ領事とシムは大森知事と面談し、県知事から「精一杯の配慮をする」との約束をとりつけた。(44)この後、排水溝の補修は兵庫県の手で施工され、費用は日本政府が負担することとなった。行事局長のトロチックは、一八九八（明治三一）年一二月三一日付の居留地行事局年次報告書で次のように述べている。

当居留地で洪水が起こりやすいことはよく知られているが、日本政府はその予防策として、彼らの予算で境界道路の排水溝の拡幅工事を始めた。日本政府はさらに主排水溝への排水口を追加で計画しており、居留地を貫通する設計となっている。とても望ましいこの改善策は、居留地の洪水が広範囲に及ぶのを防ぐことは間違いない。(45)

居留地会議は「排水溝工事の費用負担案」を決議したものの、実際には支出の必要がなかったのである。「大坂兵庫外国人居留地約定書」や「神戸居留地覚書」において、排水溝の整備・管理は日本政府の義務であると明文化されている以上、これは当然の流れであった。ただし、一八九八（明治三一）年末の会計報告によると、居留地会議は境界道路の排水溝カバーに五四円、排水溝の清掃に六〇円を支出している。(46) これらも本来は日本政府が負担すべき支出である。

排水溝工事に多額の費用負担を予定していたが、これが不要となったことから居留地会議はさまざまな事業に支出した。レクリエーショングラウンド（東遊園地）の塀の新調、小野浜墓地の塀の門と修繕、消防用の撒水車とポンプの修繕、行事局の修繕、警察官と巡査の制服の新調、バンドの芝生整備とフェンスの修繕、街路樹の整備に加え、居留地の街路名と番地を表示するプレートの取り付けなども実施した。

居留地返還式直前の一八九九（明治三二）年七月一五日に臨時の居留地会議が開催され、手持ち資金の残高一四七一円一四銭の処分が議題となった。本来であれば残金はすべて兵庫県に引き継がれるはずであったが、会議に同席した大森県知事は、行事局長のトロチックと警察官らに分配してはどうかと提案した。大森知事の提案は正式に動議され、満場一致で議決した。(47)

結果的に行事局の売却収入三万二〇〇〇円は、居留地会議解散後のまちづくり（主として道路の補修）に費やされると同時に、居留地のために働いてきた人々へ恩寵金として分配されたのである。

六．居留地返還後の三十八番建物

居留地返還から丸八日後の七月二四日、行事局建物は大阪カトリック宣教会の所有となった。既述のように、建物はしばらく兵庫県神戸警察署明石町巡査派出所および神戸消防署として使用された。一九〇五（明治三八）年の『ディレクトリ』には、三十八番にフランス郵船会社（Compagnie des Messages Maritimes）を含む三社の名前が記されている。(48) なお、「売渡証書」署名人のジュリオは、このフランス郵船会社の代表である。これ以後も、主に外国商社や個人がこの建物に入居している。

行事局の売買に関わったファージュ宣教師は半世紀近く神戸カトリック教会で主任司祭を務め、一九〇二（明治三五）年には下山手教会を新たに設けた。また、七つの御悲しみの聖母天主堂（居留地三十七番）は建物老朽化が進み、一九二三（大正一二）年にゴシック様式の大聖堂を中山手通に新築移転して旧居留地から転出したが、居留地三十七番の土地および三十八番の土地・建物は売却されることがなかった。旧土地台帳を見ると、一九四二年（昭和一七）年の永代借地権抹消の際に登録された土地所有者は、いずれもジャン・バチスト・カスタニエ（Jean-Baptiste CASTANIER／当時のカトリック大阪教区司教）であり、住所地は大阪市港区富島町五八番地（当時の大阪川口カトリック教会の所在地）である。

さらに、三十八番の建物は、一九二九（昭和四）年にカスタニエ司教の名前と住所地で所有権が登記されている。同年に新築されたナショナルシティ・バンク神戸支店の建築費用は、大阪カトリック宣教会（パリ外国宣教会）が支出したのであろうか。あるいは篤志家が費用を出して、大阪カトリック宣教会に建物を寄付したのであろうか。この件について、ナショナルシティ・バンク神戸支店の設計に携わった一粒社ヴォーリズ建築事務所に問い合わせをしたが、その回答は「史料が見当たらない」とのことで、設計依頼者は明らかになっていない。また、建設工事を請負った竹中工務店の工事記録によると、建築主は「(株)ナショナルシティ銀行」である。ナショナルシティ・バンクが建築主であるならば、なぜ建物の所有者として登記簿にカスタニエ司教の名前が書かれているのであろうか。三十八番の不動産の推移については、なお不明な点が残っている。

大阪カトリック宣教会がこれらの不動産を手放したのは、一九四二（昭和一七）年七月のことで、三十七番の土地、三十八番の建物と土地の所有権はすべて川崎重工業（当時、神戸市湊東区東川崎町二丁目十四番地）に移っている。満州事変（一九三一年）に始まる戦時体制のもとで、フランス人宣教師らは敵性外国人として扱われるようになり、一九四二（昭和一七）年にはショファイユの幼きイエズス修道会のカナダ人シスターらが、神戸・山手の北野町に設けられたイースタン・ロッジ（兵庫県抑留所）に抑留された。また、大阪カトリック宣教会のフランス人神父らがスパイ嫌疑などで憲兵に連行され、拷問を受けた。[49]このような戦時下の出来事を鑑みると、大阪カトリック宣教会の不動産保有に対して何らかの圧力があったと考えて不自然ではない。

図4　現在の旧居留地38番

おわりに

居留地会議の役割は、自治行政によって、地税負担者である住民の利益を最大化することにある。条約改正に伴って居留地の自治権が消滅すると認識したとき、居留地会議は在住外国人にとって自治行政のシンボルであり共有財産でもあった行事局を売却し、得た収入で居留地の道路と排水溝の補修を計画した。排水溝の補修は日本政府の事業としてなされ、居留地会議は道路補修や公園の整備などに行事局売却収入を活用した。議事録が完全でないためにその経緯の全貌が見えないのは残念だが、「売渡証書」の記載や英字新聞の記事、断片的な史料を通して、行事局の売却と土木事業の計画が入念かつ堅実に組み立てられ実行されたことが、本調査研究で明らかになった。

これまで居留地研究史料として着目されなかったが、行事局の「売渡証書」の写しの調査からは、行事局建物の構造や売買契約の意図が浮かび上がった。居留地会議は不動産の売却において、金額の多寡よりも契約条件を重視し、民間企業や個人事業主ではなく、非営利団体である大阪カトリック宣教会を売却先とした。居留地会議解散の日まで行事局は希望通りに確保され、売却で得た資金は手際よく銀行で運用され、居留地会議の事業費として活用された。事業支出においては、時には異論をぶつけ合いながら居留地会議で検討を重ね、相互理解が得られる結論に達するための努力を惜しまなかった。

特筆すべきは、排水溝の拡張工事への支出に関する意見の対立である。自治権と十分な資金がある間に工事に着手しておきたいと考える人々と、日本政府に取り決めを守らせるべきだと考える人々は、双方ともに住民利益の最大化を目的として、時間と手間を惜しむことなく議論し、最適解を求めた。結果として日本政府の負担で工事が行われることとなったが、議事録を新聞で読んだ住民は議論のありように居留地会議の民主的運営を確認し、会議への信頼を一層深めたに違いない。行事局の売却と道路補修をはじめとする一連の公共工事は、居留地の自治行政の集大成的事業であり、計画から実施に至るフローも含めて、その活動の最後を飾るにふさわしいものであったと言える。

神戸外国人居留地は、明治時代に偶発的に立ち上がった多国籍多文化共生のラボラトリーであった。国籍も宗教も生活習慣も異なる居留地住民たちは、時には国家間の対立やビジネス上の利益相反、「公共」に対する価値観の相違を乗り越えて「協同・共同」関係を構築せねばならず、そこでは何よりも相互理解と信頼が不可欠であったはずである。横浜や長崎では居留地住民が早々に自治権を放棄したが、十分な準備や経験もなく始まった幕末の居留地運営の試行錯誤、徳川幕府末期の政治的混乱、さらには一九世紀の世界地図や国際関係を考慮すれば、横浜や長崎の住民自治の破綻は必然的な結果で、むしろ多国籍共同体が運営した自治行政を三十年間つつがなく存続させ得た神戸と大阪の居留地の特異性に着目すべきである。

一八九九（明治三二）年七月一七日の居留地返還式において、挨拶に立った神戸・大阪フランス副領事のド・リュシィ・フォサリウは、三十年余りにわたって積み重ねられた居留地会議の貢献について語り、「このような管理運営には、決して小さくはないトラブル、些細ではない努力が付きものですが、責任を引受けた人々は、その手間と労力に対して報酬を受け取ることも、またそれを期待することもありませんでした」(50)と述べている。

居留地会議の開催は月一回であるが、メンバーは会議への出席のみならず、議場の外でも事業計画案の作成や意見交換に時間を費やし、時には大雨の日に排水溝の水量を計測するといった現場作業にも携わっている。特に居留地会議解散前の二年間は例年にない予算規模で数多くの事業が進行しており、さらに春日野墓地の開設という新プロジェクトも並行して進められた。

本研究では、一八九七（明治三〇）年の行事局売却から一八九九（明治三二）年の居留地返還まで、居留地会議の終焉期の二年間を調査したに過ぎないが、それでも議事録（英字新聞の記事）の端々に多くの献身と「西洋的市民精神の発露」を発見した。同時に、少なくなかった波乱や居留地会議のトラブルも丹念に報じた『コウベ・クロニクル』のジャーナリズム精神と情報公開が、住民自治に果たした役割を指摘しておきたい。時には辛辣な言葉で切り込み、時にはユーモアや皮肉を交えて読者をひきつけ、厳しい言葉で居留地会議を激励する『コウベ・クロニクル』の報道は、神戸居留地の自治行政を存続させ得た原動機のひとつである。

その一方で、大阪カトリック宣教会がなぜ行事局の土地建物を購入したのか、その理由は不明なまま残された。本研究の調査動機ともいうべき課題について、引き続き関係史料や記録の調査・研究に取り組み、明らかにしていきたい。自治行政の終焉期に、居留地会議が数多くのまちづくり事業を実施することができたのも、大阪カトリック宣教会が発行した小切手があったからである。三万二〇〇〇円の小切手は、大阪カトリック宣教会が示した居留地会議および居留地住民への「連帯」であったとする見方もできる。「売渡証書」の記載の端々に、神戸居留地の自治行政三十年間を支えた市民精神の一端を垣間見る思いがした。不動産取得の主体は大阪カトリック宣教会であったが、売買に直接関わったファージュ宣教師をはじめとする教会関係者もまた、神戸居留地を構成する人々であり、居留地住民および居留地会議にとって良き隣人であったことは間違いない。

本稿の執筆に関する史料収集や調査において、相川ノブ子シスター（ショファイユの幼きイエズス修道会）、谷口良平氏（神戸外国人居留地研究会）、神戸市文書館、神戸学院大学図書館に大変お世話になった。ここに記して感謝申し上げる。

【参考文献】

① 堀博・小出石史郎共訳・土居晴夫解説『ジャパン・クロニクル紙ジュビリーナンバー：神戸外国人居留地』神戸新聞出版センター 一九八〇年

② 神戸外国人居留地研究会『神戸と居留地：多文化共生都市の原像』神戸新聞総合出版センター 二〇〇五年

③ 神戸市教育委員会・神戸近代洋風建築研究会『神戸の近代洋風建築』神戸市 一九九〇年

④ 「居留地会議から大阪カトリック宣教会への神戸外国人行事局の土地と建物の売渡証書：Acte de vente du terrain et des immeubles de la Municipalité étrangères de Kobé par le Conseil Municipal à la Mission Catholique d'Osaka」JACAR（アジア歴史資料センター）Ref.B12083398800、分割1（B-3-12-1-121_3_1）（外務省外交史料館）

⑤ 『パリ外国宣教会宣教師ピエール・ムニクー師と同僚宣教師の書簡：改訂版』ショファイユの幼きイエズス修道会日本管区 二〇一四年

⑥ ショファイユの幼きイエズス修道会日本管区１３０年誌編集委員会『いのちの水の流れるままに―ショファイユの幼きイエズス修道会日本管区１３０年の歩み―』ショファイユの幼きイエズス修道会日本管区 二〇〇七年

⑦ 坂野正則「十七世紀におけるパリ外国宣教会の編成原理」『武蔵野大学人文学会雑誌』第四三巻 第三・四号 武蔵大学人文学会 二〇一二年 所収 二二一―三〇四頁

⑧ 『神戸市史：資料三』神戸市 一九二一年

⑨ 堀田暁生・西口忠編『大阪川口居留地の研究』思文閣出版　一九九五年
⑩ 村田誠治編『神戸開港三十年史:乾』神戸市開港三十年紀念会　一八九八年（復刻版　一九六六年）
⑪ 田井玲子『外国人居留地と神戸：神戸開港150年によせて』神戸新聞総合出版センター　二〇一三年
⑫ 菱谷武平『長崎外国人居留地の研究』九州大学出版会　一九八八年

【注】

(1) 日米修好通商条約に記載された開港場は、江戸時代に北前船寄港地および瀬戸内海航路の要港として大きく発展した「兵庫」であったが、実際には兵庫の東に位置する神戸村に外国人居留地が開かれた。兵庫と神戸は当時は異なる町であったが、公的な文書に「兵庫外国人居留地」と記載されていることから、『コウベ・クロニクル』は居留地会議を「Hyogo Municipal Council」（兵庫居留地会議）と表記している。つまり、兵庫居留地と神戸居留地は表記が異なるものの同一の場所をさしており、その所在地は神戸村である。なお、神奈川も同様で、実際には横浜に外国人居留地が開かれた。箱館・江戸・大坂については、近代以降に地名表記がそれぞれ函館・東京・大阪に変更された。よって、以後は特に記載がない限り近代の地名表記で統一する。
(2) ⑫四三八頁
(3) Committeeは委員、Councillorは評議員の意
(4) ⑫四三八—四三九頁
(5) ⑫四五二頁
(6) ⑫四五八頁
(7) ⑨四一—四二頁
(8) ②五二頁
(9) ②五七頁
(10) この当時の英字新聞は、金額表示にドルのマーク「$」活字を習慣的に用いている。神戸在住の外国人の間では日本の通貨の「円」を「ドル」と呼ぶ習慣があったようである。しかし、この記事が示す金額の単位は「円」である。なお、The Kobe Weekly Chronicle; oct. 2nd, 1897 二七五頁の「STRAY NOTES：随想録」には、執筆者の「もうこれ以上、日本でドルと言うのは止めよう」との呼びかけがある。
(11) ①一一六頁
(12) 兵庫県知事は居留地会議の構成員となっているが、本調査で確認した議事録から確認できた大森知事の参加は一度のみである。

(13) ⑪四〇頁

(14) ①一一六頁

(15) The Kobe Weekly Chronicle ; jan. 25th, 1899 五三頁

(16) ①一一五―一一六頁

(17) 神戸で発行された英字新聞（複写）を最も多く収蔵している神戸市文書館の英字新聞リストは以下の通りである（二〇二二年一二月現在）。「ヒョーゴ・アンド・オーサカ・ヘラルド」（The Hiogo and Osaka Herald）一八六八年二月～一八七〇年三月、「ヒョーゴ・ニュース」（The Hiogo News）一八六八年四月二三日～一八七一年／一八七六年～一八八八年、「ヒョーゴ・シッピングリスト」（The Hiogo Shipping List）一八七五年～一八七九年、「コーベクロニクル」（The Kobe Chronicle）一八九七年七月三日～一九〇一年一二月三一日、ジャパンクロニクル（The Japan Chronicle）一九〇二年一月八日～一九一二年一二月二六日。いずれも発刊されたものが全て揃っているわけではなく、欠番や欠落も少なくない。行事局建設時期の一八七三年前後の新聞記事については、今後も調査を続けていく。

(18) The Japan Weekly Chronicle ; oct. 14th, 1903 三六八頁

(19) The Hiogo News ; march 16th, 1885「読者からの手紙」に「行事局に時計台を設置してほしい」との要望が寄せられている。すなわち、一八八五年にはまだ時計台が存在していなかったことが分かる。

(20) ③

(21) 売渡証書の写しの作成者は神戸大阪フランス副領事のド・リュシィ・フォサリウである。

(22) 売渡証書には「兵庫外国人行事局」ではなく、フランス語で「神戸外国人行事局」と書かれている。

(23) 『こうべ：市制１００周年記念』神戸市　一九八九年　一二〇頁

(24) ⑤七四頁

(25) ⑤二―三頁

(26) ⑥四―一三頁　教会建築の設計はオーストラリア出身の建築家スメドレーが担当した。

(27) 取引条件五番目の保険の詳細については、簡略化して訳出した。

(28) 本引用文内の括弧書きは筆者による。

(29) The Kobe Weekly Chronicle ; oct. 2nd, 1897 二六九頁　引用文中の通貨単位「ドル」は「円」を表している。

(30) The Kobe Weekly Chronicle ; nov. 26th, 1898 四四五頁

(31) 著者付記

(32) The Kobe Weekly Chronicle ; oct. 2nd, 1897 二七五頁 「Stray Noyes」の執筆者F.A.Gは、Frederic Augustus Guppyのことで、住居地をMillbank Penitentiaryとしているが、Millbank Penitentiaryはロンドン・ミルバンク地区にあった刑務所を意味する。つまり架空の人物であり、The Kobe Weekly Chronicleの記者の仮名であると思われる。

(33) The Kobe Weekly Chronicle ; jul. 12th, 1899 三頁

(34) The Kobe Weekly Chronicle ; dec. 4th, 1897 四六四頁〈from the Occidental Hotel down to the Kobe Club〉とあるが、〈Occidental Hotel〉の所在が『ディレクトリ』で確認できていない。推測であるが、「オリエンタル（東洋）」と「オクシデンタル（西洋）」は対をなす言葉であることから、当時オリエンタルホテルと双璧であったヒョーゴホテル（Foreign bund 6／海岸通）のニックネームととらえることもできる。オクシデンタルホテル＝ヒョーゴホテルとすれば、〈from the Occidental Hotel down to the Kobe Club〉の道路は海岸通である。

(35) The Kobe Weekly Chronicle ; feb.19th, 1898 一四〇頁 に「No.122（"Delacamp's Corner"）」との記載がある。『ディレクトリ』一八九七年版によると、デラカンプ商会は百二十一番の事務所に加え、百二十・百二十二・百二十三番に倉庫を持っていた。居留地東南の角地四区画を占めていたから、居留地住民はこの角地を「デラカンプコーナー」と呼んだと推察される。

(36) The Kobe Weekly Chronicle ; jan. 25th, 1899 五三頁 1898年度の会計報告より。

(37) The Kobe Weekly Chronicle ; oct. 2nd, 1897 二六九頁

(38) The Kobe Weekly Chronicle ; oct. 2nd, 1897 二七五頁

(39) The Kobe Weekly Chronicle ; oct. 30th, 1897 三六〇頁

(40) The Kobe Weekly Chronicle ; dec. 4th, 1897 四六三頁

(41) ⑩五三〇—五三一頁。同書には、一八七五（明治八）年に完成した鯉川の暗きょ工事について、内務省が一〇〇〇ドル（円）、居留地外国人が一五〇〇ドル（円）を拠出したと記している。建築工事を行ったのはボンガー兄弟社である。

(42) ⑧一一一頁 「神戸居留地覚書」には居留地周辺の溝の石垣および覆掩について「右溝日本政府より平常清潔且損害なき様保護可致約定致し候事」とある。

(43) The Kobe Weekly Chronicle ; dec. 4th, 1897 四六三頁

(44) The Kobe Weekly Chronicle ; dec. 24th, 1897 五一五頁

(45) The Kobe Weekly Chronicle ; jan. 25th, 1899 五三頁

(46) The Kobe Weekly Chronicle ; feb. 22nd, 1899 一三七頁

(47) The Kobe Weekly Chronicle ; jul. 19th, 1899 三三頁

⑷⑻　The Japan Directory For The Year ; 1905　物件の賃貸入居者にフランス企業やフランス人が連なっているのは、フランス系の大阪カトリック宣教会が所有していたからだと考えられる。

⑷⑼　⑥四一―四三頁

⑸⑽　The Kobe Weekly Chronicle ; jul. 19th, 1899 三四―三六頁

六甲山を世界に紹介したジェントルマン　H・E・ドーント物語

中村　三佳

はじめに

紳士の名前はH・E・ドーント（Daunt, 以下ドーント）。写真は、六甲山を登山中の一枚である。ジャケットにきちんとネクタイを締め、帽子をかぶり、手にはステッキ、背中にはこの当時まだ珍しかったリュックサック。愛犬を連れた姿は、まさにジェントルマン。明治から大正にかけて神戸に滞在し、六甲山を世界に紹介した人物である。

図1　「H.E. ドーント」『INAKA』 Vol.1
神戸市文書館蔵

ドーントは、大きな足跡を神戸に遺した。滞在中に『Inaka, or Reminiscences of Rokkosan and other rocks.（以下『INAKA』）』という書物を自ら編集して発行した。全部で一八巻あり、この『INAKA』は、当時の神戸に滞在した欧米人たちの活動の様子がわかる書物として現在では、非常に貴重な資料となっている。また、現在も続く日本アマチュアゴルフ選手権競技（第一回一九〇七年）の第九回（一九一五年）で優勝し、日本ゴルフ史上にも名を遺した。さらに、六甲山の登山地図を広げると、新神戸駅の北西、再度山のすぐ北に「南ドントリッジ」、「北ドントリッジ」という地名があるが、ドーントの名前が付いた登山道である。

これほどの人物でありながらこれまで、どこの国の人で、何年に生まれて、いつ亡くなったのか。家族はいたのか。神戸に来る前、そして神戸を離れた後は何をしていたのか。彼の人物像は全くと言うほど分かっていなかった。また、フルネームさえ分かっておらず、謎の人物とも言われてきた。

図2『Inaka,or Reminiscences of Rokkosan and other rocks.』
神戸市文書館蔵

今回、『INAKA』をはじめ、明治から大正にかけての英字新聞、現存する様々な史資料や団体の公式サイト、系図サービスであるFindMyPastやAncestry、The Genealogistを利用して調査した結果、謎に包まれていた人物像を明らかにすることができた。八六年と六ヶ月にわたるジェントルマン、H・E・ドーントの物語である。

一・ドーントの誕生

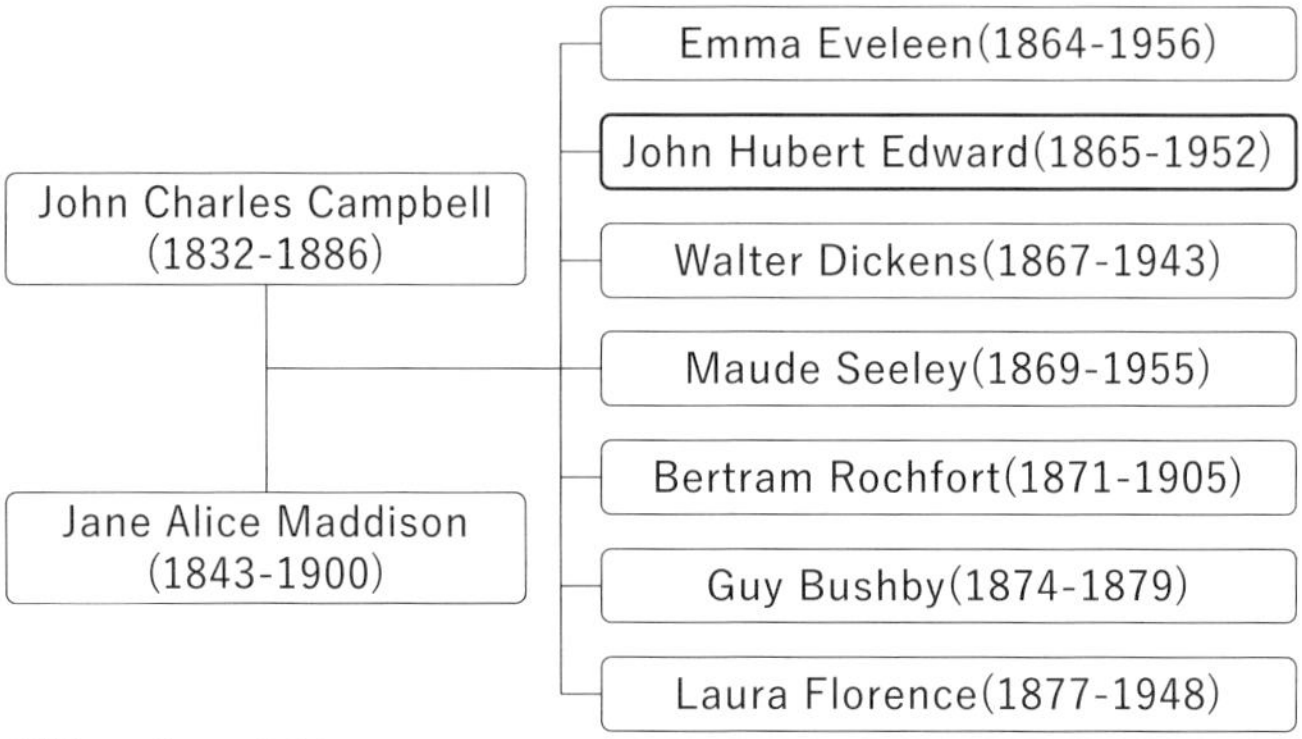

資料1　ドーント家

ドーントは一八六五年一二月三〇日インド東北部ベンガル地方ムザファルプル（Muzaffarpur）で、英国人ジェントルマンの家庭に生まれた。父はジョン・チャールズ・キャンベル・ドーント（John Charles Campbell Daunt 1832-1886）、母はジェーン・アリス・マジソン（Jane Alice Maddison 1843-1900）である。ドーント家の長男として父のファーストネームであるジョンを受け継ぎ、ジョン・ヒューバート・エドワード（John Hubert Edward ）と名付けられた。

ドーントが生まれた時代は、産業革命によって経済が発展し大英帝国の絶頂期、即ち「ヴィクトリア女王時代一八三七年～一九〇一年」であった。そもそも英国は厳格な階級制の社会で、ほんの一握りの貴族（広大な領地を所持し、そこからの収入を得て暮らす不労所得者）が属するアッパー・クラスを頂点に、聖職者や医者、弁護士などの専門職や商工業者が属するミドル・クラス、そして肉体労働者が属するロワー・クラスと三つの階級に分かれていた。親の階級によって自身の階級も決まり、仕事もコネで決まってしまう社会であった。しかし「ヴィクトリア女王時代」になって、ミドル・クラスの中には、産業革命によって新たに地主になる者や資産を蓄えた者、高級官僚など裕福な層が現れ、アッパー・クラスに近いような生活を送る人々が多く出現した。このような層をアッパー・ミドルクラス、あるいはジェントルマンと呼ぶようになった。仕事で成功を収めたり教養を身に付けることによって、ジェントルマンになることが可能となった。また、これまでスポーツはアッパー・クラスのものでしかなかったが、時間と金銭にゆとりができたことで新たに近代スポーツが生まれ「ヴィクトリア女王時代」にそのほとんどが誕生した。

ドーント家は、ジェントルマンであった。ドーントの父の結婚証明書には、親の職業または社会的地位を記す欄があり、ジェントルマンと記されている。またドーント自身の結婚証明書の欄にもジェントルマンと記されている。

それでは、ジェントルマンであったドーントの祖父の時代から話を始めよう。祖父リチャード・ドーント（Richard Daunt 1789-1863）は、父リチャード・ドーント（Richard Daunt -1791）、母マリー（Mary）の長男として一七八九年アイルランド南西部コークで生まれた。ドーント家では、長男が父親のファーストネームを継承することになっている。祖父は鉄の貿易業を営んでいたようだ。ちょうど鉄道建設ラッシュの時代（一八四〇年〜）であったので需要は多かったはずだ。同じアイルランド人のブリジット（Bridget 1790-1847）と結婚し[1]、長男が誕生したのを機にアイルランドを離れ、英国王室属領であったチャンネル諸島やガンジー島、イングランド・ランカシャーなど転々とした。一八三二年フランス・ノルマンディーで仕事をしている時、ドーントの父が誕生した。一五人兄弟の一四番目、六人目の男子であった。
この時代、英国では長子相続が慣習で土地と財産の大半は長男一人が相続し、他はわずかな配分以外は何も期待することはできず、兄弟が多ければなおさらであった。ジェントルマンの家庭に育ったとしても、ある一定の年齢になれば自活することを求められ、自分で自分の将来を切り開いて行かなければならなかった。一八歳になったドーントの父は、一時期父親の仕事を手伝っていたようだが、やがて英国軍人になる道へ進んだ。
その頃の陸軍では、将校の地位が売買されていた。裕福な上流階級の子息は、最初から将校の地位を買いそのポストに就くことができた。[2] しかしドーント家は将校のポストを買えるほど裕福なジェントルマン家庭でなかったので、ドーントの父は歩兵隊のなかで最も地位の低い士官である歩兵騎手（Ensign）からスタートしている。[3] 配属先はインド・ベンガル師団であった。当時ベンガルは、英国のインド植民地最大の拠点であり、英国は、インド植民地化を推進するにあたり、公開試験によって優れた人材を集める制度ＩＣＳ（インド高等文官）を確立し、優秀な人材を送り込んでいた。[4]
ドーントの父がＩＣＳ出身かどうかわからないが、軍人になって間もなくドーントの父にとって出世のチャンスとなるインド大反乱（一八五七年）が勃発した。ドーントの父は敵にひるむことなくみごとに戦い、武功に対して与えられるきわめて高位の勲章ヴィクトリア十字章を授与された。[5] また、アロー戦争（一八五六年）にも参戦して活躍し、セカンド・チャイナ・ワー勲章を授与された。[6]
その後、一旦英国に戻り、一八六三年三〇歳でドーントの母と結婚した。翌年には再びインド・ベンガル警察（The Bengal Police Department）配属となり、三三歳で授かった長男がドーントである。一

図3 「ドーントの父」
The Comprehensive Guide to
The Victoria & George Cross

八七八年までインドで勤務し、女三人と男四人、計七人の子供を授かるが、そのうち五人がインド生まれであった。

ドーントの父は、最終的に大佐（Colonel）にまで昇進した。大佐とは、「連隊の公式指揮官であり、一九世紀における連隊は、英国陸軍の中核をなし、大佐は軍人のなかでも相当な威光を持っていた」[7]という。晩年は英国南西部ブリストルで過ごし、一八八六年五三歳で生涯を終えた。墓碑には軍人としての経歴が刻まれ、授与された勲章は、現在、大英戦争博物館に展示されている。[8]

ドーントの母は、一八四三年に英国南東部サセックスで、内科医の父リチャード・プライス・フィルポット（Richard Price Philpott 1806-1883）と母ジェーン（Jane 1818-）の娘としてジェントルマンの家庭に生まれた。四人兄弟の三番目、二女である。二〇歳でドーントの父と結婚し、翌年には長女、翌々年にはドーントが誕生した。四三歳の時に夫が亡くなったため未亡人となってしまうが、そのわずか三年後、夫の軍人時代の親しい友人T・ロシュフォールと再婚した。彼もドーントの父と同様、従軍記念章を授与された陸軍大佐で、アイルランド南東部カーロウに領地とカントリー・ハウスを持つロシュフォール家の次男であった。[9]母は四六歳でしかも七人の子持ち、一方T・ロシュフォールは四八歳の初婚であった。T・ロシュフォールは母をとても愛し、結婚してすぐに、「私の身の回りにあるもの、家にある財産の全てを心から愛する妻に」と遺言書を作成している。[10]ドーントは母の再婚により、T・ロシュフォールの義理の息子となったため、ロシュフォール家の遺産相続人の継承者リストに名前を連ねることになった。母とT・ロシュフォールは、スイス・レマン湖畔の高級リゾート地で仲睦まじく暮らしていたが、再婚して一〇年ほどで母は亡くなってしまった。悲しみに沈んだT・ロシュフォールは、「私が死んだら、シヨン城近くのヴェヴェイに購入した墓地に、彼女と並んで埋葬してほしい」と遺言書に書き加えた。ドーントの母はよほど美しかったのか、魅力的な女性であったのだろう。母が亡くなった翌年、T・ロシュフォールも亡くなってしまった。T・ロシュフォールの財産は、母に代わってドーントの一番下の妹が受け取ることになり、ロシュフォール家の遺産もドーントのもとに転がり込むことはなかった。

ところで、あまりにもロマンチックな話だったのでスイス・ヴェヴェイにある墓地を調べてみたが、残念ながら二人の墓碑は発見できなかった。

二．ドーントの少年時代

「ヴィクトリア女王時代」、アッパー・クラスの教育は、幼い頃は家庭教師によって行われ、男子は一一歳くらいになると親元を離れ、寄宿制のパブリック・スクールに入学し、一八歳くらいまで学ぶ。そのため子どもは、早くから両親と離れ、兄弟であっても休暇の時ぐらいしか接することはなかった。[11]

インドで生まれたドーントだが、アッパー・クラスの子どもと同様、幼少の頃から両親と離れ、英国にいる母方の伯母の家庭に姉とすぐ下の弟とともに預けられた。そして弟と一緒にロンドン南東部グリニッジの王立海軍学校（Royal Naval School）で学んだ。[12] 一八七三年に設立されたこの学校は、エリートを教育する機関で、陸海軍の子弟が多く通っていた。

ドーントが二〇歳になった時、偉大な軍人であった父が亡くなった。ほとんど一緒に暮らしたことのない父は、ドーントの眼にどんなふうに映っていたのだろうか。写真（図3参照）を見ると、もじゃもじゃ髭をたっぷりと蓄え、胸の勲章が威圧感を醸し出している。このもじゃもじゃ髭は、この頃の知識人のあいだで人気のあった髭のスタイルだそうだが、[13] 厳格で近寄りがたく、いかにも軍人といった感じがする。

ドーントは王立海軍学校で学び、しかもドーント家の長男であったので、父と同じ軍人の道に進むのかと思いきや、別に進路を求めた。

三．ドーント初めて神戸へ、そして六甲山に登る

ドーントは一八九〇年、二四歳でヴァキューム・オイル社（Vacuum Oil Co., Rochester, N.Y., U.S.A. 以下ヴァキューム・オイル）というアメリカの潤滑油を扱う会社の仕事に就いた。[14] 将来は石油の時代であると思ったのだろうか。すでに石油産業はアメリカから始まっていた。

ヴァキューム・オイルは、一八六六年ニューヨーク州ロチェスターで設立され、良質な潤滑油に加えて顧客への徹底したサービスにより営業を拡大していた。[15] 一八八五年には最初の海外営業所を英国リバ

プールに開いた。[16]

ヴァキューム・オイルの潤滑油は、日本でも精紡機とともにすでに輸入され高い評価を得ていたので、日本にも進出することになった。一八九三（明治二六）年、横浜に日本支店を開設し、英国人アーサー・ボッテンハイムが初代支店長として着任した。しかし日本では、尼崎紡績の本社工場の開業など紡績会社は、大阪府下とその周辺に集中していたので翌年、日本支店を横浜から神戸に移転することにした。ドーントはこの時シンガポール支店を任されていたのだが、ボッテンハイムに代わり日本総支配人として神戸に着任することになった。[17] こうしてドーントは一八九四（明治二七）年夏、初めて神戸にやって来た。[18] ドーント二八歳であった。

その頃の神戸は、鉄道は現在で言うＪＲ神戸線があるだけで、コレラ等の伝染病が流行し、街の背後に聳える六甲山は、長年にわたる樹木伐採により禿山であった。欧米人には居留地から一〇里以内（約四〇キロメートル）という遊歩規定があり、自由にどこへでも行くことができず遠出するには外国人内地旅行免状が必要な時代であった。

ヴァキューム・オイル日本支店は、神戸の居留地六四番に会社を構え、まずは外国人六人日本人一二人、総員一八名でスタートした。ドーントは、「日本での販売の先頭に立ち、着任期間中には、工場経営者などに、正しい潤滑法を提唱し、それによる機械の生産性向上と工場経費の節減など経営上の利点を強調し、潤滑油管理をとおして経営管理意識の向上と普及につとめ、先駆的な働きをした」と社史に記録されている。[19] やがてドーントは、神戸での日本支店の体制が整ったと判断したのか、一八九六（明治二九）年夏、二年ほどの滞在で、後任者Ｏ・Ｄ・ジャウルドに引き継ぎ神戸を後にした。わずか二年ほどの神戸滞在であったにもかかわらず、ドーントは初めての日本を、せっかくやって来た神戸を、楽しんでいた。

来神早々一八九四（明治二七）年九月六日、六甲山に登頂している。また、外国人内地旅行免状が必要であったにもかかわらず、箱根の外輪山や富士登山に出かけ、神戸を離れる直前に比叡山にも登っている[20]。

ドーントにはゴルフと登山の趣味があった。両方とも趣味の域を超えており「はじめに」で記したように、日本ゴルフ界に名前が残るほどゴルフに熱心で、六甲山の登山道に名前が残るほど山にも熱心であった。ドーントのゴルフ熱と登山熱については後に記すが、来神するやいなや六甲山に登山していることや、富士山に登頂していることからも大の山好きだったことがよくわかる。ゴルフに関しては、残念ながらこの時期、日本には未だゴルフ場は無く、ドーントのゴルフ熱を満足させることはできなかった。わずか二年ほどの滞在で早々と神戸を後にしたのも、ゴルフができなかったからかも知れない。また、日本の山々の魅力が初めて世界に紹介されたW・ウェストン著『日本アルプスの登山と探検Mountaineering and Exploration in the Japanese Alps』が、ロンドンで出版されたのは一八九六（明治二九）年なので、ちょうどドーントが神戸を離れると同時である。ドーントが、日本アルプスの魅力をまだ知らなかったからかもしれない。そしてこの時、再び神戸に来ることになるとは思っていなかった。

四．ドーントの結婚

ドーントは神戸を離れると同時に、ヴァキューム・オイルを退社し、英国へ帰国した。[21] 間もなく生涯の伴侶となる女性ウィニフレッド・アミー・トラバース（Winifred Amy Travers 1876-1942）に出会う。

ウィニフレッドは、父ロデリック・トラバース（Roderick Travers 1831-1894）[22]、母アミー（Amy 1856-）の娘として一八七六年、オーストラリア・シドニーで誕生した。男三人女二人、五人兄弟の三番目で長女であった。

ウィニフレッドの父は英国ロンドンで生まれ、一八六〇年頃にオーストラリアに渡り、クィーンズランドの中央アラマクで牧羊業に成功した大牧場主である。クィーンズランド・ロックハンプトンの食肉輸入会社の創立者でもあり、炭鉱の街クレルモンの議会代表にも選出されている。[23] 才覚と人望のある人物であったようだ。ウィニフレッドは、すでに父親が大成功を収めてから誕生し、ジェントルマンの豊かな家庭に育った。ウィニフレッドが一五歳の頃、家族で英国に帰ることになった。その三年後、父親はロンドンで亡くなった。

父亡き後ウィニフレッドは、母と共にオーストラリアに戻り、メルボルンで暮らしていた。二二歳になったある日、三二歳のドーントと出会い二人は一八九八年四月二三日に婚約した。その頃の男女の出会いは、両親がお膳立てをした見合い結婚が主流であったが、中には恋愛結婚もあった。さて、ドーントとウィニフレッドはどうだったのだろうか。また当時は、婚約したことや結婚予告の記事が数回、新聞に掲載されることになっており、二人の婚約もメルボルンの新聞で発表された。[24] この頃、男性側に財力がつくまで結婚はするべきでないと考える両親が多く、婚約期間は長いのが普通であったという。[25] この時期ドーントは、ヴァキューム・オイルを退社しているので無職であったはずである。領地、あるいはかなりの資産を相続していたのなら問題ないのだが。

ともかくも結婚式は婚約発表した半年後の一八九八年の初冬、セイロン島・パンダルオヤ(Pundaluoya)で挙げられた。セイロン島は現在のスリランカ、当時は英国の植民地である。そこで、「ヴィクトリア女王時代」を象徴するような結婚式が挙げられた。[26]

花嫁衣裳と言えば白のウェディングドレスが定番だが、実はこの白のウェディングドレスは、「ヴィクトリア女王時代」から始まった。ヴィクトリア女王が自身の結婚式で、純潔を表すために白の絹で作ったドレスを着てレースのヴェール、オレンジの花の髪飾りを付けたことで、このスタイルが大流行した。オレンジの花も白く清らかで純潔を表し、実をたわわに実らせることから繁栄と多産を意味した。また、何かひとつ古いもの、何かひとつ新しいもの、何かひとつ借りたもの、何かひとつ青いものを花嫁が付けるという「サムシング・フォー」という習慣も、宝石のついた婚約指輪とゴールドの結婚指輪の二つを花嫁に贈る習慣も、親族や友人から新婚カップルへ贈り物をする「ウェディング・プレゼント」の習慣も、「ヴィクトリア女王時代」に始まった。

ウィニフレッドは白い絹のウェディンクドレスに身を包み、オレンジの花が散りばめられたドレスの裾にはレースの縁取りが施され、陽に照らされた花嫁の頭上にはオレンジの花冠が輝いていた。レースのヴェールは、かつて彼女の祖母と母が結婚する時に身に付けたものだった。

三人の花嫁介添え嬢たちは、ピンクのドレスに白い帽子の装いで花嫁を引き立てた。彼女たちの胸には新郎から贈られたブローチがあり、真珠でかたどったH・E・ドーントの〃H〃の文字がデザインされていた。

一八九八年一二月二日、聖公会（Anglican Church）H・P・クレバリング牧師のもと、花嫁は亡き父に代わってエスコートしたE・ホープに導かれドーントに手渡された。親族、友人が見守る中、新郎新婦の誓いが立てられた。花嫁には、新郎からダイヤモンドのハーフリングとゴールドの指輪が贈られた。

披露宴は、「ウェディング・ブレックファスト」と呼ばれ、ウィニフレッドの母が招待客をもてなし、ウェディング・プレゼントの王道である装飾品や髪飾り、グラスや陶磁器・銀器などが、新婚カップルに贈られた。

ウィニフレッドは、チェリーのリボンが付いた真っ白なドレスとコーディネートした帽子に着替え、二人はハネムーンに出発した。当時のハネムーンの人気スポットは、王侯貴族の保養地や海辺のリゾート地、あるいはロンドン、中には海外にでかける新婚さんもいたそうだ。ハネムーンの期間はだいたい一〇日前後が一般的だったらしい。ところで、ドーントとウィニフレッドは、どこに出かけたのだろうか。

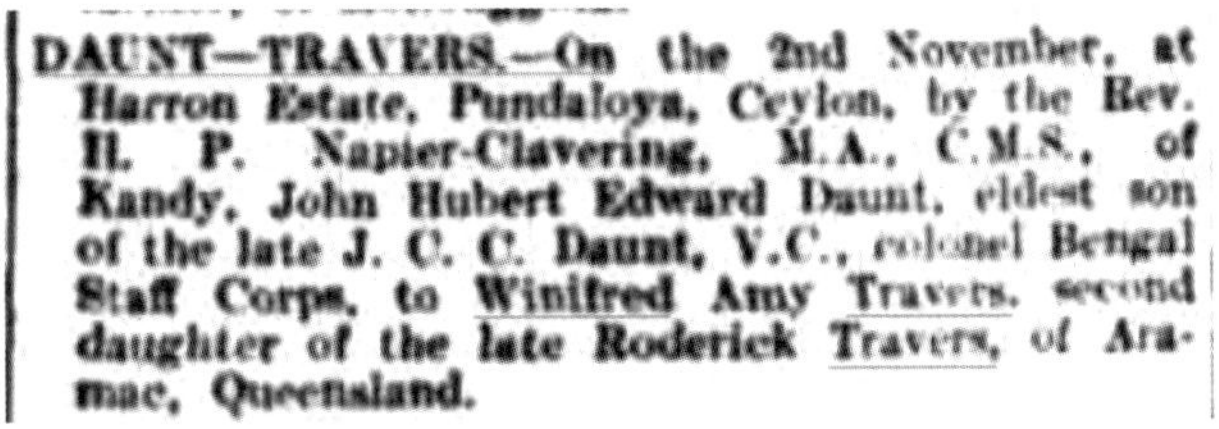

DAUNT—TRAVERS.—On the 2nd November, at Harron Estate, Pundaloya, Ceylon, by the Rev. H. P. Napier-Clavering, M.A., C.M.S., of Kandy, John Hubert Edward Daunt, eldest son of the late J. C. C. Daunt, V.C., colonel Bengal Staff Corps, to Winifred Amy Travers, second daughter of the late Roderick Travers, of Aramac, Queensland.

図4　「結婚予告記事」（この記事では11月2日にセイロン島で挙式となっているが12月2日に挙げられた。second daughterについては（注22）参照）
The Australasian Newspaper: November.12.1898

五．紅茶栽培

結婚式をセイロン島パンダルオヤの地で挙げたのには、理由があった。ドーントは、この地で紅茶栽培に乗り出していた。結婚した年から翌年までの二年間、ハーロウ（Harrow）茶園とカルー・オオヤ（Kalloo Oya）茶園を経営した。ハーロウ茶園は妻ウィニフレッドの兄との共同で、カルー・オオヤ茶園はウィニフレッドの兄がオーナーで、ドーントがマネージャーだった。[27]

英国文化の紅茶であるが、「アフタヌーン・ティー」と呼ばれる午後のティータイムの習慣は、「ヴィクトリア女王時代」に始まった。一八四〇年頃、まず上流社会から次第に下層階級へと広がり一八八〇年代後半には、一般的になった。[28]

セイロン島は一九世紀初めに英国の植民地となり、先ずコーヒー栽培の大規模なプランテーションが開かれた。しかし一八六八年に病害が発生し、コーヒー栽培は壊滅状態になってしまった。[29] 困ったセイロン島の土地所有者がロンドンの銀行家（代理人）を通じて、この土地で茶の栽培をしないかとトーマス・リプトンに打診。リプトンが経営に乗り出し大成功を収めた。新聞各紙はリプトンの話題を取り上げて報道し、セイロン島で進めている事業についても、その進捗状況をあれこれと書き立てた。[30]

リプトン大成功の話は、ドーントの耳にも入っていたはずである。ドーントも銀行家から話を持ちかけられたのかもしれない。ドーントが茶の栽培を始めた一八九八年は、リプトンが大富豪となり、ナイトの爵位「サー（Sir）」を授けられたちょうどその年であった。[31]

現在、ハーロウ茶園とカルー・オーヤ茶園は無くなったようだ。この二つの茶園があった場所は現スリランカ中央部のヌワラ・エリア地区にあり、そこは茶葉生産地のひとつで、ヌワラ・エリア産と言えばセイロンティーの最高級品と言われる。ドーントは良い茶葉を収穫できたのではないだろうか。

ドーントはこの茶栽培でどれほどの利益を上げたのかわからないが、二年間ですべてを解消し終了してしまった。セイロン茶産業は一九〇〇年に不況に直面するので、早々に見切りをつけたのかもしれない。[32]そしてこの間二人がセイロン島で新婚生活を送っていたのか、英国あるいはオーストラリアにいたのか分からない。茶栽培を打ち切ったその翌年、ドーントとウィニフレッドの姿はフランスにあった。

六．長女と長男の誕生とオリンピック出場

一八九九年八月一七日、フランスでドーントの第一子・長女が誕生した。女の子はイボンヌ（Yvonne 1899-1962）と名付けられた。

その翌年の一九〇〇年は、フランス・パリ万国博覧会と第二回オリンピック・パリ大会が開催された年である。ドーントはこの第二回オリンピック大会に、英国人でありながらフランス代表選手としてのゴルフ競技に出場している。結果は五位であった。[33]

第二回オリンピック大会は、五月二〇日から五ヶ月にわたって万国博覧会の付属競技大会として断続的に行われた。従って実施競技、出場選手数などの記録は不確かであり、参加選手は国の代表ではなく

個人的な参加であった。[34]個人的な参加と言っても、ゴルフの技術が高くなければ出場できないはずであり、五位であったということは、この時すでにゴルフの腕前はかなりのものであったということがわかる。

オリンピックの翌年（一九〇一）、ドーントは家族と共にオーストラリア・メルボルンに住まいを移した。妻ウィニフレッドの母が、メルボルンで暮らしていたからだろう。この地でドーントに長男が誕生した。男の子はドーントのファーストネームではなく、ウィニフレッドの父親の名前ロデリックをもらい、ロデリック・ゴードン（Roderick Gordon 1901-1927）と名付けられた。

七．再び神戸へ

家庭を持ち子供も授かり一家の家長となったドーントであるが、フランス、オーストラリアと転々としている。果たして仕事はどうしていたのだろうか。

メルボルンで一年ほどたった一九〇二（明治三五）年、ヴァキューム・オイルから声がかかり、再び同社で仕事をすることになった。おそらくメルボルン支店に着任したと思われる。[35]間もなく同社の日本総支配人O・D・ジャウルド（ドーントの後任者）が急死し、その後釜を引き受けて欲しいという連絡がきた。[36]思ってもみなかった話だったが、承諾することにした。

神戸を離れてから八年の歳月を経て一九〇四（明治三七）年七月、再び神戸にやって来た。[37]神戸の街はずいぶんと発展したという印象を受けたに違いない。居留地は返還され、条約が改正されたことによって欧米人は自由にどこへでも行けるようになっていた。鉄道も現在のJR宝塚線となる阪鶴鉄道が敷設され、大阪から宝塚や有馬へ鉄道で行くことができた。翌年には阪神電気鉄道が、大阪神戸間に開通するまでになっていた。神戸のインフラも布引貯水池が完成して水道事業が始まり、電灯の供給区域も隣接する須磨村まで広がり、街が明るくなったと感じたのではないだろうか。また、禿山であった六甲山では植林事業が始り、山上の様子も随分と変化していた。英国人グルームによって、初めて六甲山上に別荘が建てられたのは、ちょうどドーントが初来神した時だった。その後、欧米人仲間に広がって三〇余軒ほどになり、ますます増加傾向にあった。さらにグルームは一九〇一（明治三四）年、日本で初のゴルフ場（四ホール）を造り、二年後には仲間と共に神戸ゴルフ倶楽部も発足させていた。[38] 欧米人たちは週末を六甲山上で過ごし、別荘ライフを楽しんでいた。ドーントが神戸での仕事を引き受けた理由のひとつとして、今度はゴルフを楽しむことができると思ったからかも知れない。

　ドーントにも八年の歳月が流れ、前回は二八歳独身での来神であったが、今回は三八歳既婚者となり、男女二人の父親になっていた。

　ドーントの神戸暮らしは、一九〇四（明治三七）年七月から一九二四（大正一三）年四月まで、一九年と半年に及ぶことになる。まずは妻子を置いて、一人でのスタートであった。

八．ヴァキューム・オイル日本支店・総支配人

ヴァキューム・オイル日本支店は、ドーントが神戸を離れた後、東京・大阪・札幌と支店を拡大させていた。[39]ドーントが再着任して二年もたたないうちにトラブルが発生した。ヴァキューム・オイルが裁判で訴えられ、会社の代表としてドーントは被告の立場に立たされたのである。

一九〇六（明治三九）年一月ヴァキューム・オイルの元社員サンノミヤという人物が、[40]会社を相手取って損害賠償請求の訴えを起こし、神戸地方裁判所で一年にわたって争われた。原告は既にヴァキューム・オイルを解雇されているが、その理由は海軍の売上金を着服しようとしたことだった。しかしサンノミヤは、それは会社側の言いがかりであると主張。解雇後、自身に対する信頼が損なわれ大きな損失を被ったと言い、これに対する賠償金を請求したのであった。[41]一一月一二日サンノミヤの訴えは証拠不十分で棄却された。[42]この裁判後ドーントの指示によるものと考えられるが、再発防止策として社内に海軍との取引担当ポストを設置している。[43]

ヴァキューム・オイル日本支店は、その後、合併に合併を重ね、二〇二二（令和四）年現在、ＥＮＥＯＳホールディングス株式会社となっている。

九. 神戸の暮らし

図5 「ドーント・ロック」
『INAKA』Vol.3 神戸市文書館蔵

前回はわずか二年ほどの滞在であったので、今回がドーントの神戸生活の本来の姿と言えるだろう。ドーントは六甲山の麓、神戸三宮の北側山手、[44]現在では北野異人館街と呼ばれるあたりに住み、そこから旧神戸居留地内にあった会社に通った。[45]他の欧米人と同じように六甲山上に別荘を持ち、[46]「ドーント・ロック（Daunt's Rock）」とニックネームを付け別荘ライフを楽しんだ。

来神してすぐに神戸ゴルフ倶楽部の会員となってゴルフ三昧、[47]山好きの欧米人仲間と六甲登山三昧であった。神戸ゴルフ倶楽部でコンサートを楽しんだり、仲間を招待してドーント・ロックで食事会を開いたりもした。神戸レガッタ・アスレティック・クラブ（KR&AC）という欧米人たちのスポーツ倶楽部があり、クリケット、ボート、テニスなどのスポーツが行われていたが、ドーントは入会せず休日、ドーントの姿は常に六甲山にあった。

十．『Inaka, or Reminiscences of Rokkosan and other rocks.』

神戸滞在生活が一一年ほど経った一九一五（大正四）年ドーントは、『Inaka, or Reminiscences of Rokkosan and other rocks.』という書物を「ベル・ゴートBell Goat」といぅペンネームで、自らが編集・発行した。この『INAKA』は、彼が帰国する一九二四（大正一三）年まで、一〇年にわたって年に二回（およそ六月と一〇月）ずつ出版され一八巻まで続いた。発行部数は各巻一〇〇～一五〇部で、一冊五円から最も高いものは七円五〇銭で販売され売上金は、赤十字や動物虐待防止協会へ寄付された。[48] 発行部数が少なく英文図書であり、しかも高価だったことから考えると、専ら欧米人向けの書物だったと言えるだろう。

内容を大別するとゴルフと登山、その他と三分野に別れる。ゴルフに関することは、主として神戸ゴルフ倶楽部でのプレー記録やゴルフ・エッセイ、詩など。登山は六甲山や日本各地の山行時の紀行文、そして山や自然についてのエッセイや詩など。その他は、国内の旅行紀行文や日常生活でのエッセイ、加えてドーントと交流のあった人物との書簡などである。しかしながら全巻全頁数のおよそ三分の二近くが、山に関することで占められている。原稿はドーント自身が書いたものや滞日欧米人が書いたもの、英文で日本人から寄せられたもの、許可を得た新聞や雑誌、機関誌などからの転載である。また、写真や挿絵も多く収められ、ドーント自身が編集して作り上げた書物だった。

欧米人たちが日本初のゴルフ場でプレーを楽しんでいる様子や、彼らの六甲登山の様子を記した書物は『INAKA』をおいて他にない。『INAKA』は神戸に於ける欧米人のスポーツ活動やその時代を知る上で、非常に貴重な文献である。

『INAKA』が発行されると、諸外国で暮らすドーントの友人たちにも送られ、六甲山が世界の国々で暮らす人たちに紹介された。

十一．六甲山を世界のゴルファーに紹介

ゴルフの起源は諸説あるが、一七五〇年頃にスコットランドのエディンバラとセント・アンドルーズにゴルフ倶楽部が生まれ、[49]英国の世界への進出と共に各地に広まり、一八八〇年代になると大流行した。[50]ドーントが誕生したインド・ベンガル地方では、ロイヤル・コルカタ・ゴルフ・クラブ（Royal Calcutta Golf Club グレートブリテン島外で最古）がすでに一八二九年に設立されている。またドーントが茶栽培をしたセイロン島パンダルオヤ近郊にも、ヌワラ・エリヤ・ゴルフ・クラブ（Nuwara Eliya Golf Club）が一八八九年に設立されている。つまりドーントがゴルフをしようと思えば、どこでもできたわけである。しかし、初めて来神した二年間だけは、プレーをすることができなかった。

日本では一九〇三（明治三六）年にようやく神戸ゴルフ倶楽部がオープンした。その翌年にドーントが再び神戸にやって来たことになる。ドーントはすぐに神戸ゴルフ倶楽部に入会し、滞在中はゴルフ三

昧の生活を送った。入会した翌年には倶楽部のキャプテンを務め、一九二一（大正一〇）年には倶楽部の理事長も務めている。腕前もかなりのもので入会時のハンディキャップは二であったが、すぐにハンディキャップ〇のスクラッチプレーヤーとなった。[51] 神戸ゴルフ倶楽部のコースレコードも更新し続け、[52] シンガポールの新聞に「H・E・ドーントが神戸ゴルフ倶楽部の六甲山コースでコースレコード」と発表され、ドーントの活躍とともに報道された。[53] 倶楽部チャンピオンに六回、ホールインワンは三度達成。日本アマチュアゴルフ選手権競技でもタイトルを獲得し、プレーすれば常に好成績であった。ゴルフ好きが高じて友人のJ・P・ワレンと一日に七ラウンドしたのは有名な話である。[54] ドーントのドライバーショットのフォームは良いとは言えないが、フォロースルーが大きいのでよく飛び、ウッドよりもアイアンが得意、パターはそこそこであったという。

図6 「ドーントがデザインした日本アマチュアゴルフ選手権競技優勝カップのレプリカ」『INAKA』Vol.5 神戸市文書館蔵

　日本アマチュアゴルフ選手権競技の優勝カップは、ドーントのデザインによるものだ。三本のドライバークラブを脚にして、その上にシルバーのシャンパンカップが乗せてあり、とても洗練された素敵なデザインである（図6参照）。日本アマチュアゴルフ選手権競技は、二〇二二（令和四）年に第一〇六回を迎えたが、ドーントがデザインした優勝カップは現在も受け継がれている。ドーントはアーティストとしてのセンスがあるだけでなく、ユーモアのセンスも持ち合わせていた。神戸ゴルフ倶楽部の各ホールには愛称（ニックネーム）が付けられているが、それらはドーントが名付けたものだ。全コースの中心に位置する六番ホールは「Rokkosan」。十三番ホールは「Purgatory 苦難の関所」、この難しいホールを何とか無事に通過すれば十四番ホールは「パラダイス Paradise」となっている。また、ゴルフのエッセイを書く時は、「チャイルド・オブ・ミストChild of Mist」というペンネームを使用するが、それはゴルフ場が六甲山上にあるためしばしば霧に悩まされるからである。横浜との対抗戦である「インターポート・マッチ」や「キャプテンズ・カップ」といった試合を提唱したのもドーントで、神戸ゴルフ倶楽部の中心的存在であり、かつゴルフ界を隆盛に導いた人物だった。

ドーントの神戸ゴルフ倶楽部での記録に関しては、『INAKA』の中にも記されているが、詳細には、『神戸ゴルフ倶楽部史』、『神戸ゴルフ七〇年史』、『神戸ゴルフ倶楽部一〇〇年の歩み』、『日本のゴルフ史』を参考にされたい。[55]

一九一九（大正八）年に南満州鉄道が、韓国のヨンサン（Yongsan）にゴルフ場を造ることになったのだが、ゴルフリンクのレイアウトをするはずであった上海のプロゴルファーが亡くなってしまった。そこで南満州鉄道は、アドバイスのできるエキスパートを紹介してほしいと要請し、ドーントが選ばれた。[56]ドーントは、ほとんど携わることはなかったが、彼のゴルフ技術がエキスパートとして皆が評価するものであったことがわかる。

一九〇九（明治四二）年には、全英アマチュアに出場。[57]結果は第二ラウンドで敗退。引き続いて開催された全英オープンにもエントリーしたが、[58]こちらは欠場。全英アマチュアも全英オープンも歴史のあるゴルフ大会で、特に全英オープンは世界のトップを競う大会である。エントリーしたいと言っても誰でも簡単に出場できるものではなく、ドーントのゴルフ技術の高さがよくわかる。嬉しいことに、この二つの大会に「神戸ゴルフ倶楽部所属のドーント」として出場しているのだ。権威ある世界のゴルフ大会で、「神戸ゴルフ倶楽部」の名前が世界に知られたのである。加えてドーントが出場したことにより、その年のゴルフ年鑑に神戸ゴルフ倶楽部のことが掲載され、ドーントがコースレコードを持っていること、六甲山上にあること、コース案内などが世界に紹介された。[59]

図7「神戸ゴルフ倶楽部にて」中心がドーント。『INAKA』Vol.7 神戸市文書館蔵

『INAKA』によればドーントは、二〇歳を過ぎた頃からゴルフを始めたらしく、ちょうどドーントの父が亡くなった頃に重なり、興味深いところである。[60] とにかくアメリカ、アフリカ、ヨーロッパ、アジアなど様々なゴルフ場で豊富な経験があるとも話している。ドーントの技術レベルからも単にゴルフが好きというよりも、真剣にゴルフに取り組んできたことがよくわかる。

ドーントは神戸を発つ時、所持していた多くのゴルフに関する書物を、『日本のゴルフ史』の著者である西村貫一に寄贈し、日本アマチュアゴルフ選手権競技で優勝したときのパターを一九一九（大正八）年に優勝した川崎肇にプレゼントした。その書物やパター、ドーントがデザインした優勝カップのレプリカは、現在、ＪＧＡゴルフミュージアムが所持し、パターと優勝カップのレプリカはここに展示されている。[61]

十二．六甲山を山岳世界に紹介

「ヴィクトリア女王時代」に多くの近代スポーツが生まれたが、その中でも登山の発祥は早い。ドーントが誕生する以前に、「アルプス黄金時代（一八五四年のヴェッターホルン登頂から一八六五年のマッターホルン登頂まで）」が到来し、最古の登山倶楽部アルパイン・クラブAlpine Club（以下イギリス山岳会）も一八五七年に設立されている。日本では、一九〇五（明治三八）年に日本山岳会が設立され、登山に対する機運が盛り上がっているちょうどその時に、ドーントが再び神戸にやって来た。

ドーントは、「Kobe Mountain Goat Club」や「Kobe Alpine Club」を創り、神戸に滞在している欧米人に「一緒に六甲山に登りませんか?」と呼び掛けた。このクラブのメンバーは、「The Most Noble, Royal and Ancient and Honourable Order of Mountain Goats」だと言い、〝誰にも負けない〟をクラブのモットーに不屈の精神を掲げてアピールした。

〝クラブ〟という組織は、英国のコーヒーハウスから発祥したと考えられている。一八世紀の頃、関心を同じくする人々が集まって、歓談や情報などを交換する社交の場が生まれ、この中から、さらに息の合う仲間同士が会員制を敷いて集まりクラブが発生した。一八八〇年代には、あちらこちらでクラブの設立が大流行となった。そうしたクラブは会員限定の組織で、会員の個人情報については内外ともに遺漏がないことを鉄則としていた。[62] ドーントの創った、「Kobe Mountain Goat Club」や「Kobe Alpine Club」もそれに倣い、何一つ情報が無く、どれだけの人が集まったのか、どのような組織だったのか、詳しい実態はわからない。

ドーントは、呼び掛けに集まった山好きの仲間と熱心に六甲山へ登った。登山の時は、自身のことをペンネームと同様「ベル・ゴートBell Goat」と名乗り、仲間にも「○○ゴート」「△△ゴート」等とニックネームを付けて呼び合った。

ところで、"The Most Noble, Royal and Ancient and Honourable Order of Mountain Goats"であるが、まずThe Most Nobleとは「ヴィクトリア女王時代」の公爵に対する敬称で、Royal and Ancientは全英ゴルフ協会、つまりゴルフの権威を意味し、Honourableも「ヴィクトリア女王時代」のすべての国会議員、あるいは世襲貴族に対する敬称で、Order of ○○とは○○騎士団勲章のことである。Mountain Goatsは和名がシロイワヤギで、切り立った崖を巧に移動するという。つまりクラブのメンバーは、「最も高貴な、権威ある全英ゴルフ協会と名誉あるシロイワヤギ騎士団勲章」に値する、と言いたかったようなのだが[63]・・・。おそらく、英国から遠く離れたファー・イーストの国で、遊び心でありったけの高貴な敬称を並べて仲間を勧誘したのだろう。

ドーントは、仲間との六甲登山のことを「ゴート・ウォークGoat's Walks」と呼んだ。さらに神戸ゴルフ倶楽部が霜のために閉鎖される冬季期間（一一月下旬～四月上旬）を「ゴート・シーズンGoat's Season」と呼び、シーズン中の土・日や祝日に行われる「ゴート・ウォーク」を「ゴート日記The Goat's Diary」として記録した。一九一三（大正二）年以来九シーズンにも亘って書き留められた「ゴート日記」は、『INAKA』に整理・転載されている。

ゴートたちの「ゴート・ウォーク」を紹介しよう。集合時間は朝の八時半ごろ、ドーントの自宅の近

図8 「ゴートたち　ドーント撮影」
『INAKA』Vol. 1　神戸市文書館蔵

くで待ち合わせをする。時間厳守で雨天決行。参加人数は少ない時は二人。多い時は一〇人。たいていは四人前後のグループであった。ゴートたちの装いは、ジャケットにズボン、帽子、手にはステッキ、足元は革靴である。ゲートルを巻きネクタイをしているゴートもいた。喉が渇くと、ワイン、ビール、ジンジャーエール、ウィスキー、ウィルキンソン炭酸水で癒す。けっこう酒を楽しみながらの登山である。途中で雉や鶏、兎に出会うこともあり、狩をするゴートや六甲山上にある池に氷が張るとスケートを楽しむゴートもいた。季節柄きのこ狩りをしながらもある。石楠花山、再度山、摩耶山、長峰山、荒地山がお気に入りのスポットで、実のところドーントたちは、ほとんど六甲山の山頂には登っていない。犬を連れ荷物持ちの日本人を伴っていたようだ。登山道の補修もした。ゴート・ウォーク中のランチのことをインド伝統の軽い昼食を意味する「ティッフィン（tiffin）」と呼び、[64] ドーント・ロックで取ることが多かった。

　ゴート仲間のお別れ会を兼ねた「ティッフィン」では、フルコース料理が用意された。もちろんフルコースなのでオードブル、スープと続くのだが、スープがインド風ポタージュやカレースープの時もあり、ドーントとインドとの繋がりを感じさせる。[65] メイン料理は、エビのゼリー寄せ、牡蠣のパイ、英国の代表的料理ステーキ・アンド・キドニーパイやコールドビーフなど。その後はチーズと続き、デザートはチーズタルトや本日のプディング。食後のコーヒー、そしてシガー。大正時代に六甲山上で、しかも登山途中の昼食にこれ程の料理を、と考えると何と贅沢であろうか。しかも料理の名前が面白いのだ。「ポタージュ・オ・モンターニュ（山のポタージュ）」、「ポアソン・ア・ラ・ロック（岩石風の魚）」、「サーディン・オ・リュックサック（リュックサックのイワシ）」。メニューを見ても聞いても楽しい。ドーント・ロックの料理は評判が良く、ゴート・ウォークに参加せず、食事にだけ来る欧米人もいた。ドーント・ロックで二時間ほど休憩し、夜七時半ごろ帰宅するのがパターンであった。

　ゴートたちは、登山地図など無い時代、最初の六甲登山地図を描いていった。登りながら歩いた尾根や谷に自分たちで名前を付けて行った。その名前付けもまたユニークなのである。バレンタインの日に歩いた尾根には「セント・バレンタイン尾根」、眺めの素晴らしい尾根には、「パノラマ尾根」や「ベラ・ビスタ尾根」。第一次世界大戦が終結し連合国が勝利した時に登った尾根には「ヴィクトリー尾根」。天然氷の運搬に利用されていた前ヶ辻道には「アイスロード」。ゴート仲間O・Mプールの名前をそのまま付けた「プール尾根」もあった。ドーントの名前の付いた「ドーントリッジDaunt Ridge」（図10参照）もこうして名付けられた。その他にも「シンネンエンカイ尾根、ウィンストン・チャーチル尾根、エアプレイン尾根、パラシュー

図9　「ゴート・ウォーク　ドーント撮影」
『INAKA』Vol.1　神戸市文書館蔵

ト尾根、コークスクリュー谷、オメデト岩、ソーセージ岩」など挙げれば百を超える。いったいどこに付けたのか分からない程、あらゆるところに様々な名前が付けられた。しかし現在ではそのほとんどが無くなってしまった。その中で、六甲登山をされる方ならご存知と思うが、ドーントリッジをはじめ、「シュラインロード、トゥエンティクロス、カスケードバレイ、アイスロード、アゴニー坂」などの名前が残り、現在、英語名の登山道を持つ山という六甲山の文化になった。

この「ゴート日記」は、一九二一(大正一〇)年度のシーズンにドーントが足を痛めて歩けなくなるまで続いた。全ゴート・シーズンを通して最も参加率が高かった人物は、ドーントとJ・P・ワレンであった。[66]

・ドーントと神戸徒歩會

明治の幕開けとともに、登山文化が欧米人によって日本にもたらされた。それまで修行として山に登ることはあったが、スポーツとして楽しみのために登るということはなかった。開港場であった神戸にやって来た欧米人たちは、居留地の背後に聳える六甲山をレクリエーションとして登り始め、その様子を見ていた日本人が真似をして登り始め、登山団体ができるまでに発展した。

ドーントが会員(賛助会員)となった神戸徒歩會もその一つで、一九一〇(明治四三)年に塚本永堯《ながたか》が中心となり神戸草鞋會《わらじかい》(大正二年神戸徒歩會に改称)が発足した。このグループは、神戸初の日本人登山グループであった。一九一三(大正二)年には月報『ペデスツリヤン』を発行、ドーントも寄稿した。

しかし神戸徒歩會は、戦中に消滅してしまい、『ペデスツリヤン』も一九二三（大正一二）年七月一五日発行以降しか現存していないため、残念ながらドーントが寄稿した原稿を確認することはできず、またドーントがどのように神戸徒歩會内で活動していたのかわからない。

しかし「ゴート日記」の中に、ドーントが神戸徒歩會の日本人会員と交流している様子が残されていた。ドーントをはじめとする欧米会員たちが、英会話のできる日本人会員数名と、毎シーズンに一度だけ一緒にゴート・ウォークをしている記録である。[67] その時はいつもドーントが引率し、日本人会員の知らない六甲山の新しいルートを案内した。ドーント・ロックでの食事会にも招待し、日本人会員に大いに感謝された。このような交流に依るものだろう、神戸徒歩會は再度山のすぐ北にあるドーントリッジを東西に跨ぐ分水嶺越林道に、「ドーント・リッジ・クロッシング Daunt Ridge Crossing」（図10参照）と命名、神戸徒歩會五周年行事として開通式を行った。[68] またドーントは、帰国の直前、神戸徒歩會から金バッジを贈られた。それは神戸徒歩會への協力・支援、さらには六甲山の自然保護に対するものであった。こうして観るとドーントは、神戸徒歩

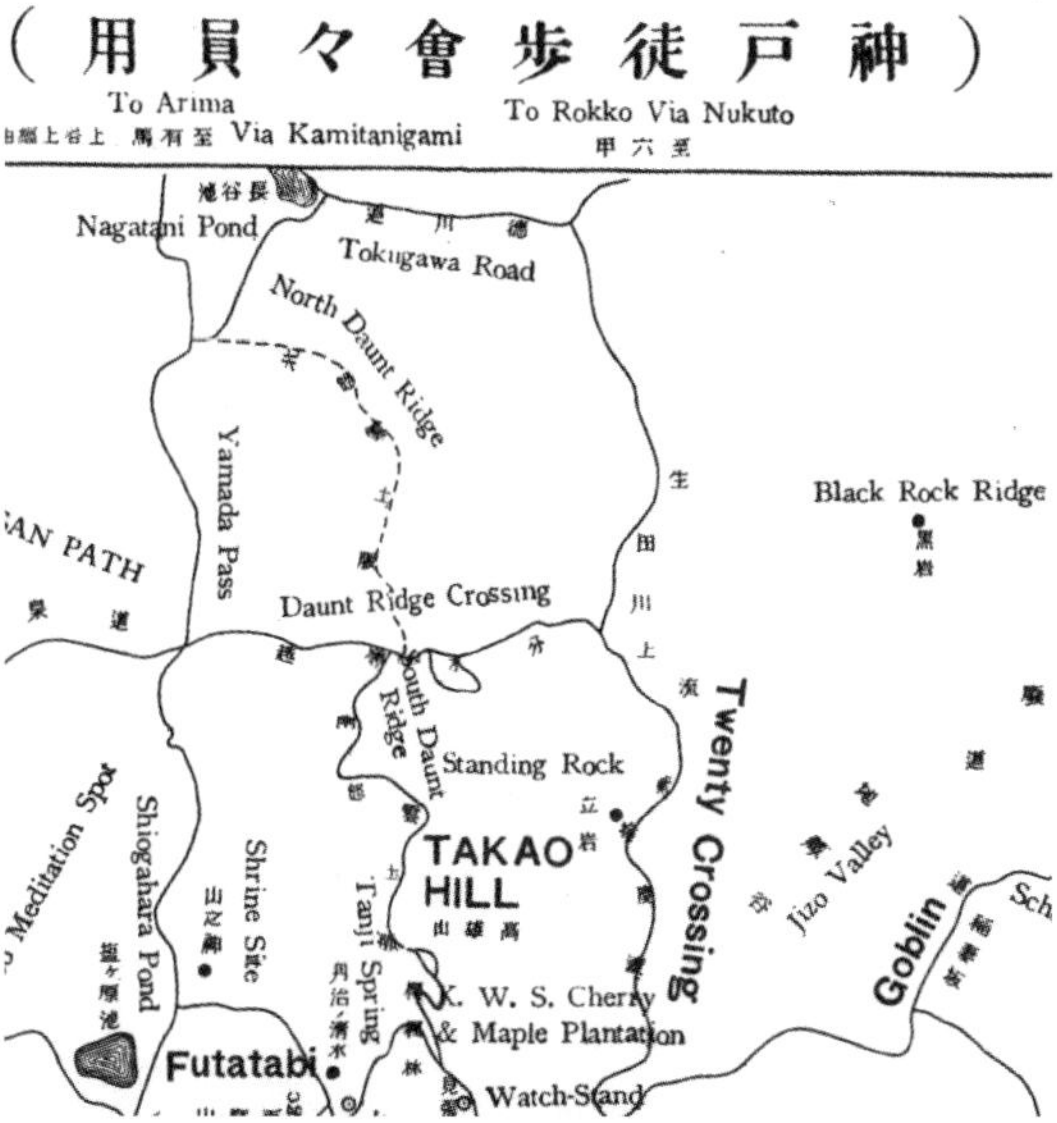

図10 「Kobe Hill Map 神戸徒歩會発行」。大正7年頃、神戸徒歩會会員に配布された地図。中心にドーント・リッジ・クロッシング、北ドーントリッジ、南ドーントリッジがある

會にとって格別な存在であったことがよく分かる。しかし現在では、「ドーント・リッジ・クロッシング」の名が登山地図から消え、非常に残念である。

ドーントは神戸を離れる時に、岩登り用マニラロープ一本、測候用横置き最高寒暖計と最低寒暖計を各一個ずつ、これらを神戸徒歩會に寄贈しており、現在どこかに保管されていないだろうかと考える。[69]

・ドーントと日本の山

ドーントは日ごろ六甲登山を楽しんでいたが、夏の休暇には日本アルプスを中心とした山々に出かけ、北は北海道の羊蹄山から南は九州の桜島まで、日本全国の山々に登った。健脚で登山技術もあり、ロープを使用したクライミング（岩登り）も行っている。一九一七（大正六）年には、鳳凰山・地蔵岳のオベリスク（山頂にある高さ一八メートルの巨石）にW・ウェントンに次いで第二登。[70] 一九一九（大正八）年には富山県にある劒岳に登頂しているが、これは外国人として初登頂記録である。この山行では、「平蔵谷」の名で知られる佐伯平蔵をガイドに平蔵谷を登って劒岳に登頂、長次郎谷を下っている。ドーントは登頂後、「この登頂は忘れられない一日であり、これから先の登山人生にとって幸運な日となった」[71]と話している。こんな本格的な登山を試みていたドーントは、一九一五（大正四）年九月に日本山岳会に入会した。[72]
日本山岳会は一九〇五（明治三八）年に創設された。これには「日本近代登山の父」と呼ばれるW・ウェストン（イギリス山岳会会員）の力添えに拠るところが大きい。この日本山岳会への入会には、会員二名の紹介が必要だが、ドーントは日本山岳会発起人の一人である高野鷹蔵と実業家であった加賀正太郎の紹介で入会している。[73] このような人物との交流があったということになる。[74]
その頃、ドーント以外にも山好きの欧米人が数多く日本山岳会に入会していたので、日本山岳会では機関誌『山岳』に、欧米人会員向け英文欄を設けることになった。その編集をドーントが手伝っている。[75] ドーントは編集のみならず、「ブルー・ドラゴンフライBlue Dragon-Fly」、「ヤマカゼYamakaze」というペンネームを使用して『山岳』にも寄稿している。

図11 「ドーント剱岳山頂」大正８年７月16日登頂
『INAKA』Vol.11 神戸市文書館蔵

ドーントは、「スミヨシ・ゴート」のニックネームを持つ長野武之丞（日本山岳会会員・神戸徒歩會会員）とは六甲山や日本アルプスにも共に登山をしているが、彼以外の日本人と一緒に山に行くことはあまり無かった。[76] たいていは欧米人仲間と、あるいは一人で山案内人と荷物運びの人夫を雇い、山に出かけていた。山案内人には、W・ウェストンの専属案内人として有名な上條嘉門次の息子・嘉与吉をガイドにしていた。仲間と行く時は写真係で、『INAKA』の中にはドーントが写した山の写真や登山途中にある温泉場などの写真も多く収められている。

ドーントの登山スタイルであるが、身長が一八〇センチほどあり体が大きかったのでサックジャケットと言うゆ

図12 「桜島　ドーント撮影」ドーントは明治41年４月15日桜島御嶽登頂。『INAKA』Vol.2　神戸市文書館蔵

ったりとしたジャケットを着て大きめの帽子をかぶり、編み上げのスパイク付きゴルフシューズを履き、手にはシャモニー製のピッケルを持ったスタイルであった。スイスにネイルドブーツという鋲の付いた靴があると聞くと直ぐに取り寄せ、最新の登山用具を身に付けていた。雨だから天気が悪いから、計画していた登山を止めるということはせず、クライミングを好み山に真摯に向き合い挑んでいた。そして仲間と登山する時は、常に皆のリーダーであった。

こうして多くの山に登り、深田久弥の『日本百名山』で言うと、神戸滞在中に百名山のうち三三座に登頂した。

・日本の山からイギリス山岳会へ

ドーントのイギリス山岳会への入会は、一九二〇（大正九）年四月一三日付で許可された。[77] 当時、イギリス山岳会への入会条件は、スイス・アルプスの登山歴（直近三年間）が必要であったが、ドーントの場合は例外的で日本での登山歴だけで許可された。[78] このような入会は、初めてのケースであった。それよりもドーントの高齢（五四歳）が問題となったようだが、W・ウェストンの強い後押しで入会が可能となった。[79]

これに関して日本山岳会の理事たちは、日本の山々がスイス・アルプスと同様の聖地であると認められた、と思ったようだ。[80]

ドーントは、自らが所属する団体・機関誌に数多くの寄稿をしているので、イギリス山岳会・機関誌『アルパイン・ジャーナル（Alpine Journal）』をチェックしてみたところドーントの文章は無かったが、絵画が出展されたという記事を見つけた。イギリス山岳会が一九二九（昭和四）年五月、絵画展を開催。これにドーントが、日本アルプスの絵を出展したところ色使いが素晴らしい、との評価を受けたという。[81]

一九五二（昭和二七）年『アルパイン・ジャーナル』の訃報欄にドーントの名が記されていたが、[82]追悼文はなかったのでイギリス山岳会では目だった活動は無かったようだ。これとは別にドーントの山仲間「フライング・ゴート」のニックネームを持つJ・G・S・ゴーズデンの追悼文を発見した。[83]そこには、日本で「マウンテン・ゴート」と呼ばれるグループのメンバーであったこと。友人であるドーントやW・ウェストンと一緒に登っていたこと。「六甲山 Rokkosan」とニックネームを付けた自宅（英国南東部イーストボーン）で亡くなったことが記されていた。

またドーントは、神戸滞在中にカナダ山岳会（Alpine Club of Canada）にも入会している。しかしこれは、『INAKA』（一九二〇）の中での自己申告なので、[84]確認を取ろうとカナダ山岳会に問い合わせてみたが、会員であったかどうかはわからないとの回答であった。カナダ山岳会の機関誌『カナダ・アルパイン・ジャーナル（Canada Alpine Journal）』の閲覧許可も得られず、調べることはできなかった。一方、ドーントはこれまで入会している神戸徒歩會、日本山岳会、イギリス山岳会に『INAKA』を寄贈しているので、カナダ山岳会の蔵書も調べてみたところ、一九二一（大正一〇）年発行の『INAKA』が一冊あることを発見した。[85]また、『INAKA』Vol.16（一九二三）にカナダ山岳会新聞からの記事を転載していることから、ドーント自身が言っているように一九二〇（大正九）年頃に入会したことは間違いないであろう。

こうしてドーントは、『INAKA』を通して六甲山を英国とカナダの山岳界に紹介した。

ドーントは、初めて来神した時（明治二七年）には、すでに山好きであった。どこで最初に山に出会ったのかわからない。しかし、ドーントが少年の頃にはスイス旅行のツアーが販売され、国内に高峰を持たない英国人にとって、ヨーロッパ・アルプスは人気の海外旅行先であった[86]。また、ドーントが生まれたインド・ムザファルプルは、北はネパール国境に接し、北東にはダージリンの街がある。ダージリンの街からは、カンチェンジュンガなど雄大なヒマラヤ山脈を臨むことができる。現在、世界遺産に登録されているダージリン・ヒマラヤン鉄道は、茶葉の輸送と英国人避暑客のために一八七九年に建設が始まった。おそらくドーントは学校が休みになれば両親のいるインドで過ごし、ヨーロッパ・アルプスにも出かけたことだろう。山の魅力に触れる機会は充分にあったはずだ。

十三．ガイドブックで六甲山を世界に紹介

明治から大正にかけて、日本にやって来る欧米人誰もが手にしていたガイドブックがあった。ジョン・マレー社から出版された『ハンドブック・フォア・トラベラーズ・イン・ジャパン（A Handbook for Travellers in Japan）』という書物で、第一版が一八八一（明治一四）年に出版され、改訂を重ねて第九

版（一九一三年発行）まで出版された。[87] 巻頭には情報協力者の名前が列挙されており、第九版にドーントの名前が確認できる。その第九版で六甲山が世界に向けて紹介された。ドーントは王立地理学協会員（F.R.G.S.）であったので、[88] ジョン・マレー社に協力を求められたと考えられる。六甲山は、第一版から「神戸とその近郊（KOBE AND NEIGHBOURHOOD）」で登場しているが、有馬を紹介する項目の中で、有馬へのアクセスルート途上の一地点として登場しているにすぎない。「有馬からの復路、徒歩で六甲山（Rokko-san Pass）を越えると六甲山上から南方面の景色が素晴らしい」というようにである。六甲山上に別荘が建ち始め日本で初めてのゴルフ場ができたという変化は、改訂版で反映されていたが、あくまでも有馬へのアクセス途上にある一地点の変化という扱いであった。しかし、ドーントがかかわった第九版で初めて「Rokko-zan」という独立した項目で紹介された。五月中旬になると山の斜面がツツジで覆われて素晴らしい景色になることや、六甲山への最適なアクセス方法など。ガイドブックの「神戸とその近郊」で紹介されるべき山として世界に発信された。

十四．ドーント家族の来神

ドーントの妻ウィニフレッドは、ドーントに遅れること三年、一九〇七（明治四〇）年に神戸にやってきた。[89] 八歳になった娘イボンヌだけを連れての来神だった。六歳になった長男ロデリックは、英国に住むドーントの一番下の妹に預け神戸には伴っていない。ウィニフレッドにとって初めての日本、初め

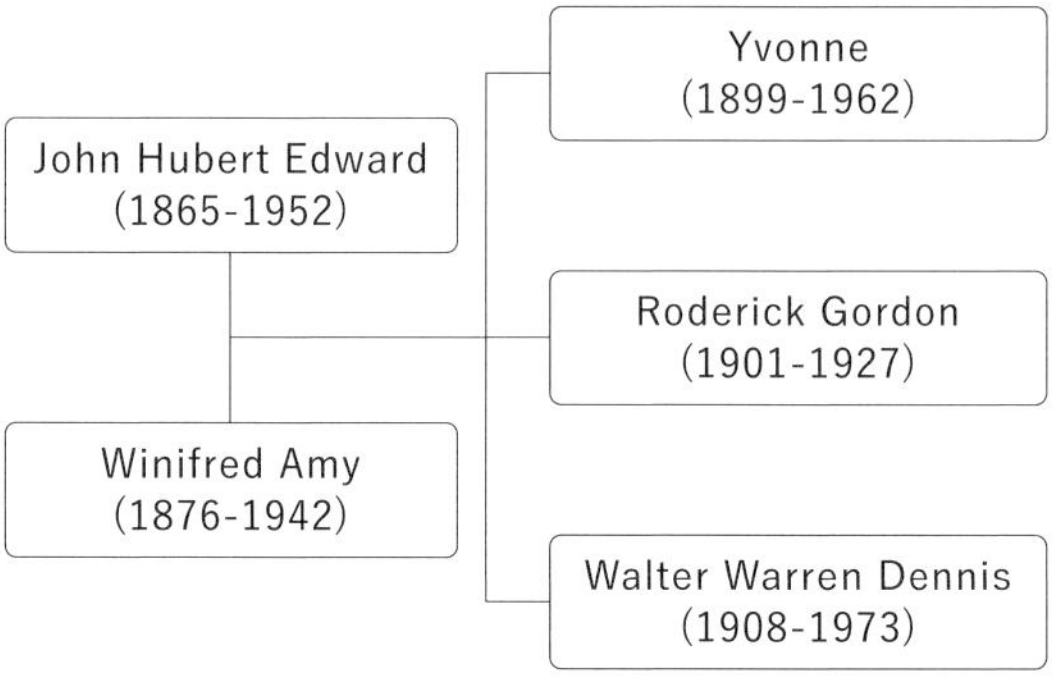

資料2　ドーント家族

ての神戸であった。来神早々、神戸ゴルフ倶楽部で開催されたレディース大会に、ハンディキャップ一〇で出場している。その後すぐにハンディキャップ二〇に修正されているので、ドーントと違って腕前はあまり良くなかったようだ。[90]一方、イボンヌは、同倶楽部で開催された「キャプテンズ・カップ」の優勝者にカップを渡す大役を任され、また、子供大会に三五のハンディキャップで出場して優勝。翌年レディース大会に出場すると準優勝した。ドーントの血筋を受け継いだようで、有望株としての評価を受けた。[91]

ウィニフレッドが来神した翌年、ドーント家に新しい家族ができた。一九〇八（明治四一）年一〇月一九日に三男が誕生した。[92]ウォルター・ワレン・デニス（Walter Warren Denis）と名付けられた。神戸オール・セインツ・チャーチ（All Saints' Church Kobe）でバプティズム（洗礼）を受けている。

ウィニフレッドは、約六年間神戸で暮らした後一九一三（大正二）年ドーントを残し子どもたちを連れて神戸を後にした。[93]神戸でのウィニフレッドや子供たちの足跡は、ゴルフ大会に数回参加した記録だけで、それ以外は無い。

十五．ドーント神戸を発つ

妻ウィニフレッドと子供たちが神戸を離れ、一人になったドーントは、仕事、ゴルフ、登山、『INAKA』の編集、原稿の執筆、『山岳』の英語欄など、忙しく過ごしていた。そうした中、一九二一（大正一〇）年一一月二七日ゴート・ウォーク中に転倒し、ひどく捻挫をしてしまった。しばらくはなんとかごまかしてゴート・ウォークに参加していたのだが、一九二二（大正一一）年一月二日以降歩けなくなり、以後ドーントのゴート・ウォーク参加記録もゴルフの記録も無い。さらにその頃から消化器系の病気で体調を徐々に崩し、ついにドーントは病気治療のため神戸を離れることにした。[94]それを聞いたゴート仲間は、署名入りの「ゴート・トレイ（Goats' Tray）（図13参照）」をドーントに贈った。神戸ゴルフ倶楽部では、「倶楽部会員皆、できるだけ早く病を治療して戻ってきてほしいと願っている」と言葉を寄せた。神戸徒歩會からも、「早く健康を取り戻して帰ってきてください」と励ましの声が寄せられた。日本山岳会では「早く治療して山に戻ってきてください」と送別会が開かれた。[95]神戸滞在中、ドーントと日本人と

図13　「ゴート・トレイ」『INAKA』Vol.16
神戸市文書館蔵

の交流記録はあまり無く付き合いは少ないと感じていたが、日本人皆から心配され、戻ってくることを強く望まれているので、神戸徒歩會や日本山岳会でも特別な存在であったことがよくわかる。ドーント自身も、病気を治療し神戸に戻ってきたいと手紙を書いている。[96]

ドーントが神戸を発つ日、友人たちが見送りに来てくれたが、ドーントの体調悪化のため盛大な見送りとはならなかった。一週間後ジャパン・ウィークリー・クロニクル紙に「MR.H.E.DAUNT」というタイトルの記事が掲載された。[97]その記事には、次のようなことが記され、ドーントの存在の大きさを物語っている。

ドーント氏は、日本で素晴らしい不屈のアルピニスト（登山家）として知られ、いかなる天候であっても登山をするのが彼自身のルールであった。週末、彼の姿は六甲山のゴルフ場にあり、別荘でのもてなしについては言うまでもない。不幸にも二年前、腱を痛めてから登山が不可能となり、消化器系の病気も発症。治療のため一時帰国したものの、日本に戻ると再発してしまった。思案の末、完治させるためにカリフォルニアのサナトリウムで療養することに決めた。ヴァキューム・オイル社は退社したが、彼の家はここ神戸なのだから、病気を治して戻ってくると我々は信じている。そして皆が『INAKA』の続編を望んでいる。

ヴァキューム・オイルの仕事はA・L・E・マクルーに引き継いでドーントは退職し、一九二四（大正一三）年四月二日、プレジデント・ウィルソン号に乗船、サンフランシスコに向けて神戸を出航した。[98]

ドーント五八歳であった。彼が発った後、神戸ゴルフ倶楽部では、「イナカ・カップ」大会が催された。[99]

十六．ドーントの子供たち

・イボンヌ（一八九九―一九六二）

ドーントの長女・イボンヌは、一八九九（明治三二）年八月一七日フランスで生まれた。ロンドンで育ち八歳の時、母と共に来神し一四歳まで神戸で過ごした。その後フランスでパリ・オペラ座バレエ学校に入学した。この学校は、フランス国王ルイ一四世が創立した世界最古のバレエ養成学校である。[100] イボンヌは英国人でありながら、パリ・オペラ座学校に在籍した初めてのバレリーナであった。バレエ団員はエトワールを頂点に五つの階級に分かれるが、イボンヌはエトワールまで上り詰めた。イボンヌが活躍した一九二〇年前後はモダニズムの時代で、彼女の代表演目であったサロメの悲劇（La Tragedie de Salome）では、個性的な表現法が評価されて第二のアンナ・パヴロワと言われるほどであった。[101]

図14 「イボンヌ」
les etoiles de l’Opera de Paris

パリのサロンに出入りし哲学者や詩人、画家と交流を持ち、マチスに数枚の肖像画を描いてもらっている。[102] 結婚して男の子を授かるが離婚、出産後も舞台に立ちダンスの指導にあたっていた。その後アメリカ人のグレイヴ（Graves）と再婚してオーストラリア・シドニーに移ったが、この時「パリ・オペラ座のスターがやって来た」と彼女の紹介やインタビューなどが新聞に掲載された。シドニーではバレエを教え、オーストラリアのバレエ界に貢献した。[103] その後アメリカ国籍を得て移住し、サンフランシスコの地で一九六二（昭和三七）年四月二六日に生涯を閉じた。イボンヌはアメリカ国籍を取得する書面の氏名欄に「イボンヌ・イオナ・ロシュフォール・グレイヴ（Yvonne Iona Rochfort Graves）」が正式な名前であると記載しているが、墓碑には「イボンヌ・ドーント　米陸軍一等兵カールトン・グレイヴの妻（Yvonne Daunt, Wife of PFC Carleton Graves）」とあり、ドーントの姓を刻んでいる。

イボンヌは新聞のインタビューで「ダンサーとしてバレエ界で成功を収めたのは、幼少期のアウトドア・ライフの経験が大きい」[104] と答えている。イボンヌの神戸での足跡は、前記した神戸ゴルフ倶楽部の大会に出場した記録だけで、六甲山に登ったとか父ドーントと一緒に日本アルプスに出かけたという記録はない。しかし神戸滞在中、当然ドーント・ロックで過ごしただろうし、六甲山の自然を満喫したのは間違いない。

・ロデリック・ゴードン（一九〇一―一九二七）

長男ロデリックは、一九〇一（明治三四）年オーストラリア・メルボルンで生まれた。子供の頃、英国にいるドーントの一番下の妹に預けられた。結婚して男の子（エドワード・バジル Edward Basil

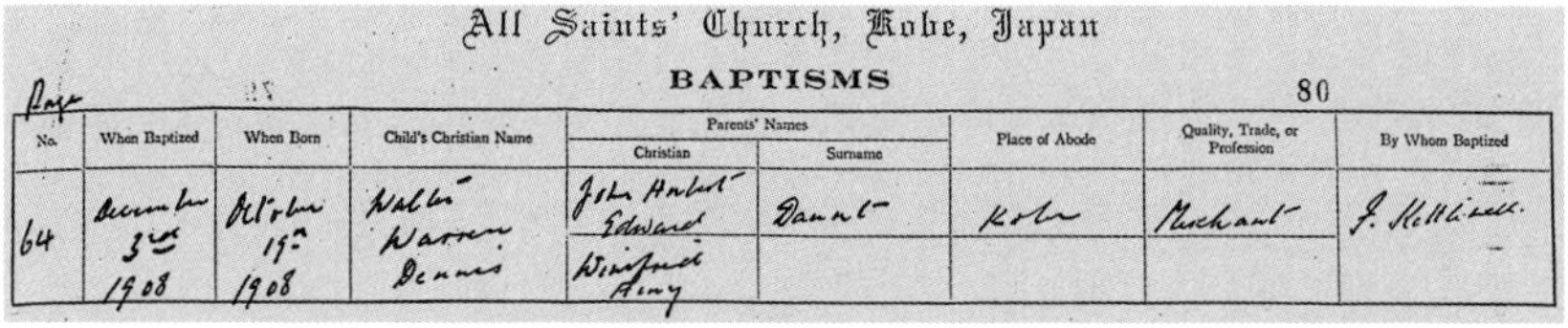
All Saints' Church, Kobe, Japan

BAPTISMS

80

No.	When Baptized	When Born	Child's Christian Name	Parents' Names: Christian	Parents' Names: Surname	Place of Abode	Quality, Trade, or Profession	By Whom Baptized
64	December 3rd 1908	October 19th 1908	Walter Warren Dennis	John Herbert Edward / Winifred Amy	Daunt	Kobe	Merchant	[illegible]

図15 「二男ウォルター　バプティズム記録」TheGeneologist.co.uk

（1926–））を一人授かり、フランスで暮らしていた。赤十字の任務中一九二七（昭和二）年六月、車の事故で亡くなった。[105]

・ウォルター・ワレン・デニス（一九〇八―一九七三）

二男ウォルターは、一九〇八（明治四一）年一〇月一九日神戸で生まれ、神戸オール・セインツ・チャーチで同年一二月三日バプティズムを受け、母と共に一九一三（大正二）年神戸を離れた。長男ロデリックと違って幼少期に誰かに預けられることもなく、母親の手元で成長したようだ。ドーント夫妻が晩年オーストラリアに居を移した時、両親と共にオーストラリアに移っている。彼はオーストラリア陸軍に籍があり、陸軍を退いた後、学校の先生、そして最後はオーストラリア連邦自動車産業会議所（Federal Chamber of Automotive Industries）の幹部になっている。[106]一九七三（昭和四八）年六月二三日オーストラリア・ブリスベーンで生涯を閉じた。

十七．ドーント三度目の来神

ドーントは一九二四（大正一三）年四月、神戸を後にしたが、その後一九二六（大正一五）年妻ウィニフレッドと共に三度目の来神をしていた。「一九二六年エンプレス・カナダ号で神戸港を出航して五月にシアトル到着」という乗船名簿が存在している。いつ神戸にやって来て、いつ出航したのか詳細はわからないが、神戸を出航していることだけは確かである。『ジャパン・ディレクトリー（Japan Directory 外国人商工名鑑）』[107]にドーント夫妻の名前が無いので、一年以内のわずかな神戸滞在であったということになる。神戸にやって来たことを裏付けるように、この年の四月神戸徒歩會に会費を納入している。[108]ドーントは、神戸に戻って来たいという気持ちを持っていたので再び神戸に滞在するつもりでやって来たのだろうか。それとも、単に遊びで寄港したのだろうか。

十八．ドーントの晩年

ドーントが一九二四（大正一三）年四月二日に神戸を発った後、「六月には、ほぼ昔のスタイルでゴルフができるほど体調が大幅に回復した」と新聞で報道された。[109]一旦ロンドンへ戻り、同年の一一月には、永住すると乗船名簿に記載してフランス領アルジェリアに向かっている。しかし前述したように、一九二六（大正一五）年には神戸を訪ねている記録があり、また一九二七（昭和二）年には、ドーントが現在ヨーロッパに住んでいると新聞で報道されている。[110]そして一九二九（昭和四）年五月には、イギリス山岳会で開催された絵画展に日本アルプスを描いた絵を出展しているので、その頃は英国にいたことになる。一つの所に落ち着くことなく、しかもグローバルな移動を苦としなかったようだ。

一九三五（昭和一〇）年、もうすぐ七〇歳になろうとするドーントは、妻ウィニフレッドと二男ウォルターと共にオーストラリアへ移り、シドニー近郊キリビリ（Kirribilli）の地で新しい暮らしを始めることにした。キリビリは、ハーバーブリッジの北に位置し、オペラハウスを眺められる高級リゾート地として現在人気の観光地になっている。ドーントは神戸のように、海の見えるところが好きなのだろう。

1377 D'Arcy-Irvine, Malcolm Merwyn, Ulladulla, Carabella street, solicitor, M
1378 Dargan, Mary, 17 Thomas street, home duties, F
1379 Dargan, Timothy, 17 Thomas street, club employee, M
1380 Dargan, William Arthur, 25 Arthur st., N. Sydney, wardsman, M
1381 Darsow, Francis Woolrych, Il Nido, Warung street, draftsman, M
1382 Darsow, Marion Eleanora Mair, Il Nido, Warung street, home duties, F
1383 Date, Vernon Edgar Murray, 19 Peel st., Kirribilli, tailor, M
➡1384 Daunt, Hubert Edward, 21 Holbrook avenue, Kirribilli, artist, M
1385 Daunt, Winifred Amy, 21 Holbrook avenue, Kirribilli, home duties, F
1386 Davey, Catherine Ailsa, 9 Keanah, E. Crescent st., N.S., home duties, F
1387 Davey, James Wesley, 9 Keanah, E. Crescent st., N.S., engineer, M
1388 Davidson, Agnes Mary, 97 Union street, shop assistant, F
1389 Davidson, James, 52 Mitchell street, North Sydney, gardener, M
1390 Davidson, Jean, 52 Mitchell street, North Sydney, home duties, F

図16 「ドーント選挙人名簿 ノース・シドニー１９３７年」ドーント夫妻の名前があり、ドーントはアーティストと記載されている。Ancestry.co.uk

住まいは、レナウン・フラット（"Renown" Flats, 23 Holbrook Avenue Renown, Kirribilli）という、一九二〇年代に建てられたとても美しいアパートにした。このレナウン・フラットは、現在では、シドニー最初のアパートとしての様式を残す建物として評価を受け、「ノース・シドニー・ヒストリー・ウォーク（キリビリ）」というウォーキング・ガイドブックの中で紹介されている。[111]

嬉しいことに、ドーントたちと時を同じくしてイボンヌも、家族でシドニーにやって来た。ドーントとウィニフレッドは、娘や息子、孫に囲まれた暮らしのスタートとなった。

ドーントは、キリビリでアーティストとして活動し始めた。オーストラリア選挙人登録名簿の職業欄にアーティストと登録しているのだ。二男ウォルターもアーティストと登録されていて、親子でどんな作品を生み出していたのだろうか。ドーントは、神戸ゴルフ倶楽部での大会優勝

図17　「ドーントの絵」
『INAKA』Vol.13　神戸市文書館蔵

図18　「ドーントの絵」
『INAKA』Vol.18　神戸市文書館蔵

カップをデザインし、『INAKA』の中にはドーントが写した写真や描いた絵が多々ある。また、イギリス山岳会の絵画展に出展して評価を受けているので、アーティストであっても不思議ではないが、七〇歳を過ぎてもなおパワフルであった。

そうした生活が一年ほど過ぎた頃、イボンヌ家族がアメリカへ移ることになった。ウォルターも二年ほどすると独立して家を出た。そして、ドーントとウィニフレッドの二人だけの生活が始まった。

キリビリに住み始めて四年ほど経った一九三九（昭和一四）年九月、第二次世界大戦が勃発した。第一次世界大戦では英国と日本は連合国側であったが、第二次世界大戦では敵対国になってしまった。一九四二（昭和一七）年に日本軍によるオーストラリア攻撃が始まり、五月には日本海軍がシドニー港を攻撃した。この年の八月一六日、妻ウィニフレッドが六六歳で亡くなった[112]。すでに長男ロデリックも事故で亡くし、ドーントはどれほど辛い時間を過ごしていたことだろう。加えて二男ウォルターもオーストラリア陸軍の軍人として任務にあたることになり、ドーントの心情はいかばかりであったかと思う。

遠く離れた六甲山では、英語は敵国語になってしまった。神戸徒歩會が名付けたドーント・リッジ・クロッシングは、「分水嶺越」と呼ぶようになり、ゴートたちが名付けたドーントリッジは「怒雲土脈」、トゥエンティクロスは「二十度渡」と漢字が当てられ、英語名は六甲登山地図から消え去った。また、神戸ゴルフ倶楽部は、イモ畑に姿を変えた。

一九四五（昭和二〇）年、第二次世界大戦が終結した。連合国が勝利し日本は敗戦国となり、連合国軍の占領下におかれた。戦中戦後、ドーントは神戸のことをどんなふうに思い、どのように暮らしていたのだろうか。終戦から七年が経ち、一九五二（昭和二七）年サンフランシスコ平和条約が発効され、ようやく日本は主権を取り戻した。その年、一九五二（昭和二七）年七月一六日、ドーントはキリビリの地で八六歳と六ヶ月の生涯を終えた。

十九．ドーントと妻ウィニフレッド

ドーントとウィニフレッドは一八九八（明治三一）年に結婚し、二人の結婚生活はウィニフレッドが亡くなるまで、四四年に及んだ。この長い結婚生活も順風ではなかったようだ。

ドーントが神戸に再来したのは一九〇四（明治三七）年七月であるが、翌年の一一月二八日にウィニフレッドから離婚の嘆願書が出されている。それを裏付けるように、神戸に向かうドーントの乗船名簿にはシングルと記載されていた。

この頃、離婚裁判を起こせる条件は、男女で異なっていた。男性は妻の不倫のみを離婚の理由にできたが、女性が訴えを起こすには、夫の不倫に加えて、夫から妻への肉体的な虐待という理由が必要だった。また裁判の模様が、委細漏らさず新聞に報道されてしまうということもあって、法的な離婚にまで至るケースはまだ少なかった。[113] こうした事情からかどうかわからないが、嘆願書が出されてから半年後に解決となり、離婚には至らなかった。

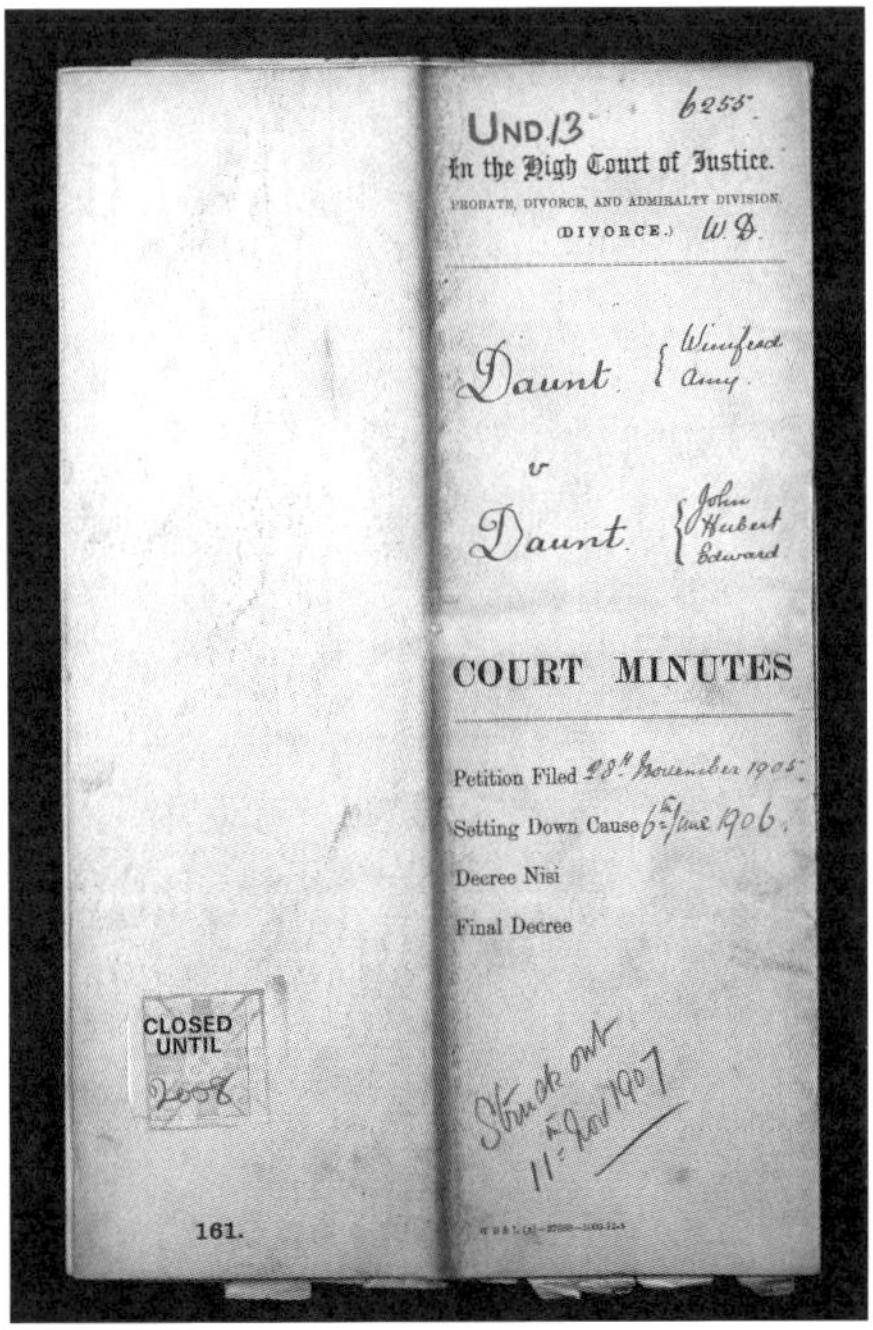

UND.13 6255

In the High Court of Justice.

PROBATE, DIVORCE, AND ADMIRALTY DIVISION.

(DIVORCE.) W.D.

Daunt { Winifred Amy

v

Daunt { John Hubert Edward

COURT MINUTES

Petition Filed 28th November 1905

Setting Down Cause 6th June 1906

Decree Nisi

Final Decree

CLOSED UNTIL 2008

Struck out 11th Nov 1907

161.

図19 「妻ウィニフレッドの離婚嘆願書」
Ancestry.co.uk

ウィニフレッドは、複雑な気持ちを抱えたまま神戸に来たのだろう。夫妻で神戸に滞在した六年間のうち三年間は別居している。[114] またウィニフレッドは、一九〇四（明治三七）年から一九〇九（明治四二）年までの五年間、セイロン島で紅茶栽培に乗り出していた。[115] かつてドーントとウィニフレッドの兄が経営していた二つの茶園をE・N・メレッシュ（E.N. Mellersh）という人物と共同経営している。メレッシュとウィニフレッドとの関係はわからないが、この共同経営は離婚嘆願書が出される前年（一九〇四）から始まりそれはドーントがちょうど神戸に行ってしまった年、神戸滞在中に二番目の男子が授かった翌年（一九〇九）まで続いた。その頃のセイロン島では、茶園経営者リストの中で女性の名前は珍しい。

一九世紀の終わりには、既婚女性の財産に関する法律によって、女性が種々の投資によって得た金銭を自分のものにできるようになり、さらには女性が自分で獲得した財産はすべて本人の好きなように処分できるようになった。[116] この法律の制定とウィニフレッドの茶園栽培が関係していたかどうかはわからないが、ウィニフレッドは離婚後の生活のことも考えていたのだろうか。

二十．ドーントの謎

ドーントのことは、調べても調べても謎が付きまとう。まず、ドーント自身のバプティズム（洗礼）記録が無い。七人兄弟のうちドーント以外六人の記録は確認できるのだが、ドーントひとりだけが無い。ドーントはドーント家の長男として、バプティズムを受けていないはずはない。ドーントは英国国教会（Church of England）の信徒と考えられ、出生地インド・ムザファルプルは長女エマ（ドーントの姉）と同じである。姉エマの記録は英国インド事務所にあるのだ。当時、ムザファルプルの管轄はセント・ポール大聖堂コルカタ（St. Paul's Cathedral , Kolkata）になると考え、ドーントのバプティズム記録がないか問い合わせてみたが「ここには無い」との回答であった。他の兄弟は確認できるのに、ドーン

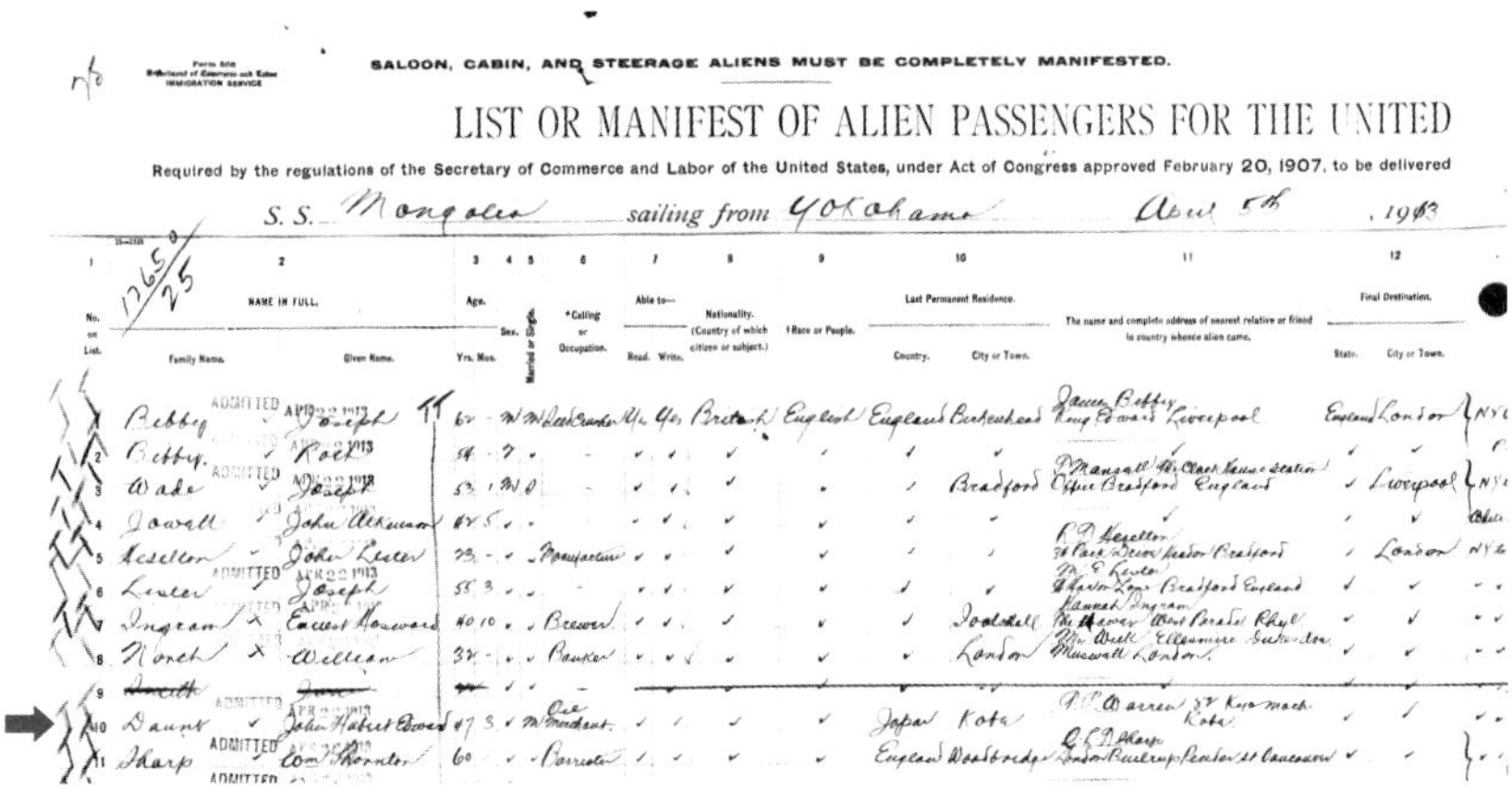
SALOON, CABIN, AND STEERAGE ALIENS MUST BE COMPLETELY MANIFESTED.

LIST OR MANIFEST OF ALIEN PASSENGERS FOR THE UNITED

Required by the regulations of the Secretary of Commerce and Labor of the United States, under Act of Congress approved February 20, 1907, to be delivered

S. S. Mongolia sailing from Yokohama April 5th, 1913

図20　「ドーントの乗船名簿　1913年４月22日 Mongolia号　横浜出航　サンフランシスコ到着」ドーントはフルネームを記載。 Ancestry.co.uk

トだけ無いというのが不思議である。

またドーント家の長男として父から遺産を相続しているのかどうか分からない。父の遺言書があるが、財産は母にとだけ記され、母の遺言書では、検認を長女エマの夫に託すと記されているだけで、ドーントのことは何一つ記されていない。

次に、カラー（肌の色）についてである。乗船名簿によるのだが、瞳の色、髪の色、肌の色を記入する欄を設けているものがある。それによるとドーントは、青い瞳の白人で髪の毛はブラウンであったことがわかる。ところが、妻ウィニフレッドのことなのだが、肌の色の欄にダークと記入されている乗船名簿があるのだ。娘イボンヌがアメリカ国籍を取得するときの書類にも、人種の欄には白人と記されているが、肌の色はダークと記入されていた。[117] バレリーナとして成功を収めた彼女を「一〇年に渡ってパリ・オペラ座の舞台に立ち続け、褐色のバレエの価値を生み出した」という表現で評価している記事もある。[118] 当時、白人のジェントルマンが、ダークの女性と結婚する、ということに問題はなかったのであろうか。

そして、フルネームのことである。ドーントは生涯にわたって〝John Hubert Edward Daunt〟とは決して記さなかった。新聞紙上に彼の名前が出る時も、イギリス山岳会、神戸ゴルフ倶楽部、日本山岳会会員として名前を明記する時も、投稿した原稿の寄稿者名にも、自身が編集発行した『INAKA』にも、〝J.H.E. Daunt〟と記さなかった。自身の結婚式の時、花嫁介添え嬢に贈ったブローチも〝J〟ではなく〝H〟をデザインしたものであった。あくまでも〝H.E. Daunt〟としか名乗らなかった。確認できた資料の中でフルネームが記載されているのは、自身の結婚時の署名、二男のバプティズムの署名、乗船名簿の署名、離婚嘆願書の署名、そして遺言状だけである。遺言状ですら、〝H.E. Daunt〟と記された後、訂正印が捺印され、〝J.H.E. Daunt〟と書き直されている箇所があるほどだ。

ドーント家では父親のファーストネームを長男が受け継ぐことになっている。ドーントも長男として父のファーストネーム〝John〟と名付けられた。ドーントが決して記さなかった〝J〟は、父からもらった名前だ。しかも偉大な軍人であった父からもらった名前である。ドーントの男兄弟たちは皆、軍人になっており、ドーントの女兄弟たちの夫も皆、軍人であった。ドーント家の中でただ一人、ドーントだけが軍人になっていない。父のファーストネームである〝John〟を名乗らなかったのは、父に対する意思表示だったのではないかと考えている。

ドーントの父はジェントルマンの家庭に生まれたが、長男ではなく兄弟も多かったので、自分の力で人生を切り開いていかねばならなかった。立身出世が可能な軍隊に入り、軍隊の中で一番低いポジションから大佐まで上り詰めた人物だ。最後まで軍人として真摯に生きた。それに比べてドーントは長男であり、仕事では始めから支配人のポジションが用意され、ゴルフと登山にばかり熱中し、最後はアーテイストとして生きた。親子二人は全く違う生き方をしている。しかしドーントは、仕事の評価は高く、ゴルフ三昧登山三昧とはいえスポーツに不屈の精神で真摯に向き合っている。その姿は父そのままだ。

二十一．ドーントの遺言

ドーントは、亡くなるほぼ二年前（一九五〇年七月三一日）に最終の遺言書を作成していた。それは、ドーントの親族である娘イボンヌと二男ウォルター、孫エドワード（亡くなった長男ロデリックの息子）、イボンヌの夫グレイヴの四名に加えて一二人の友人に対して書き遺したものである。

最終の遺言書が作成された時点では、ドーントの姉エマとすぐ下の妹モードが存命で、イボンヌの息子もいるが、四人の親族だけに書き遺された。また友人とは、ヴァキューム・オイル・シドニー支店の社員や同じレナウン・フラットの住民であるシスターなどであった。晩年、ドーントと交流があったのだろう。

まず、財産のこと。スタンダード銘柄の株が四五〇株ほどある。不動産の収益があり、住まいであるレナウン・フラットのことだと思われる。ドーント自身の部屋以外に三戸所持していたようだ。金銭的価値のあるものとして、銀食器や金時計、銀製や金製の骨董品があった。多いのか少ないのか、遺言の必要のないものが他にあるのだろうか。すでに浪費してしまったのかもしれないが、父から相続したと考えられる財産が見当たらない。とにかくこれらの財産は、孫エドワードと義息グレイヴへの分配を除いて、娘イボンヌと二男ウォルターに均一に二分されていた。

次に、遺品のこと。家の中にある絵や装飾品、家具やリネン、衣装、調理器具、カーペット、電気掃除機にいたるまで全てを遺品として、一つ一つ誰それにと書き記していた。

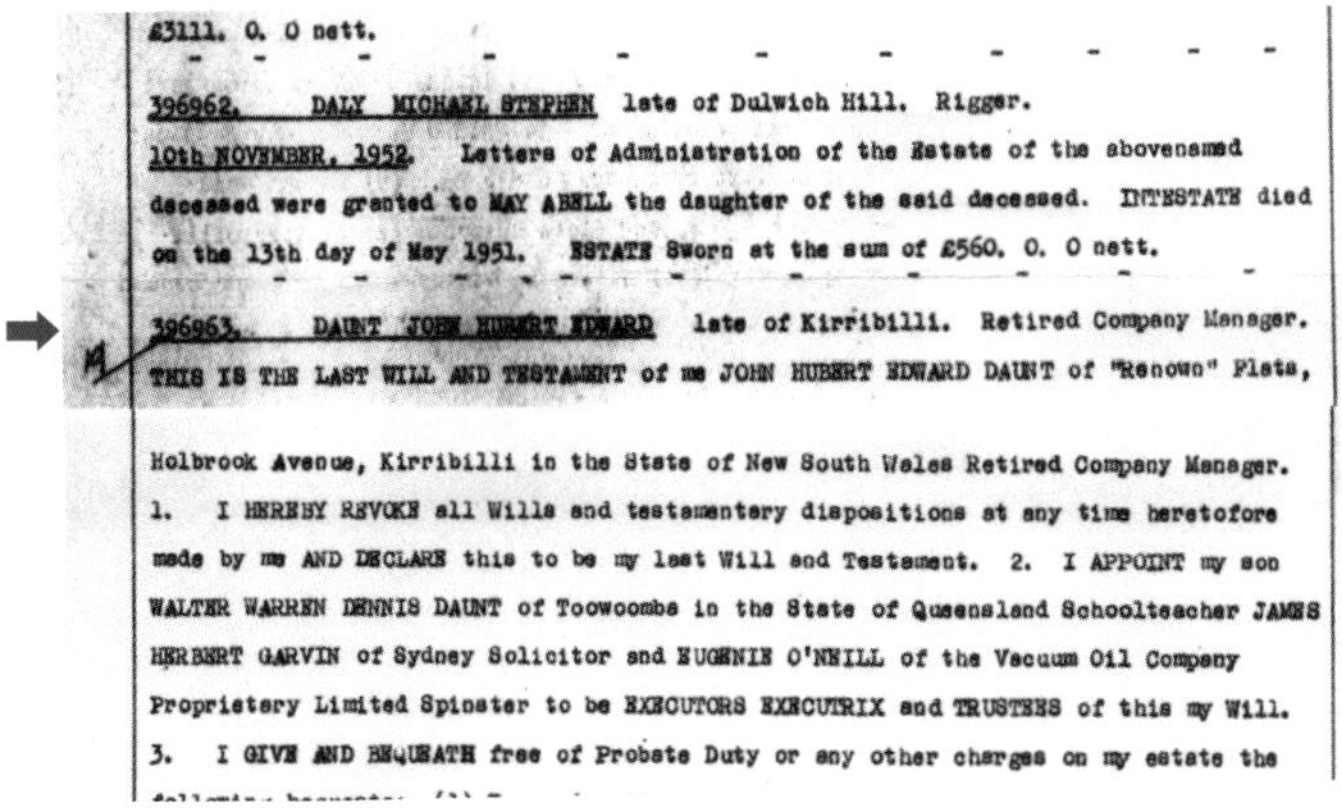

£3111. 0. 0 nett.

396962. DALY MICHAEL STEPHEN late of Dulwich Hill. Rigger.
10th NOVEMBER, 1952. Letters of Administration of the Estate of the abovenamed deceased were granted to MAY ABELL the daughter of the said deceased. INTESTATE died on the 13th day of May 1951. ESTATE Sworn at the sum of £560. 0. 0 nett.

396963. DAUNT JOHN HUBERT EDWARD late of Kirribilli. Retired Company Manager.
THIS IS THE LAST WILL AND TESTAMENT of me JOHN HUBERT EDWARD DAUNT of "Renown" Flats, Holbrook Avenue, Kirribilli in the State of New South Wales Retired Company Manager. 1. I HEREBY REVOKE all Wills and testamentary dispositions at any time heretofore made by me AND DECLARE this to be my last Will and Testament. 2. I APPOINT my son WALTER WARREN DENNIS DAUNT of Toowoomba in the State of Queensland Schoolteacher JAMES HERBERT GARVIN of Sydney Solicitor and EUGENIE O'NEILL of the Vacuum Oil Company Proprietary Limited Spinster to be EXECUTORS EXECUTRIX and TRUSTEES of this my Will. 3. I GIVE AND BEQUEATH free of Probate Duty or any other charges on my estate the

図21 「ドーントの遺言書」FindMyPast.co.uk

イボンヌに遺された遺品には彼女の祖母の写真、彼女の祖父母のヘア・ブレスレット、彼女の偉大な祖父・内科医フィルポットのロケット・ペンダントがあった。祖父フィルポットとは、母ウィニフレッドの父のことだが、「彼女の祖母」、「彼女の祖父母」とは、ドーントの両親のことなのかウィニフレッドの両親のことなのかわからない。遠回しな表現をしているので、ドーントの両親のことだろう。だとしたら、ドーントは両親の遺品を大切にしていたことになる。

二男ウォルターに遺された遺品には、ドーントの父の勲章と剣、ドーント家の紋章が付いたものや家紋の付いた骨董品があった。ドーントは、父に何かを遺してもらっているのだろうかと思っていたのだが、父親の存在そのものである勲章とドーント家に代々伝わる物をドーント家の長男として確かに受け継いでいた。

加えて、ドーントが神戸を発つ前にゴート仲間から贈られたゴート・トレイ（図13参照）と日本アマチュア選手権競技での優勝カップ（レプリカ：図6参照）があった。ドーントが神戸滞在中に買い求めた日本製の水指、日本刀や銃もあった。まさかゴート・トレイや優勝カップが、ドーントの形見としてイボンヌとウォルターに遺されていたとは。

そして、画家であったのかと思うほど多くの絵が遺品のリストに載っていた。[120] それらは、書斎やリビング、玄関ホールや寝室など、家のあちらこちらに飾られていた絵で、四〇点ほどありドーントが描いたものだと考えられる。

人物画としては、ドーントの自画像、ドーントの兄弟、長男ロデリック、子供の頃の孫エドワード、踊っている娘イボンヌの絵は数点あった。ドーントの生涯を追っていく中で、イボンヌと二男ウォルターの存在は感じるものの、ドーントの兄弟やロデリック、孫の存在を感じることはほとんど無かった。特にロデリックに対しては、イボンヌやウォルターと同じ自身の子供であり長男であるにもかかわらず、愛情が薄いのかと思っていた。しかし、ドーントの兄弟の絵とロデリックの絵は書斎に、孫エドワードの絵は居間に飾られていて、ドーントは書斎や居間で常に一緒に過ごしていたことがわかった。

また、遺品の絵の中で最も数多く描かれているのが山の絵だった。マッターホルン、カナディアン・ロッキー、カメット（七七五六メートル・ヒマラヤ）、アオラキ（クック山・ニュージーランド最高峰）等、その当時、初登頂が話題になった高峰の絵とともに、日本の山の絵が六点あった。それらは、「富士山」、「富士山と雲」「劒岳」、「鳳凰山」、「針ノ木峠」、「雪の日本アルプス」である。「尾根」というタイトルの絵もあり、もしかすると日本の山の絵かもしれない。四〇点のうち三分の一が山の絵で、その半

図22　「ドーントの絵」
『INAKA』Vol.18　神戸市文書館蔵

分が日本の絵であった。風景画も三点あり、そのうちの二点が日本を描いたもので、「盆踊り」というタイトルのものと庭園の絵があった。ドーントは、日本の山の絵のほとんどをイボンヌとウォルターに遺した。

　こうして観ると、ドーントの家族に対する複雑な感情が垣間見える。と同時に遺品の中にこれだけ多くの六甲山での思い出の品や、日本の山の絵があるとは驚きであった。神戸を離れた後、転々としながら第二次世界大戦中もその後も、大切に持ち続けたことになる。晩年、ドーントはそれらに囲まれた部屋で過ごしていたことにもなる。そして、神戸での思い出を自分の形見として娘や息子に、友人に持っていてほしいと願っているのだ。これほどまでに神戸で過ごした日々を大切に、日本の山々を深く愛してくれていたのだと思うと、私は胸が熱くなる。ひとところに落ち着くことのないドーントにとって、二〇年近くも変わらず神戸に住み続けたということは、よほど神戸を気に入り神戸との相性がよかったのであろう。ドーントの生涯の中で神戸は特別な場所であったのだ。

　ドーントが亡くなった翌日の一九五二（昭和二七）年七月一七日、シドニー・モーニング・ヘラルドに「本日一一時一五分から、ノーザン・サバーブ・クレマトリウム墓地（Northern Suburbs Crematorium）

図23 「John Hubert Edward Daunt」
『INAKA』Vol.5 神戸市文書館蔵

にて葬儀が執り行われます」との公告が出た。[121]妻ウィニフレッドが埋葬されているのと同じ場所である。ノーザン・サバーブ・クレマトリウム墓地に墓碑について問い合わせた。すると「ウィニフレッドの墓碑はローズ・ガーデンにあるが、ドーントの墓碑は無い」と返事が返ってきた。「ここで火葬されたのだろうが、その後、家族や誰かが訪れた形跡がないので墓碑も無く、奇妙な話だけれど、彼については全くわからない」とのことであった。人生の終焉とともにドーントの痕跡も消え去ってしまった。

終わりに

かつて六甲山は、麓に住む人々にとって、南北の交通を妨げる山、生活のための木々を採る山というだけであった。ところが開港と同時にやって来た英国人グルームは、六甲山の素晴らしさに気づき、山上に初めて山荘を建て、避暑地・別荘地としての魅力を広めた。また、日本で初めてとなるゴルフ場も造った。グルームは「六甲山の開祖」と呼ばれ、現在、山上に記念碑が立てられているので、グルームの名前を知る人は多いだろう。それに対してドーントの名前を知る人は少ない。ドーントも六甲山の素晴らしさを気に入り、自ら出版した書物『INAKA』、そしてゴルフや登山を通して六甲山を盛り上げ、また六甲山を世界に紹介した。グルームは六甲山の魅力を神戸の人々に向けて発信し、ドーントは世界に向けて発信した。六甲山にとってグルーム同様ドーントも重要な人物であり、ドーントはもっと広く知られるべき人物である。しかしながら現在、彼の足跡のひとつである名前の付いた登山道「ドントリッジ」が、整備されず荒廃が進み、そのうち登山地図から無くなってしまうかもしれない。そのようなことになれば、非常に残念なことである。

今回、謎の人物と言われたドーントの生涯をかなり解明できたと思う。神戸外国人居留地研究会・理事の谷口良平氏から、人物追跡には、FindMyPastなどのサイトの活用が有効だとご教示いただいたことが大いに役立った。この場を借りて御礼申し上げる。

なお、注記している以外の出典は、『INAKA』全巻と、FindMyPast、Ancestry、The Genealogistのデータを統括したものである

資料3「ドーント年表」

西暦（和暦）	年齢	出来事
一八六五（慶応元）		一二月三〇日、ドーント家の長男としてインド・ムザファルプルで誕生。
		王立海軍学校で学ぶ。
一八八六（明治一九）	二〇歳	四月一五日、父が亡くなる。

西暦（和暦）	年齢	出来事
一八八九（明治二二）	二三歳	七月一四日、ドーントの母、T・ロシュフォールと再婚。
一八九〇（明治二三）	二四歳	ヴァキューム・オイル社で仕事を始める。
一八九四（明治二七）	二八歳	夏、初めて神戸に来る。九月六日、六甲山登頂。
一八九五（明治二八）	二九歳	富士山・金時山など登頂。
一八九六（明治二九）	三〇歳	夏、神戸を発つと同時に会社を退社し英国に戻る。帰国直前に比叡山登頂。
一八九八（明治三一）	三二歳	一二月二日、セイロン島でウィニフレッドと結婚。茶栽培を始める。
一八九九（明治三二）	三三歳	茶栽培を解消。フランスに転居。八月一七日、長女イボンヌ誕生。
一九〇〇（明治三三）	三四歳	第二回オリンピック・パリ大会ゴルフ競技に出場。三月一九日、母が亡くなる。
一九〇一（明治三四）	三五歳	オーストラリア・メルボルンに転居。長男ロデリック誕生。
一九〇二（明治三五）	三六歳	三月、ヴァキューム・オイル社の仕事に就く。
一九〇四（明治三七）	三八歳	七月七日、ヴァキューム・オイル社日本総支配人として家族を残し再び神戸に来る。神戸ゴルフ倶楽部会員になる。阿蘇山登頂。妻ウィニフレッドはセイロン島で茶栽培を始める。
一九〇五（明治三八）	三九歳	一一月二八日、妻ウィニフレッドが離婚嘆願書を出す。男体山・後方羊蹄山・浅間山登頂。

西暦（和暦）	年齢	出来事
一九〇六（明治三九）	四〇歳	一月、損額賠償請求を起こされ会社の代表として被告となり神戸地方裁判所で裁判が始まる。六月六日、離婚問題が解決。一一月一二日、原告の訴えが棄却され裁判終了。
一九〇七（明治四〇）	四一歳	妻ウィニフレッドと長女イボンヌ初めて神戸に来る。
一九〇八（明治四一）	四二歳	一〇月一九日、二男ウォルター誕生。桜島御嶽・霧島山・伊吹山・白山・木曾駒ヶ岳・御嶽山登頂。
一九〇九（明治四二）	四三歳	ドーント夫妻別居。妻ウィニフレッドは茶栽培を解消。五月二四日、全英アマチュア選手権出場。六月八日、全英オープンにエントリー。
一九一〇（明治四三）	四四歳	神戸徒歩會賛助会員になる。槍ケ岳・焼岳・穂高岳・乗鞍岳登頂。
一九一一（明治四四）	四五歳	ドーント夫妻別居。恵那山・常念岳・甲斐駒ヶ岳・大峰山など登頂。
一九一二（明治四五）	四五歳	ドーント夫妻別居。白馬岳・立山・石鎚山など登頂。
一九一三（大正二）	四七歳	第九版『A Handbook for Travellers in Japan』に情報協力者として名前を連ねる。四月、妻ウィニフレッド子供と共に神戸を発つ。ドーントはロンドンに一時帰国　※1。大山（神奈川県）など登頂。
一九一四（大正三）	四八歳	剣山（徳島県）登頂
一九一五（大正四）	四九歳	六月六日、『INAKA』第一巻が発行。八月一日、第九回日本アマチュアゴルフ選手権競技で優勝。九月、日本山岳会会員になる。赤石岳・笠ヶ岳登頂。
一九一六（大正五）	五〇歳	二月一一日、神戸徒歩會創立五周年記念で「ドーント・リッジ・クロッシング」の新道開通式が行われる。比良山・燕岳・北岳・愛宕山など登頂。
一九一七（大正六）	五一歳	葛城山・鳳凰山など登頂し地蔵岳オベリスク登攀。

西暦（和暦）	年齢	出来事
一九一八（大正七）	五二歳	烏帽子岳・水晶岳・薬師岳など登頂。
一九一九（大正八）	五三歳	七月一六日、剱岳（富山県）に外国人として初登頂。Puk-Han山（韓国）・由布岳・別山・針ノ木岳など登頂。
一九二〇（大正九）	五四歳	四月一三日、イギリス山岳会会員になる。カナダ山岳会の会員になる。鷲羽岳・三俣蓮華岳・双六岳・大山（鳥取県）など登頂。
一九二一（大正一〇）	五五歳	神戸ゴルフ倶楽部の理事長になる。八ヶ岳・鹿島槍ヶ岳・五竜岳・唐松岳など登頂。一一月二七日、六甲登山の最中に転倒その後歩けなくなる。
一九二二（大正一一）	五六歳	一〇月、英国に一時帰国　※2。
一九二三（大正一二）	五七歳	六月、カナダに休暇で行く※3。
一九二四（大正一三）	五八歳	四月二日、ドーント神戸を発つ。六月、ドーントの体調が回復したと新聞で報じられる。六月一三日、『INAKA』第一八巻（最終巻）が発行される。一一月、アルジェリアに向けて英国を出航。
一九二六（大正一五）	六〇歳	五月、妻ウィニフレッドと共に神戸に立ち寄る。その後フランスに向かう。
一九二七（昭和二）	六一歳	六月、長男ロデリックがフランスで亡くなる。七月、ヨーロッパに住んでいると新聞で報じられる。
一九二九（昭和四）	六三歳	五月、イギリス山岳会の絵画展に日本アルプスを描いた絵を出展。
一九三五（昭和一〇）	六九歳	妻ウィニフレッドと二男ウォルターと共にオーストラリア・キリビリに転居。
一九四二（昭和一七）	七六歳	八月一六日、妻ウィニフレッドが亡くなる。

西暦(和暦)	年齢	出来事
一九五〇(昭和二五)	八四歳	七月三一日、最終の遺言書を書く。
一九五二(昭和二七)	八六歳	七月一六日、八六歳六か月、オーストラリア・キリビリで亡くなる。七月十七日、ノーザン・サバーブ・クレマトリウム墓地にて葬儀。

※1　妻子が神戸を離れるのに付き添ったのではないかと考えられる。

※2　『INAKA』Vol.15に、日本を数か月離れると記している。理由については述べていない。乗船名簿には、健康状態は良好と記入されているが、ドーントの左頬にこぶがあると明記されている。この時、神戸徒歩會から、健康を取り戻し休暇を楽しんだ後、六甲山に戻ってきてくださいという内容の手紙をもらっているので、治療を兼ねた休暇のために神戸を離れたと考えられる。

※3　乗船名簿に休暇のためと記している。

【注】

1　ドーントの祖父Richard Dauntは二三歳（一八一二年）でBridge Hughed（1795-1847）と結婚し、六〇歳（一八四九年）でMaria Smart（1801-1884）と再婚。

2　W・J・リーダー『英国生活物語』晶文社　一九八三年　三八頁。新井潤美『ノブレス・オブリージュ　イギリスの上流階級』白水社　二〇一二年　四二〜四三頁

3　ダニエル・プール『19世紀のロンドンはどんな匂いがしたのだろう』青土社　一九九七年　四二八頁。Ensignは一八七一年まで存在した。それ以降は陸軍少尉（second lieutenant）に取って変わられる。この歩兵騎士とは、戦場まで軍旗を運ぶ若い軍人のことである。

4　浜渦哲雄『英国紳士の植民地統治』中央公論社　一九九一年　四〇頁

5　インド大反乱（セポイの乱、シパーヒーの乱）はイギリスへの不満や反感が昇じる中で勃発したインド民族運動の嚆矢とされる『新版インドを知る事典』東京堂出版　二〇一六年　二一頁。ヴィクトリア十字章Victoria Cross。前掲（3）六一頁

6　アロー戦争：The Second China War（1856-1860）英国とフランスが連合し、中国と戦った戦争である。中国では第二次アヘン戦争とも言う。アロー号という香港で船籍登録された華人所有の船での事件が発端となったためアロー戦争とも言う。ジョン・M・キャ

メロン『香港の歴史』明石書店　二〇二〇年　四五頁

7　前掲（3）四〇九頁

8　J・C・C・ドーント：レドランド教区墓地（Redland Parish Churchyard）に埋葬されている。勲章（Victoria Cross）はLord Ashcroft Galley at the British Imperial war Museum in Londonに展示されている。

9　Thomas Francis Cosby Rochfort (1841-1901)：ロシュフォール家の二男という記録と三男という記録がある。父親はColonet Horace William Noel Rochfort of Clogrenan House, country carlow, Ireland

10　三田地宣子『イギリスにおける生存配偶者の相続権』岩手大学人文社会学部紀要・図書委員会編（通号一号）一九六六年によると、長子相続制であっても、不動産（土地）以外の家財や金銭、債権などについては、夫の死亡により配偶者は得ることができる。

11　奥田実紀・ちばかおり『ヴィクトリア朝の子どもたち』河出書房新社　二〇一九年　六六～六八頁

12　https://ornc.org/our-story/roal-naval-college

13　ルース・グッドマン『ヴィクトリア朝英国人の日常生活上・貴族から労働者階級まで』原書房二〇一七年　一六八頁

14　The Japan Weekly Chronicle : Apr.10.1924

15　モービル石油株式会社編『１００年のありがとう：モービル石油の歴史』モービル石油　一九九三年 三五頁

16　前掲（15）四二頁

17　前掲（15）三五、四二、五五～五六頁。前書にはE・H・ドーントと記されているがH・E・ドーントの間違いである。

18　初来神時の乗船記録は無い。前掲（15）五六頁によるとドーントは、一八九四年神戸に着任して一八九五年には離れたとある。『INAKA』Vol.1 一頁には一八九六年八月に神戸を離れたとある。前掲（14）ではヴァキューム・オイルを一八九六年六月に退社したとある。Directoryには一八九四年はシンガポール在住となっており、一八九六年は神戸在住、一八九七年は記録が無い。日本での登山記録は一八九四（明治二七）年九月六日から一八九六年五月一〇日までである。従って、ドーントの来神は、一八九四年夏から一八九六年夏までと考えてよいだろう。

19　前掲（15）五六頁

20　『INAKA』：SOME "SCALPS."としてドーントの登頂記録がある。

21　前掲（14）

22　Roderick Travers：一八六三年Charlotte Owenと結婚し一男一女、一八七二年ウィニフレッドの母Amy Stephenと再婚して三男二女をもうけた。

23　Founder, Central Queensland Meat Export Co. Ltd in Rockhampton in 1880。Parliamentary Representation Clermont 11.Sep

.1886~12.Oct.1866。

24 The Australasian Newspaper：April.23.1898 婚約記事、同年Nov.12、Dec.24 結婚予告記事。岩田託子・川端有子『英国レディの世界』河出書房新社 二〇一一年 三六頁によると、教会で挙式を行うために三回婚姻予告をする必要があったとされている。

25 「ヴィクトリア女王時代」の結婚事情については Cha Tea『ヴィクトリア朝の暮らし』河出書房新書 二〇一五年 第二章ウェディング 一八頁~二九頁

26 前掲（25）

27 History of Ceylon Tea https://www.historyofceylontea.com ハーロウ茶園プランター「Messr. Travers and Daunt」と明記され結婚式の出席者の中にウィニフレッドの二番目の兄R.Traverseの名前があるので、彼との共同経営であったと考えられる。カルー・オーヤ茶園プランター「Messrs Travers」でトラバースがOwner、ドーントがManagerとなっている。どちらの茶園も、結婚式が執り行われたパンダルオヤにある。

28 トーマス・リプトン『リプトン自伝』論創社 二〇二二年 一五七頁

29 神代一徳『スリランカの紅茶プランテーション』地理三五—六 一九九〇年 一三一頁

30 前掲（28）一六七頁、一七一頁

31 編集者荒木安正『リプトン物語~世界の紅茶王のお話~』リプトンジャパン 一九九〇年 三九頁

32 内田誠「セイロン茶プランテーションの成立と労働力」『関西大学経済論集』第三七巻四号 一九八七年 五一九頁

33 https://www.olympic.org/paris-1900 この時の金メダルはアメリカ、銀メダル、銅メダルとも英国であった。

34 『歴代オリンピックでたどる世界の歴史：1896-2016』山川出版社 二〇一七年 一二頁、一八頁

35 https://www.exxonmobil.com.au によるとヴァキューム・オイル社は一八九五年オーストラリアではメルボルンに最初の支店を設立した。

36 前掲（14）

37 The Japan Weekly Chronicle：Jul.7.1904「Per C.P.R. steamer Empress of Japan, from Vancouver, B.C., via Yokohama-For Kobe：H.E. Daunt」と記載がある。

38 明治三六年に六甲山の植林が始まった。明治二八年にA・H・グルームが六甲山上に初めて別荘を建てた。神戸又新日報 明治三八年六月九日号「六甲山には目下外人別荘三〇余戸あり追々避暑のため増加せる」とある。明治三六年に神戸ゴルフ倶楽部がオープンした。

39 The Japan Directoryによると一八九八年には東京営業所を開設、一八九九年には大阪と札幌（一九〇七年に小樽に移転）を開設とある。

40 The Japan Directoryに記載されているVacuum Oil Companyの社員名に一八九五年にSannomiya. A.J.、一八九六年・一八九七年・一八九八年にSannomiya. A.Y.という人物の名前がある。

41 The Japan Weekly Chronicle : Jan.4.1906、同May.24、同Sep.27

42 The Japan Chronicle Daily : Nov.29.1906

43 The Japan Directory 一九〇七年「VACUUME OIL, CO. Yokohama W.L. Mitchell, Marine Representative」という部門ができている。

44 The Japan Directory 一九〇五年「中山手通3丁目64」、一九〇七年から神戸を離れるまで「山本通二丁目18－3」。

45 The Japan Directory 一九〇五年「浪花町26－B」、一九一三年「明石町38」、一九一六年「38仲町」、一九二三年「京町72"Crescent Building"」。

46 西村貫一『日本のゴルフ史』雄松堂書店　昭和五一年復刻版　三一二頁よりドーントの別荘は六甲山一二二番（神戸ゴルフ倶楽部三番ホール北）。

47 前掲（46）三三二頁「一九〇四年度新入会員　H・E・ドーント」と記載がある。

48 The Japan Weekly Chronicle : Jan.10.1918には「第7巻が発行され、わずか１００部の発行で販売されるとすぐに赤十字に寄付される」と記載がある。『INAKA』Vol.10-11には「わずか１５０部の発行で売り上げは赤十字社に」と記載がある。また同Vol.12の巻末に「売り上げは動物虐待防止協会（S.P.C.A）に」と記載がある。The Japan Weekly Chronicle : Dec.22.1921には「最新刊の売り上げから１００円を動物虐待防止協会に寄付」と記載がある。動物虐待防止協会は、英国では一八二四年、日本では一九〇二年に設立された。

49 『イギリス文化事典』丸善出版　平成二六年　四一二頁

50 坂上康博、中房敏朗、石井昌幸、高嶋航編『スポーツの世界』一色出版　二〇一八年　七四頁

51 The Japan Weekly Chronicle : Oct.13.1904.『INAKA』Vol.6-7 五三頁

52 The Japan Weekly Chronicle : Feb.15.1906では七三、『INAKA』Vol.5-11 六八頁には六八。The Japan Weekly Chronicle : Dec.2.1920で一一月二三日に六六。

53 The Singapore Free Press and Mercantile Advertiser2 : 19 September 1908, page10

54 一九一一年六月四日（日）に七ラウンドした。J・P・ワレン（J.P. Warren）：神戸ゴルフ倶楽部理事（一九二五～一九二七）。神戸徒歩會会員。日本山岳会会員。

55 出版委員長高畑誠一『神戸ゴルフ倶楽部史＊THE STORY OF KOBE GOLF CLUB』社団法人神戸ゴルフ倶楽部刊　昭和四一年、

『神戸ゴルフ倶楽部70年史』社団法人神戸ゴルフ倶楽部　昭和四八年、神戸ゴルフ倶楽部一〇〇年史編集委員会『神戸ゴルフ倶楽部100年の歩み』社団法人神戸ゴルフ倶楽部　二〇〇三年、前掲（46）

56 The Japan Weekly Chronicle : Apr.7.1919 同年 Jun.12.『INAKA』Vol.17-10。現在の韓国南大門竜山コースと考えられる。

57 The Amateur Championship。DAVID SCOTT DUNCAN『THE GOLFING ANNUAL 1909-1910 VOLUME XXIII』LONDON 1910 七一頁。MUIRFIELDにて五月二四日開催。

58 The Golf Championship。前掲（57）八五頁。The 49th Open, Royal Cinque Portsにて六月八日開催。

59 前掲（57）四一八頁。この紹介が初めてではなく一九〇三年にロンドンのゴルフ誌「Golf Illustrated」に紹介されている。

60 『INAKA』Vol.14-6 二三頁で「三〇年以上のゴルフ歴がある」と言っており、『INAKA』Vol.14は大正一〇年四月発行であるため、ドーントは二〇歳を過ぎた頃から始めたことがわかる。

61 JGAゴルフミュージアム（廣野ゴルフ倶楽部内　兵庫県三木市）。

62 前掲（49）山本雅男『イギリス文化事典』六四～六五頁

63 前掲（3）五四頁、五六頁　ヴィクトリア時代の敬称解説通りである。

64 前掲（3）五一九頁

65 スープのメニューにPotage a L'IndienneやMulligatawny Soupとあり、どちらもインド風スープのこと。

66 前掲（54）。J・P・ワレンはドーントと同様、神戸徒歩會から感謝され、神戸徒歩會によって現在の黄蓮谷にワレン谷（Warren Dale）と名付けられた。

67 神戸徒歩會賛助会員の塚本永堯、富永恒太郎、今村幸男、正会員の長野武之丞、米澤政吉、三木高斧、別所史郎などが招待され、いずれもその時点あるいはその後の神戸徒歩會の中心的な人物である。

68 開通式が行われたのは一九一六年二月一一日『INAKA』Vol.4-13 六六頁

69 『ペデスツリヤン』第六五号四月号　大正一三年三月二五日発行に寄贈品のことが記されている。

70 The Rec. Walter Weston『The Playground of the Far East』大修館書店　昭和五十三年　一三四頁。一九一七年一〇月一四日登攀（『INAKA』SOME "SCALPS." より）。

71 『INAKA』Vol.11-14「The Sword Peak」に剱岳の山岳紀行が記されている。一九一九年七月一六日登頂。

72 『日本山岳会百年史「本篇」』日本山岳会百年史編纂委員会編　二〇〇七年　一六二頁。会員番号四一九番。

73 前掲（72）七八頁　高野鷹蔵：（一八八四―一九六四）生糸、羽二重の船積みを引き受ける回漕業を営み、また荷主である商人を泊める宿屋も営み、高額納税者（明治四三年）であった。日本博物学同志会横浜支部の中心メンバー。会員番号三。https://jacl.or.jp/

document/rankaku　加賀正太郎：（一八八八―一九五四）加賀家は江戸時代からの両替商。明治期には両替商と株式仲買業で業績を上げた。一九一一（明治四四）年の大阪高額納税者。ユングフラウに登り、日本人初のアルプス登頂者。会員番号一五一。

74　『山書研究』第一五号（昭和四五年一二月発行）一二一頁からの情報であるが、日本山岳会に問い合わせをしたところ「関東大震災により創立以来の諸資料が焼失してしまいわからない」とのことであった。

75　『INAKA』Vol.11-5。『山岳』の英文欄は第一三年号（大正七年二月発行）から第一七年一号（大正一一年七月発行）までの期間継続しその後、関東大震災によりなくなった。

76　ドーントは、長野以外では近藤茂吉（日本山岳会会員）と剱岳登山時に登りだけ同行、今村幸男（日本山岳会会員・神戸徒歩會賛助会員）と比良山登山で同行したという記録がある。

77　『Alpine Journal』33-221 二九一頁

78　The Japan Weekly Chronicle : Jun.3.1920、前掲（55）『神戸ゴルフ倶楽部史＊The Story of Kobe Golf Club』一九六六年 三一頁

79　前掲（78）

80　前掲（78）

81　『Alpine Journal』41-239　三八一頁

82　『Alpine Journal』59-286　八六頁

83　『Alpine Journal』57-279　二四一頁：J.G.S. Gausden（1879-1948）一九一八年日本山岳会入会　会員番号五八九。一九二八年イギリス山岳会入会。スイス山岳会会員。

84　一九二〇（大正九）年発行の『INAKA』Vol.12とVol.13の巻頭に「MEMBER OF ALPINE CLUB OF CANADA」と明記している。

85　一九二一年出版の『INAKA』はVol.14（大正一〇年四月一五日発行）あるいはVol.15（大正一〇年一一月二〇日発行）のいずれかになる。

86　河村英和『観光大国スイスの誕生』平凡社　二〇一三年　一二頁。一般人にスイスが憧れの旅行先になって間もない一八六三年にトーマス・クックは「スイス二一日間の旅のツアー」を販売している。

87　第一版『A Handbook for Travellers in Central & Nothern Japan』は横浜のケリー社から出版され、第二版以降第九版まではJohn Murray社から『A Handbook for Travellers in Japan』として出版された。

88　F.R.G.S. にドーントが協会員であるかどうか確認することはできなかった。しかし『山岳』第一三年一号にも前掲（70）にもドーントにF.R.G.S. の敬称がある。

89 乗船名簿は無い。The Japan Directory一九〇七年には記録は無いが、前掲（46）二三二頁に一九〇七年九月一四日に神戸ゴルフ倶楽部で開催されたAnnual Ladiesに参加している記録があるので、一九〇七年に来神している。The Japan Weekly Chronicle：Jan.1907～Oct.1907のPassengers.を確認したが名前は無かった。

90 前掲（46）二三九頁

91 The Japan Weekly Chronicle：Sep.22.1910　イボンヌはChildren's golf competitionにネットスコア五三で優勝、銀のナプキンリングをもらった。Japan Weekly Chronicle：Oct.5.1911

92 The Japan Weekly Chronicle：Oct.22.1908「On October 19th, at No.3 of 18, Yamamoto-dori, 2-chome, Kobe, the wife of H.E. Daunt, -of a son」。

93 乗船名簿は無い。The Japan Directoryに名前の記載があるのは一九一三年までで、一九一四年以降は無い。

94 前掲（14）

95 The Japan Weekly Chronicle：Mar.20.1923。『INAKA』Vol.16-22 八二頁。『山岳』第一八年一号　八三頁

96 前掲（94）『山岳』第一八年一号同　八四頁

97 前掲（14）

98 前掲（14）、The Japan Weekly Chronicle：Apr.3.1924

99 The Japan Weekly Chronicle：Jun.26.1924

100 渡辺真由美著『世界の名門バレエ団』世界文化社　二〇一八年　一〇頁

101 Yvonne Daunt-Les etoiles de L'Opera de Paris：etoiledelopera.e-monsite.com、The Newcastle Sun（NSW）:Jan.2.1919、The Mail（Adelaide）：Nov.26.1921、The Daily Telegraph（Sydney）：Jun.28.1922、Sun（Sydney）Jun.23.1938

102 前掲（101）Sun (Sydney) Jun.23.1938

103 前掲（101）Sun (Sydney) Jun.23.1938、The Telegraph (Brisbane) Nov.20.1935、同Sep.30.1936、同Jun.8.1938

104 前掲（103）The Telegraph (Brisbane) Nov.20.1935

105 Ansecetory, co, uk., Message Board. Myheritage

106 イースト・ブリスベンやサウスポート、一九五〇年頃はタウンバ（Toowoomba）の学校で教師をしていた。

107 戦前に横浜、神戸、香港などの開港場で通常毎年一月に発行された外国人商工名鑑で滞在している欧米人の名簿である。

108 『ペデスツリヤン』第八四号（大正一五年七月二五日発行）「会費受領報告・ドーント氏・金一〇円」とある。

109 前掲（99）

110　The Japan Weekly Chronicle : Jun.14.1927
111　North Sydney Council, North Sydney History Walks Kirribilli, 14) Holbrook avenue apartment buildings.
112　The Sydney Morning Herald（NWS）: Aug.17.1942
113　村上リコ『英国貴族の令嬢』河出書房　二〇一四年　一一九頁
114　The Japan Directoryによるとウィニフレッドは一九〇九年「山本通二丁目一八―四」、一九一一年・一九一二年「山本通二丁目一三―三」
115　前掲（27）
116　前掲（3）二六八頁
117　UNITED STATES OF AMERICA PETTION FOR NATURALIZATION COLOR=WHITE, COMPLEXION=DARKとなっている。
118　The Telegraph (Brisbane) Nov.20.1935
119　前掲（24）一八頁。毛髪を材料に用いたアクセサリーは大変人気があった。一九世紀の中頃までは、髪の毛それ自体を材料に、レースを編むように織ったり編んだりして作った腕輪や耳飾りが流行した。
120　picture、picture of walter colour、photo oil paintingと記されいるもの全て絵とした。
121　The Sydney Morning Herald (NWS) : Aug.17.1942、同Jul.17.1952「Family Notice」

八番館A　ライマーズ&ライフ商会（REIMERS & REIFF CO.）

―随想「神戸元居留地生活の思い出」と共に―

秋田　豊子

はじめに

明治時代、横浜に遅れて開港した神戸外国人居留地には、イギリスに次いでドイツ人の商会が多くあり、数年で商売を止めたものや、神戸を離れる商人や、それを引き継ぐ人、同僚と共に独立して新しく商会を始める人等々いた。神戸居留地のドイツ人や、その家族が書いた文章を手がかりに、明治の神戸居留地の様子や、ドイツ人の生活、心情に思いをはせ、随筆を元に他の資料を調査して、居留地でドイツ人が経営していた商会について考察した。

オットー・レファート氏（Otto Refardt）による

一九五四（昭和二九）年の神戸のドイツ人集会での講演原稿

『神戸のドイツ人―旧き神戸への回想―』（田中美津子訳）に神戸に外国人が初めて着いた時の様子が描かれている。オットー・レファート氏（一八八三―一九八二）はドイツのハノーバーに生まれて、二二歳で一九〇五（明治三八）年来神、書籍、美術貿易を営んだ。

『艦船の甲板から彼らが初めて目にする神戸の風景—海ぎわから奥行およそ数百メートルの広い砂浜があり、この砂浜は「外国人居留地」となった。その向こうには畑や高い木に囲まれた神社仏閣が望まれた。岸に一番近い神社は三宮神社で、松林を巡らせていた。その東、いくぶん奥に位置する生田神社は歳月を重ねた大きな楠にほとんど埋もれて見えた。生田神社から海辺の漁師小屋へ向けて、両側に灯篭を配した梅と桜の並木道が一筋いくつかの大きな石の鳥居をくぐって延びていた。この参道は「生田の馬場」、そして浜辺は「生田の浜」と呼ばれ、古来詩歌に褒めそやされている。今日、この道は「生田前」と呼ばれ、商店、レストラン、キャバレーなどで賑わっている。

さて、この眺めの背景は一連の高い山並みである。山の斜面には北野村の農家が散見された。今日の北野町だ。その西には、諏訪山の丘にある温泉場の周りに数軒のお茶屋が見えた。東には田畑が広がり、西方には湊川を隔ててやや遠く、旧い兵庫の町が望まれた』

図1　外国人居留地の地番図（JAPAN DIRECTORY 19巻 1896年）

一・ライマーズ&ライフ商会のオットー・ライマーズと息子ヴェルナー・ライマーズ

次の文章も「神戸のドイツ人」からの抜粋である。

『一八六八年創刊の「兵庫ニュース」(Hyogo News)は、ドイツ居留民について次のように報じている。神戸が誕生した当初からドイツ人の影響は大きかった。「海岸通」に面したかなり大きい区画の十二の土地区画の内、三区画がドイツ人の会社で占められ、居留地全体では百二十六区画のうち、二十五区画をドイツ人が所有していた。「海岸通」には最初「プロシャ領事館」もあって、同時に「北ドイツ連邦」をも代表していた。この領事館は三番地にあった。海岸通に面したドイツ人の所有地は八番に、後にオットー・ライマーズ商会(OTTO REIMERS & CO.)十番グッチョウ商会(GUTSCHOW & CO.)ーその後継会社であるH．アーレンス商会(H.AHRENS $ CO.)、十二番、L・クニフラー商会(L.KNIFFLER & CO.)ー後のC．イリス商会(C.ILLIES & CO.)である。』

オットー・ライマーズ商会のオットー・ライマーズは、一八七五(明治八)年横浜居留地百九十八番のパオル・ハイネマン商会に入社した。パウル・ハイネマン商会(PAUL HEINEMANN & CO.)は一八七四(明治七)年頃、横浜居留地百九十八番で創業。この商会にはフーゴー・オットー・デラカンプ(Hugo Otto de la Camp)とヒュー・マクレガー(Hugh MacGregor)が共に働いていた。パオル・ハイネマン商会は一八七六(明治九)年に神戸居留地八番にも進出した。一八八一(明治一四)年フーゴー・オットー・デラカンプとヒュー・マクレガーは独立し、横浜居留地百七十六、百七十八番に、デラカンプ＆マクレガー商会を立ち上げ、同時に神戸居留地百二十一番にも進出した。

パオル・ハイネマンは生糸、茶、石炭、酒類等を扱って成功したが、一八八九年五月一日にオットー・ライマーズ商会に業績を譲って、アメリカ合衆国へ移住した。オットー・ライマーズは横浜居留地百九十八番の他、百九十六、二百六、二百八番を倉庫として、横浜居留地二百八番では絹織物を扱っていた。更に一八九六（明治二九）年神戸居留地八番にオットー・ライマーズ商会、八番を三つに分けて、Aでライマーズ＆ライフ商会を始めた。八番は万国通宝銀行に譲った。

横浜で生糸、銅などの輸出で成功したオットー・ライマーズは、一八九一（明治二四）年にハンブルクに帰り、一等地に豪華な邸宅を建て、ドイツ本国から横浜、神戸の事業を続けた。（注・横浜居留地と異文化交流）オットー・ライマーズには、その妻エリザベートの間に五人の子供があった。

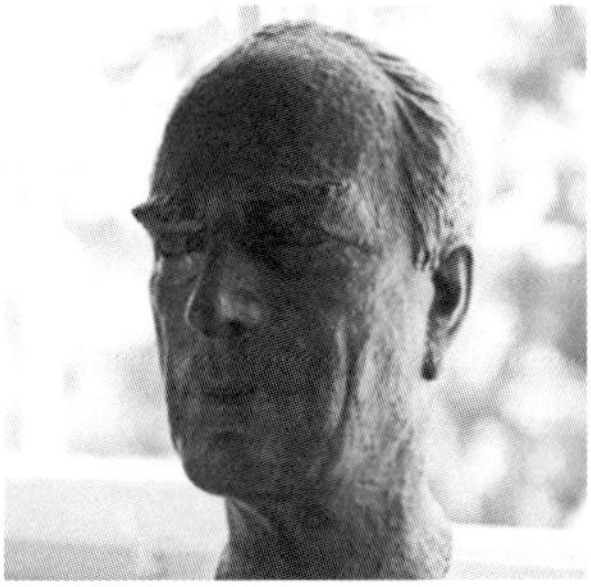
図2　銅像の写真

オットー・ライマーズの二番目の子、ヴェルナー（Werner）は一八八八（明治二一）年に横浜山手八十五番で生まれている。青年になると一九一二（大正元）年に横浜に戻り、第一次世界大戦敗戦による営業停止までオットー・ライマーズ商会に勤務した。オットー・ライマーズ商会横浜は一九一五（大正四）年JAPAN CHRONICLEに記録がある。彼は第一次世界大戦終了後、日本にいた約五千人のドイツ人捕虜を故国へ帰還させる送還船を自費で手配した。（注・横浜居留地と異文化交流）ヴェルナー・ライマーズは関東大震災の前年、一九二二（大正一一）年にはハンブルクに帰国した。ドイツのヴェルナー・ライマーズ財団のホームページがあった。ホームページによると、彼はドイツに帰国すると自分の商社設立を試みたが失敗した後、可変トランスミッション（P.I.V）の英国の発明に出会い、彼の起業家精神と技術革新に対する情熱が、市場性のあるギアボックスを生産することになった。彼は一九二八年に特許を取得し、会社「P.I.V.ヴェルナー・ライマーズ動力有限会社・合資会社」を設立した、と書かれていてヴェルナー・ライマーズ氏の銅像の写真があった。

二．リヒャルト・K・ライフ（今村清）著「神戸元居留地生活の思い出」とライマーズ&ライフ商会・ライフ家の人々

昭和四三年発行の「神戸史談」第二百二十五号に「神戸元居留地生活の思い出」が載っている。この随想はRichard K.Reiff（リヒャルト・ケ・ライフ）日本名今村清氏によって書かれたものである。居留地研究会の一員の私にとって大変興味深い内容でありその初めの部分を引用してみる。

『私の幼時の頃の神戸居留地を一口に言えば、狭いながらも、整然とした京都の街並みと、必要以上に丸みを帯びた中高の車道。雨が降ると何とも言えないエンジ色の帯を、歩む人の足もとにくりひろげた、赤煉瓦の歩道、人道と車道の間には御影石のゆるいくぼみを持った水はけ。ところどころに開口部を持った水はけのしたにかくれてゐて、大雨が降るとゴボゴボと音がする暗渠。並木はすべて車道の両側に在って、開港時に植えられた街路樹の柳は、当時すでに大木となって、その繁みは少年の目には、木立ちのトンネルのように写ってゐた。この道路の両側には主として貿易にたずさはる商館と、少しばかり

の住宅が、あるものは赤煉瓦一色につみ重ねられ、あるものは木造ペン塗りの柔かみで、通行者を羽がいじめにしてゐた。ここかしこ街角の木下蔭には、蜜柑箱を腰掛にして、人力車夫（リキシャマン）の溜りがつくられてゐた。

ピエール・ロチが日本印象記の中に書いてゐたやうに、彼等の濃い紺色の法被（ハッピ）や、マンジュウ笠、さては超タイツのパッチは、異国人の眼にはいかにも小悪魔のやうにうつったに違いない。道傍に石っころで、器用な囲炉裏《いろり》をつくり、ほそぼそと煙を挙げて昼食の茶を沸し、車座の膝の上におおの瀬戸物の弁当箱を開き、茶瓶の蓋で喫茶をしてゐた人達は、何か特別のグループで、私の幼時にはしたしみの対照にはならなかった。しかし私の生まれた浪速町五十九番館の前には、特別大きな柳の大木がその枝をたれ、屈強の小悪魔共がたむろしてゐたので、彼等は私を呼ぶに「中八のボン」と言っていた。父が同じ浪速町の南のはづれに在った三軒の八番館の中央の、通称「中八」の経営者であり、私はその小坊主であったからである。彼等のみならず世間一般に、父は「中八の旦那」として通ってゐた。父は独乙人堅気を代表してゐたやうな勤勉家で、すべて定まった時間のぎりぎりまで、仕事をしてゐたので、何か約束事があると、猫の額のような居留地の南端、中八番館から北端の五十九番館の住宅まで、人力車に乗って飛ぶように帰ってくるのであった』

明治中頃の居留地の様子が生き生きと描かれていて目に浮かぶようである。

この随想を書いたリヒャルト・ケ・ライフ（今村清）は一八九五（明治二八）年一二月二八日生れであるから、その時七歳とすればこれは明治三五年頃の外国人居留地の風景と思われる。

居留地八番館は三商館があり、その真ん中の商館でリヒャルト・ケ・ライフの父・Richard REIFF（リ

図3　八番館

ヒャルト・ライフ）氏が貿易の仕事をするドイツ人であり、住まいは五十九番館であった。幸運なことに、私はリャルト・ケ・ライフ氏の孫にあたる今村隆氏の知人であるので、氏から写真を見せていただき、家系図を書いていただいた。私は以前、百二十一番館のドイツ人商社のデラカンプ商会の歴史を調べたことがあり、居留地研究会十周年記念の本「居留地の街から」に掲載された。（「デラカンプ商会とデラカンプ家」）である。同じドイツ人で、その隆盛の時代も同時代であると思うと、ライフ家の歴史を見ていくことに喜びを感じる。

中八番のライマーズ&ライフ商会のライフ氏

Luis Friedrich Richard REIFF（ルーイ　フリードリヒ　リヒャルト　ライフ　1848～1933）

Luis Friedrich Richard REIFFはドイツ連邦ザクセン州シュネーベルクの出身で、若い時代に彼の弟と共に故郷を出て香港に行った。弟はそのまま香港に残ったが、彼は日本の横浜に来た。三〇歳ごろだった。リヒャルト・ライフは一八七七～一八七九（明治一二）年横浜居留地九十二番の（GUTSCHOW & CO.）グッチョー商会で働いている。この間に彼は日本が気に入り日本定住を決めた。彼はドイツ人にしては小柄な人であったと言われている。一八八一年（明治一四）に今村栄三郎と妻とくの次女きく

図4　Luis Friedrich Richard REIFF

（一八五九年—安政六年七月三日生）と正式に結婚した。リヒャルト三三歳、きくは二二歳だった。

結婚により、きくはドイツ国籍となり日本国籍ではなくなった。一八八一（明治一四）年長女とに誕生。リヒャルトは一八八三（明治一六）年グッチョー商会で共に働いていたフレッド・ボイズ氏(Fred Boyes)と横浜百五十三番にボイズ商会(BOYES & CO)を立ち上げ、その商会は一八九六（明治二九）年まで横浜で続いた。しかしリヒャルト・ライフは神戸の方が有利とみて、神戸に来て、ドイツ甜菜糖を輸入する。甘藷車糖に比べて割安だった。主としてハンザ地方産出糖で、神戸のライマーズ&ライフ商会、アーレンス商会、シモン&エヴァース商会、イリス商会などが一八九五（明治二八）年頃から続々輸入した。（注・本邦糖業史）

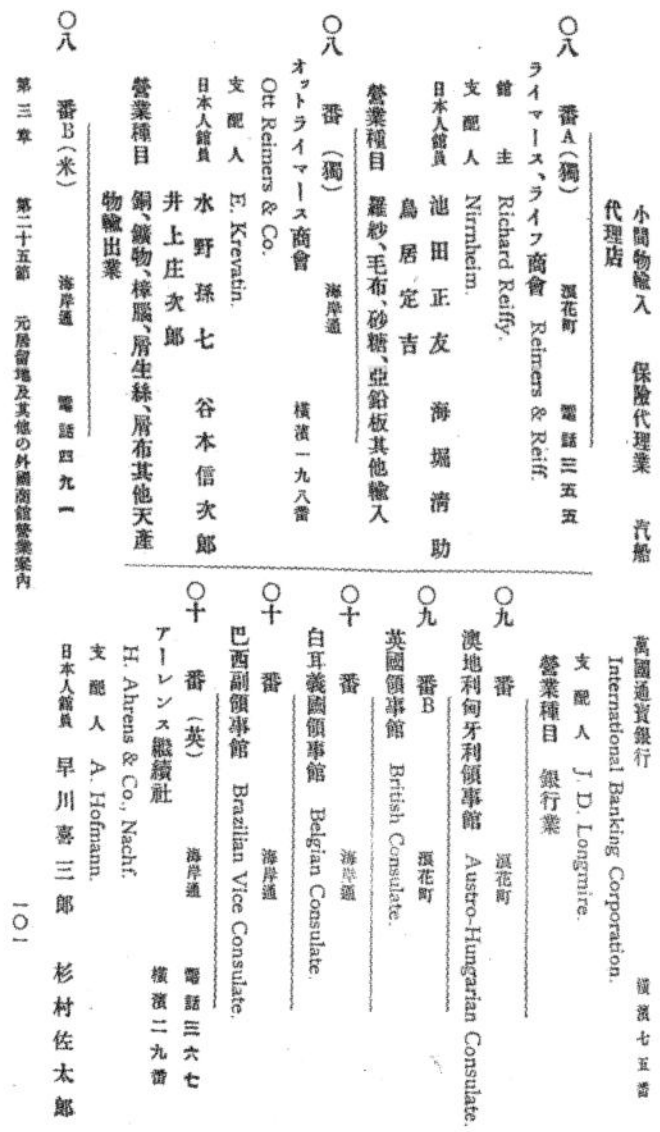
小間物輸入　保險代理業　汽船
代理店
○八　番A（獨）　濱花町　電話三五五
ライマース、ライフ商會　Reimers & Reiff.
館　主　Richard Reiffy.
支配人　Nirrnheim.
日本人館員　池田正友　海堀清助
鳥居定吉
營業種目　羅紗、毛布、砂糖、亞鉛板其他輸入
○八　番（獨）　海岸通　横濱一九八番
オットライマース商會
Ott Reimers & Co.
支配人　E. Krevatin.
日本人館員　水野孫七　谷本信次郎
井上庄次郎
營業種目　銅、鑛物、樟腦、屑生絲、屑布其他天產
物輸出業
○八　番B（米）　海岸通　電話四九一
萬國通貨銀行
International Banking Corporation.　横濱七五番
支配人　J. D. Longmire.
營業種目　銀行業
○九　番　濱花町
澳地利洪牙利領事館　Austro-Hungarian Consulate.
○九　番B　濱花町
英國領事館　British Consulate.
○十　番　海岸通
白耳義國領事館　Belgian Consulate.
○十　番　海岸通
巴西副領事館　Brazilian Vice Consulate.
○十　番（英）　海岸通　電話三六七
アーレンス繼續社　横濱二九番
H. Ahrens & Co., Nachf.
支配人　A. Hofmann.
日本人館員　早川喜三郎　杉村佐太郎
第三章　第二十五節　元居留地及其他の外國商館營業案內　一〇一

図5　八番の三つの商会

リヒャルト・ライフはオットー・ライマーズに誘われライマーズ&ライフ商会が始まった。

一八九六（明治二九）年、神戸居留地八番のオットー・ライマーズ商会（OTTO REIMERS CO.)、八番Aにライマーズ&ライフ商会（REIMERS & REIFF CO.)、八番Bには万国通宝銀行、の三つの商

館があった。

年表を見ると、居留地のドイツ人たちは国をおなじくする者同志、共に商会を立ち上げたり共に働いたりしていたのがよくわかる。

「神戸港」（明治三八年五月一日発行）によるとオットー・ライマーズ商会は銅、鉱物、樟脳、生糸、他天産物（鉱物、木材、海産物等）を輸出している。ライマーズ&ライフ商会は羅紗、毛布、砂糖、亜鉛板等を輸入している。（八番の二つの商会と万国通宝銀行のページ）

ライマーズ&ライフ商会は神戸では輸入部門をあつかっていた。日本人の館員の名前も書かれている。池田正友、海堀清助、鳥居定吉とある。

ここでもう一度、随想『神戸元居留地生活の思い出』を引用する。

『今でこそクリスマスは営利的祝典に大衆化されたが、その当時のクリスマスは少年には寝られない幾夜を、前駆させていた。父は商用を兼ねて、三年に一度位は独乙へ帰国していたので、その帰宅は子供達にとっては、おもちゃの大量輸入であり、二、三年分のクリスマス・プレゼントは背の高いタンスの一番上の抽斗に、秘蔵されてゐることは、子供心にもうすうす分ってゐた。クリスマスの午後、母親は椅子に乗って父から預かった鍵で錠前をあけ、エキゾチックな印刷絵の貼ったボール箱入のおもちゃをいくつも床上に下しては、それぞれ「祝クリスマス何々様」と書いて、奉書の紙にくるみ、朱のリボンで十文字にくくり、柊の葉をからましては積み上げてゐるのであるが、夜を待ち兼ねた少年は、ひそかに廊下にしゃがんで、鍵穴から昔風な母親の無言の準備をかいま見てゐるのであった。いよいよ日が暮れると、遥か大阪から父の商館番頭連が、汽車で来神、三宮駅から人力車で浪速町へ乗りつける。先づ階下の母になにかむづかしい挨拶を勇敢な大阪弁で言上すると、江戸っ子の母が、二言三言簡潔な応対をした挙句「旦那様がさっきから二階でお待ちかねよ」というわけで、もうすでに少し廻っている番頭連の派手な大阪弁の合唱は、大きなギボシのついたワニス塗りの西洋階段を肢股を踏むやうに上がって行くのである。父は寝室も、食堂も、書斎も、客間も二階に独占してゐたので、来客は一々両手をもろにさし上げて、歓迎の意思表示をして階段の上部のギボシまで出迎える小兵の父にむかへられた。

図6　家族写真

客間には臨時に作られた、鍵の手の長いテーブルに、当時生田前の踏切西山側のジャーマン・ベーカリーに特註した、ドイツ菓子「シュトーレンStollen」が来客の頭数だけならべられ、ボーナス袋と、純毛の輸入毛布の包みが、番頭の名前と、その勤続年数の序列に従って並べられてあった。大きくて天井まで届いてゐたクリスマス・ツリーには、当時の唯一の輸入雑貨商スキップウォース商会で買って来た金色燦然たる飾りものがぶら下がり、光るモールが、枝から枝へかけ渡され、異様なクリップでちりばめられた色ものの捻じれ、ローソクは少しゆがんで取付けられたのがあって、蝋涙（ロールイ）を下枝にたらしたり、またその活気で上枝の葉を焦したりして、毎年くるクリスマスの匂いを、この家の兄弟姉妹に嗅がせ、木末には光沢刷

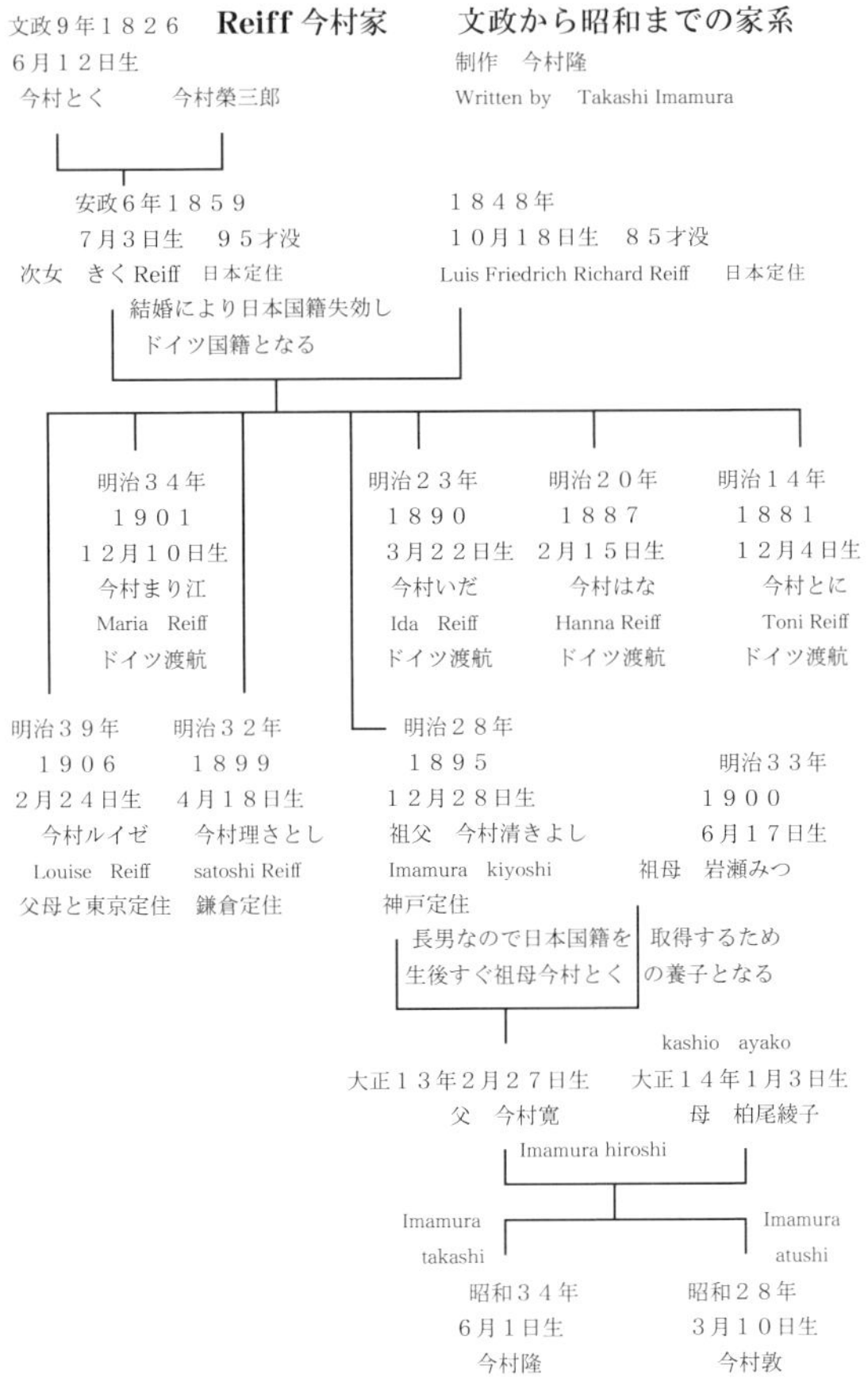

図7　今村家家系図

りのエキゾチックな聖母マリアの画像が、ローソクの上昇気流にわずかにゆれて、両眼はうるみがちに、我々を見下してゐるようであった。

「大将、貰いまっせーオーケニ！」ボーナス袋をふところに入れた番頭たちは、食堂で肺活量の大きい笑声の混乱の中で、父と祝盃を重ねていた。彼等は全部角帯をしめた和装で、商館番頭や、二番番頭や、通詞《つうじ》や、倉番の一群で、誰もが言い合せたやうに、父を「大将」「大将」と呼んでいた』

明治一四年（一八八一）生まれの長女とに、明治二〇年（一八八七）次女はな、明治二三年（一八九〇）三女いだ、明治二八年（一八九五）長男清、明治三二年（一八九九）次男理《さとし》、明治三四年（一九〇一）四女まり江（マリア）、明治三九年（一九〇六）五女ルイゼの七人兄妹である。長女とに、次女は

図8　7人兄妹の集合写真

な、三女いだは神戸女学院に入学しているが、三人共卒業する前にドイツに行き看護学校に入学し、全員看護師としてドイツで働いた。神戸女学院を卒業しないで、ドイツの看護学校にいったのは、ドイツの入学時期が九月であるためである。四女まり江は神戸女学院には行かないで姉達のいるドイツへ行き、やはり看護師として働いた。末娘のルイゼは日本を離れなかった。神戸女学院に一九一九（大正八）年に入学しているが、一九二二（大正一一）年まで在籍、その後は記録がない。この随想を書いた長男の清は、神戸第一中学校（一中）を卒業している。同級生に作家で僧侶の今東光氏がいたという。（今村隆氏談）、後に旧制高等商業学校を昭和一六年（一九四一）に四六歳で卒業している。今の関西学院大学である。

　息子の清、理は祖母の養子として日本国籍になっている。男子は将来も日本で生きていけるようにと考えたようだ。

　クリスマスの日に大阪からライフ氏の商館番頭達が汽車で神戸にやって来て、ライフ氏のことを「大将」「大将」と呼んでいたと随想にあることから、ライフ商会（今村商店?）が大阪にあったとわかる。そしてそれはリヒャルト・ライフ氏個人の商会であるとわかる。場所を調べるため明治・大正の電話帳を調べた。明治三六年の電話番号簿に「特　東　五百八十九番　デラカンプ商会出張所　東区横堀四丁

図9　1898（明治31）年　ドイツ人の友人達と

目五十四」とあったが、電話帳にライフ商会はなかった。

明治三九年発行の「大阪市街精密地図　船場之部」というものがあり、その地図は、雑誌「大阪春秋」百五十号（船場特集）二〇一三年の付録として複製があり、デラカンプ商会は、ここ大阪で有名な寺院である北御堂（津村別院）の近くにあったが、ライフ商会はなかった。今村商店は三か所あったが、創業年代はリヒャルトが神戸に来る以前であった。今村隆氏が曾祖父（リヒャルト・ライフ）の遺品の中に今村商店という名刺があった記憶があると言われる。今村商店があったと思われるが、この地図にはなかった。デラカンプ商会はOSAKA DIRECTORYの中にも見つけた。電話帳と同じものである。大阪のライフ商会（今村商店？）について、これはわたしの推察になるが、やはり船場にあったのではと思う。土佐堀川、東横堀川、西横堀川、長堀川に囲まれた船場は荷物の運搬にも便利だし、何と言っても有名な商人の町、デラカンプ商会の支店があったことを思うと、同じドイツ人であるライフ氏にとっても、その情報も入りやすかったと思う。結局大阪のライフ商会（今村商店）は見つけることが出来なかった。随想に書かれた大阪のライフ商会は確実にあったがわからなかった。

一九〇二（明治三五）年イギリスと日英同盟を結んだ日本は、ロシアとの戦争を避けられないものとなった。戦争にかかる費用は莫大なもので十七億四千六百万円を超えるものだった。そのうち八億円はイギリス、アメリカから外国債として調達したが到底たりなかった。そこで軍債協力者を募集することとなり、応募要請は居留地の商社にも来て協力した。勿論松方幸次郎氏、川崎正蔵氏、鈴木岩次郎氏、九鬼子爵、小寺泰次郎氏等々、大勢の日本人が、壱拾万、弐拾万、五拾万の大金を二回、三回と協力している。外国人居留地の商人のイギリス人のジェームス・マクレン氏は三回目

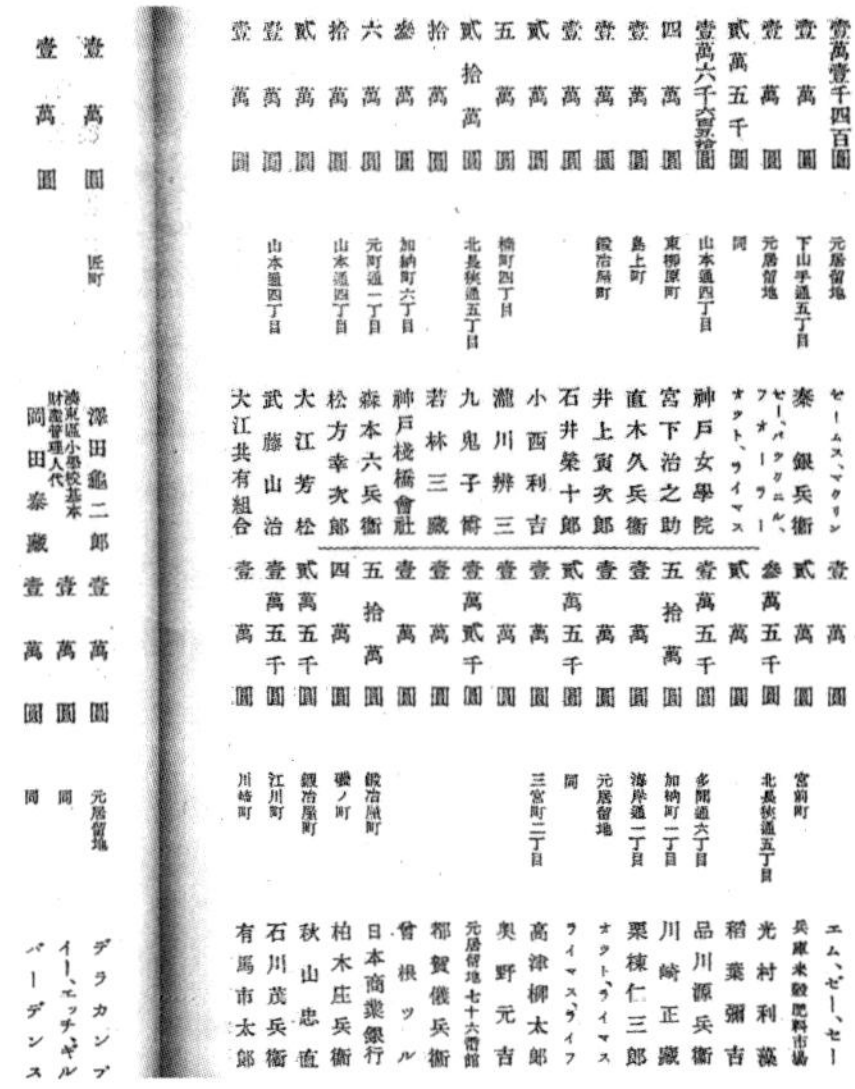
第七章　第八十四節　壹萬圓以上軍債應募者　三九〇

壹萬壹千四百圓	元居留地	ゼームス、マクリン
壹萬圓	下山手通五丁目	秦銀兵衛
壹萬圓	元居留地	ゼー、バックニル、フオーラー
貳萬五千圓	同	オツト、ライマス
壹萬六千六百貳拾圓	山本通四丁目	神戸女學院
四萬圓	東柳原町	宮下治之助
壹萬圓	島上町	直木久兵衛
壹萬圓	鍛治屋町	井上貨次郎
壹萬圓		石井榮十郎
貳萬圓		小西利吉
五萬圓	楠町四丁目	瀧川辨三
貳拾萬圓	北長狹通五丁目	九鬼子爵
拾萬圓		若林三藏
參萬圓	加納町六丁目	神戸棧橋會社
六萬圓	元町通一丁目	森本六兵衛
拾萬圓	山本通四丁目	松方幸次郎
貳萬圓		大江芳松
壹萬圓	山本通四丁目	武藤山治
壹萬圓		大江共有組合
壹萬圓	匠町	澤田龜二郎
壹萬圓		湊東區小學校基本財產管理人代 岡田泰藏
壹萬圓		エム、ゼー、セー
貳萬圓	宮前町	兵庫米穀肥料市場
參萬五千圓	北長狹通五丁目	光村利藻
貳萬圓		稻葉彌吉
壹萬五千圓	多聞通六丁目	品川源兵衛
五拾萬圓	加納町一丁目	川崎正藏
壹萬圓	海岸通一丁目	栗棟仁三郎
壹萬圓	元居留地	オツト、ライマス
貳萬五千圓	同	ライマス、ライフ
壹萬圓	三宮町二丁目	高津柳太郎
壹萬圓		奥野元吉
壹萬貳千圓		元居留地七十六番館
壹萬圓		都賀儀兵衛
壹萬圓		曾根ツル
五拾萬圓	鍛冶屋町	日本商業銀行
四萬圓	磯ノ町	柏木庄兵衛
貳萬五千圓	鍛冶屋町	秋山忠直
壹萬五千圓	江川町	石川茂兵衛
壹萬圓	川崎町	有馬市太郎
壹萬圓	元居留地	デラカンプ
壹萬圓	同	イー、エッチ、ギル
壹萬圓	同	バーデンス

図10　軍債協力者の一覧

の募集の六万五千円、更に四回目の壱万壱千四百円を協力している。ドイツ商社のオットー・ライマーズ商会は弐万五千円、更に四回目に壱万円、ライマーズ&ライフ商会は弐万五千円、ドイツ人のデラカンプ商会は壱万円の軍債協力者となっている。壱万円は現在の金額では五千万円、大金である。ライマーズ&ライフ商会が弐万五千円を協力するには、商会の運営がかなり順調であったと思われる。

再び随想を引用する。『五十九番館は余り大きな家ではなかったが、三盆白（サンボウジロ）砂糖輸入の同業者鈴木商店の鈴木岩治郎、よね夫妻に番頭の金子直吉氏などが、よく父の招待をうけて、会食にやって来た。金子氏は「昨年米国へ行きましてオレンジと言ふミカンを食べました」と旅行談を食堂で

父にしたので、それを聞いて当時神戸女学院の学生であった姉達の笑草になったのを覚えてゐる。

父はまた山口玄洞、伊藤忠兵衛父子などをよく神戸の精養軒へ招待した。忠兵衛父子及びその一番番頭は明治の末年、神戸の大観艦式に父によばれて来神し、晩餐の席で、父の好物のうまし柿を、父と伊藤氏（初代）と番頭の三人で食べながら、父は二代目忠兵衛氏にも勧めたが、バナナやオレンジならともかく、洋食の後でうまし柿を食ふとは何事かと思ったと、去年戴いた彼のカナモジ書きの手紙に、その昔の思ひ出を書いてよこされた。昨秋熱海の別業（注・別荘）に氏と半日を懐旧談にすごし、神戸市役所の坂本勝比古工学博士の偉業「日本に於ける異人館」一冊を氏に進呈したが、』とある。坂本勝比古氏の本のことが書かれている。坂本勝比古氏が「神戸の異人館」を一九五八（昭和三三）年に出版されているので、その本であろう。その年は今村清氏が六三歳になる。二代目伊藤忠兵衛氏のカタカナのかな文字運動に賛同して、二人はカナ文字で手紙を書いたり、詩を書いたりしている。

神戸に来てからはライフ家にとって仕事も家庭もすべてが順風満帆であったと思われる。あの鈴木商店と親しく付き合っている様子もわかるし、有名な伊藤忠兵衛親子とも親密であったことがわかる。一九〇八（明治三九）年ライフ一家は居留地五十九番の住まいを中山手四丁目七九番に転居した。居留地は最初の二、三十年間外国人が居留地の外に住むことを禁じられていたので、初めは居留地を住居にして後に山手に移転する外国人は多かった。その後、居留地五十九番は細かく分けられて別の商会事務所や倉庫になっている。

JAPAN DIRECTORYの一九〇八（明治四一）年にライマーズ&ライフ商会は八番に記載がなくなった。オットー・ライマーズ商会は変わらず記載がある。

しかし、一九一四（大正三）年八月第一次大戦で日本がドイツと敵対関係になるとドイツ人貿易商は打撃を受けた。ライフ商会も砂糖の輸入をドイツ、ハンガリーに頼っていたが、一九〇二（明三五）年のブラッセル会議後、甜菜が輸入できなくなり、鈴木商店から砂糖を入れるようになった。

鈴木商店はロンドン支社経由で砂糖、小麦、メリケン粉を買い占めていた。その後、それらは高騰した。（注・本邦糖業史）

第一次世界大戦敗戦で、神戸外国人居留地に二百人を超えていたドイツ人の一割強が、商館を閉じ本国へ引き上げた。ドイツ商館の一九一三（大正二）年における輸出八百万円、輸入三千八十万円が、大戦後は輸出入合わせて、三百万円とドカ落ちしてしまった。（注・海なりやまず　神戸新聞社）

ドイツ人商人は居留地を明け渡すことになった。それは大変な痛手だった。一八九九（明治三二）年に居留地返還がなされても、永代借地権は残っていたので、外国人商人は安い地代で商館活動ができていたが、ドイツ人はその商館を失った（注・海鳴りやまず　神戸新聞社）。デラカンプ商会も、デラカンプ・ピパー商会も居留地商会は持てなくなりいったん閉じた。曾孫の今村隆氏の話では、ライフ氏は殆どドイツマルクで持っていたのでその痛手は更に大きかった。

大正になるとライフ商会について、記録に残るものは少なくなった。

ドイツからの家族の便りが今村隆氏のお手元に残されている。ほとんどが絵葉書である。葉書には日付も書いてあったりなかったりであるが、その差出日や宛先などからライフ家のその後を見ていく。手書きで読みにくいものだったが、田中美津子氏のご厚意により翻訳して頂いた。

三．ライフ家の人々の葉書と第一次世界大戦後のライフ商会

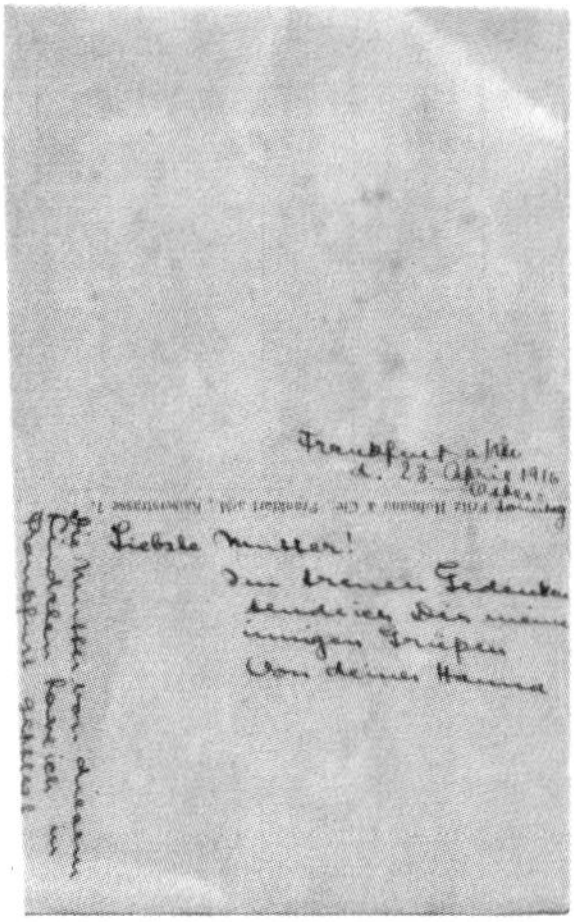

図11　1916（大正5）年4月23日　次女はなと友達の赤ちゃん

一九一五（大正四）年長女のとにが花の写真を送っている。宛先は神戸市神戸区山本通七九　神戸市三宮郵便局　私書箱一五

一九一六（大正五）年四月二三日、次女はなは赤ちゃんを抱いて写った写真を送っている。葉書の文面から知り合いの方の赤ちゃんとわかった。

それから日付はわからないが、父親の誕生日に葉書で

「信愛なるライフ様

まずもってあなたにお誕生日おめでとうをもうしあげます。この一年があなたにあらゆる新しいこと、健康、命と喜びをもたらしますように、そして力を新たに多方面であなたの存在意義を確かめることができますように。」（以下略）

と続くが多分長女とにが書いたと思われる。一九一五、一九一六年は、第一次世界大戦中であり、ライフ氏は仕事がうまくいっていなかったと思われる。

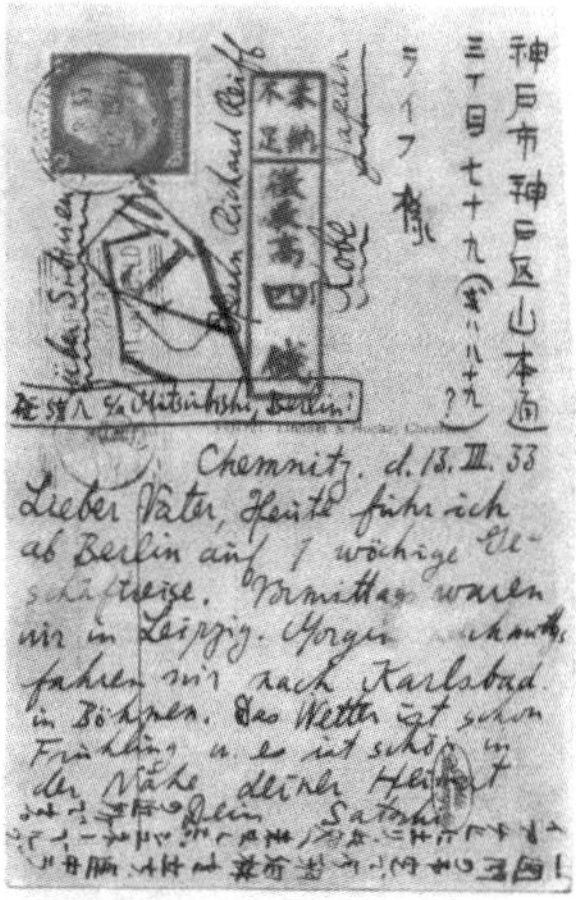

図12　シュネーベルク近くの都市の絵はがき

一九二六（昭和元）年から一九二九（昭和四）年の葉書には、次男理がドイツのベルリンに行き、姉達やベルリンにいる知人及川さんを訪ねたと書いてある。

また別の理の葉書では、「今夜Iichan（三女いだ）のところへ行き四、五日泊まります。それからMachan（四女マリア）とToni（長女）を訪問して最後にベルリンに帰ります。ギーセンにて　六月四日　さとし　はな」

はながさとしに付き添って行き、はなも次のような葉書を書いている。

「最愛なる母さま、今朝理ちゃんベルリンより参り、午後六時ごろの汽車でいっちゃん（いだ）の家に行きました。午後二、三時間ばかり色々理ちゃんとお話しました。理ちゃんはなかなか元気ですからご安心くださいませ。店から一〇日ばかりのお休みをもらったようですし、」（以下略）

これを読むと、次男の理は仕事でベルリンにいったのではないかと思われる。理はドイツ語ができ、日本の会社のベルリン出張所に仕事で行っていた。

神戸市神戸区山本通三丁目七九のライフ様宛の理の葉書では「一週間の予定です。朝、伯林（ベルリン）を発ち途中ライプチヒに寄り此処へ来ました。シュネーベルグの近所です」この部分だけ日本語だった。日付は無い。

発信人　c/o（care off）Mitsubishi　気付けと読める。三菱が出張時の拠点であったと思われる。理はベルリンでドイツ人の恋人ができて結婚し、二人で日本に帰った。

宛先が今までと違う葉書がある。神戸市明石町三九　P.O. BOX Sanno「おとうさん、あなたと皆さんにこころからの挨拶をお送りします。金曜日にTonchanが家に来て、五月の素晴らしいお天気のもと、楽しい心地よい時間を過ごしました。取り急ぎ、お父さんからの四月二五日のお手紙と同封物を受け取ったことを確認します。どうも有難うございました。」

Tonchanは長女とにさんのことなので、はなさんか、いださんか、マリアさんが書いたと思われる。CHRONICLE DIRECTORYによると、一九二八、一九二九（昭和三、四）年に居留地三九番明石町Tel.:San633IP.O. BOX15 Tel Add Reiffrichがある。ライフ氏が仕事を再開したようだった。一九三一（昭和六）年にも上記と同じ記載がある。理がドイツに行ったのは父の仕事のためであったと思われる。一九三三（昭和八）年にも記録がある。しかし、ライフ氏は一九三三年に亡くなった。八五歳だった。神戸で亡くなったったと思われる。

神戸市立外国人墓地Ｄ六区二番にお墓がある。ドイツ語で書かれた墓石には、「一八四八年にシュネーベルクに生まれて一九三三年に神戸で亡くなった　彼の友人たちから捧げられた」と書かれている。

RICHARD REIFF

GEB. 18 OKTOBER 1848
IN SCHNEEBERG

GEST. 30 MARZ 1933

IN KOBE

GEWIDMET VON STENEN FREUNDEN

図14　ライフ氏の墓に刻まれたドイツ語

図13　神戸市立外国人墓地D6区2番にあるライフ氏の墓

その頃ライフ家は経済的に苦しかったと推察される。友達が捧げたお墓と思われる。

最後の葉書はTokyo JAPAN Omoriku Dennenchoufu 4chome Kiku REIFF宛である。

発信人は三女のイダ・シュタインメッツ。イダは結婚してイメリーという娘がいる。

「私の愛するお母さま！

七月三日、大事な貴女のお誕生日に、私たちみんな 心から貴女の幸せと神様の祝福をお祈りします。神様の永遠の愛があなたをお守りくださいますように！　あなたが今、理の家族と一緒に居ることを　私たちはとても嬉しく思っています。可愛い孫達がきっと貴女を喜ばしてくれるでしょう。お加減は如何ですか。娘のイメリーは病気でした。五月三日に中耳炎の手術をうけました。彼女はギーセン大学病院の耳鼻科に入院していました。有名な教授が執刀してくれました。万全の看護を受けました。はなおばさんとアナおばさんは時々見舞ってくれました。私も度々見舞いました。彼女は回復しました。イメリーは九月からギーセン大学で四十医学を勉強しています。そして喜んでいます。

クリスマスに書いた手紙は残念ながら返送されてきました。私たちは皆元気です。私たちは今貴女の傍にいるつもりです。私たち皆から貴女方皆に挨拶を送ります。心をこめてさようなら。貴女のいっちゃん」

母親きくは次男理の家族と東京大森区田園調布に暮らしていたとわかる。もともと母親のきくは関東出身だった。家系図では、末子のルイゼは母と東京在住となっている。二人は田園調布に住んでいた。きくとルイゼも神戸市立外国人墓地にライフ氏と共に名簿があった。

この随想を書いた今村清は葉書には出てこなかった。彼もドイツに行ったようだが、理の方が多く行っている。清は体があまり丈夫ではなかった。後に結核を患っている。日本で頑張って仕事をしていたようだ。

一九四〇年のCHRONICLE DIRECTORYにREIFF & CO.がある。4/84 Hamabe-dori 2chome Fukiaiku Tel.:Fukiai:（2）6649 Tel.Add Reiffrich K.Reiff S.Reiff

一九四一、一九四二年に上記と同じ表記がある。今村清氏と今村理氏がライフ商会を再開していた。しかし時代は終戦が近いころであった。

ドイツも日本も敗戦国になった。REIFF & CO.は続けることは出来なくなったであろう。

昭和四三年発行の「神戸史談」掲載の「神戸元居留地生活の思い出」の最後に筆者今村清　構造冷熱有限会社社長　灘区日尾町三―二五となっている。構造冷熱は今の空調設備のことで、アメリカの会社と代理店契約を結び、ColemanとかGEのセントラルヒーティングの設置を会社、その当時の大きいお屋敷などに取り付ける仕事であった。

今村清氏は長男で神戸在住であったから、父母のお墓の責任者として神戸市立外国人墓地の名簿に名前があった。D六区二番、そのお墓にはRICHARD REIFF、KIKU REIFFとLUIZE REIFFが埋葬されている。

今村清は日本国籍なので、神戸市立外国人墓地ではなく、神戸市鵯越墓園に埋葬されている。

年表

西暦（和暦）	主な出来事
一八六七年（慶応三）	神戸村に外国人居留地設置。
一八六八年（明治元）	居留地約定書締結により永代借地権競売。パオル・ハイネマンは神戸居留地会議民間委員に選出。ドイツ人クラブ・ユニオン結成。
一八六九年（明治二）	廃藩置県
一八七三年（明治六）	パオル・ハイネマンとフーゴー・オットー・デラカンプにより横浜居留地百九十八にパオル・ハイネマン商会設立。
一八七五年（明治八）	オットー・ライマーズがパオル・ハイネマン商会に入社。
一八七六年（明治九）	神戸居留地八番にもパオル・ハイネマン商会設立。
一八七七年（明治一〇）	ルイ・フリードリヒ・リヒャルト・ライフ横浜のグッチョウ商会で働く。
一八七九年（明治一二）	神戸居留地七九番にドイツ人クラブ・ユニオンに替わるクラブ・コンコルディア発足。オットー・ライマーズ設立者の一人。
一八八〇年（明治一三）	ドイツのハンブルクにデラカンプ商会を設立。
一八八一年（明治一四）	フーゴー・オットー・デラカンプとヒュー・マクレガーは、パオル・ハイネマン商会より独立、横浜居留地百七十五・百七十六番にデラカンプ・マクレガー商会を設立。ルイ・フリードリヒ・リヒャルト・ライフ今村きくと結婚、長女とに誕生。
一八八三年（明治一六）	神戸居留地百二十一番にデラカンプ・マクレガー商会を設立。横浜一五八番にリヒャルト・ライフはボイエスとボイエス商会を設立〜一八九六年。

西暦（和暦）	主な出来事
一八八五年（明治一八）	神戸居留地一二〇番にはデラカンプ・マクレガー商会の倉庫設立。
一八八七年（明治二〇）	デラカンプ・マクレガー商会が横浜のデラカンプ・マクレガー商会の共同経営から撤退し神戸だけの商社になる。リヒャルト・ライフに次女はな誕生
一八八八年（明治二一）	クラブ・コンコルディアの会員多くなる。横浜でオットー・ライマーズに二番目の子、ヴェルナー誕生。
一八八九年（明治二二）	パオル・ハイネマン商会はオットー・ライマーズ商会に業績を譲って廃業。大日本帝国憲法発布。神戸市制施行
一八九〇年（明治二三）	リヒャルト・ライフ三女いだ誕生。
一八九四年（明治二七）	日清戦争勃発。長女とに神戸女学院普通科入学。神戸港の輸入量日本一。
一八九五年（明治二八）	デラカンプ商会、百二十一番館を壊して、レンガ造りの新館を建築。リヒャルト・ライフに長男今村清（リヒャルト・k・ライフ）誕生。
一八九六年（明治二九）	居留地七十九のクラブ・コンコルディア焼失、居留地百十七・百二十六に再建。ライマーズに誘われ神戸居留地八番にライマーズ&ライフ商会を設立。
一八九七年（明治三〇）	チャールズ・ランゲ・デラカンプがクラブ・コンコルディアの会長に就任。
一八九八年（明治三一）	フーゴー・オットー・デラカンプがハンブルクに定住。
一八九九年（明治三二）	条約改正により居留地返還、ただし永代借地権は存続。リヒャルト・ライフに次男今村理誕生。
一九〇〇年（明治三三）	フーゴー・オットー・デラカンプがハンブルク東アジア協会設立メンバーとなる。ライフ氏の次女はな神戸女学院入学。
一九〇一年（明治三四）	リヒャルト・ライフ四女まりえ誕生。長女とに女学院退学してドイツへ。
一九〇二年（明治三五）	日英同盟締結。
一九〇三年（明治三六）	チャールズ・ランゲ・デラカンプがクラブ・コンコルディアの会長を退任。
一九〇四年（明治三七）	日露戦争勃発。ライフ氏の三女いだ神戸女学院入学。
一九〇五年（明治三八）	日露戦争終結。日独通商航海条約。
一九〇六年（明治三九）	ライフ氏中山手四丁目七九番に住居を移す。五女ルイゼ誕生

西暦（和暦）	主な出来事
一九〇七年（明治四〇）	ライフ氏の次、三女ドイツへ。
一九〇八年（明治四一）	ヘルベルト・デラカンプ来日（神戸）。 ライマーズ&ライフ商会JAPAN DIRECTORYに記録なくなる。オットー・ライマーズ商会はある。
一九一〇年（明治四三）	朝鮮を併合。
一九一二年（大正元）	ヘルベルト・デラカンプとコンラート・ピパー（Sr.）がデラカンプ・ピパー有限会社を居留地七十番に設立。
一九一四年（大正三）	第一次世界大戦勃。横浜ライマース商会JAPAN DIRECYORYに記録あり。神戸のドイツ商社ニ割強帰国。
一九一八年（大正七）	第一次世界大戦ドイツの敗北で終結。デラカンプ商会が居留地百二十一番から居留地七十五番に移転後チャールズ・ランゲ・デラカンプ引退。全国で米騒動惹起。
一九一九年（大正八）	フーゴー・オットー・デラカンプがハンブルクで亡くなる。
一九二一年（大正一〇）	ドイツ人クラブは、北野の山本通り二丁目二八の賃貸家屋（五年契約）にドイツ館として再出発。
一九二二年（大正一一）	ヴェルナー・ライマースこれまで一〇年間父の商会で働き後ハンブルクに帰国。
一九二三年（大正一二）	関東大震災。
一九二五年（昭和元）	理・ライフのベルリンからの葉書がある。
一九二七年（昭和二）	クラブ・コンコルディア山本通二丁目三〇番地に新館落成。
一九二八年（昭和三）	デラカンプ・ピパー商会、居留地一番内に移転。ハンブルクで[P.I.V.ヴェルナー・ライマース動力有限責任・合資会社」設立。
一九二九年（昭和四）	リヒャルト・ライフ夫妻と娘ルイーズ山本通り四丁目に住居。世界恐慌。リヒャルト・ライフ三九番明石町P.O.BOX15 Tel.3-6331仕事再開。
一九三一年（昭和六）	満州事変勃発。
一九三三年（昭和八）	日独両国は国際連盟を脱退。リヒャルト・ライフ亡くなる。山本通三丁目八九に住居が移る。きく・ライフと娘ルイーズがいる。後に、年代不明だがきくはルイーズと東京大森区田園調布に移転。次男理の家族と暮らす。
一九三七年（昭和一二）	コンラート・ピパー（Jr.）がデラカンプ・ピパー商会で働き始める。日中戦争勃発。

西暦（和暦）	主な出来事
一九三八年（昭和一三）	阪神大水害。
一九三九年（昭和一四）	第二次世界大戦勃発。
一九四〇年（昭和一五）	日独伊軍事同盟締結。REIFF & CO.4/84 Hamabe-dori 2.-chome Fukiaiku Tel:Fukiai (2) 6649 Add Reiffrich K.Reiff S.Reiff
一九四一年（昭和一六）	太平洋戦争勃発。REIFF & CO.4/84 Hamabe-dori 2.-chome Fukiaiku Tel:Fukiai (2) 6649 Add Reiffrich K.Reiff S.Reiff.　今村清（関西学院）旧制高等商業学校卒業
一九四二年（昭和一七）	旧居留地の永代借地権を解消 REIFF & CO.4/84 Hamabe-dori 2.-chome Fukiaiku Tel:Fukiai (2) 6649 Add Reiffrich K.Reiff S.Reiff
一九四五年（昭和二〇）	六月チャールズ・ランゲ・デラカンプ須磨の住居空襲で焼失土蔵で暮す。八月太平洋戦争終結、アメリカ駐留軍が進駐。ドイツ人の全財産、不動産没収。一一月チャールズ・ランゲ・デラカンプ土蔵で亡くなる。
一九四七年（昭和二二）	コンラート・ピパー（Jr.）がドイツに帰国ハンブルクのデラカンプ社で働く。ヘルベルト・デラカンプはMr.Yokoと共同経営のDP商会を設立、デラカンプ・ピパー商会は終る。
一九四八年（昭和二三）	ドイツ人の全財産、不動産のオークション。
一九四九年（昭和二四）	ウルリヒ・デラカンプが離日、アメリカへ移住。
一九五〇年（昭和二五）	朝鮮戦争勃発。
一九五一年（昭和二六）	朝鮮戦争休戦協定締結。
一九五三年（昭和二八）	ドイツ連邦共和国大阪・神戸総領事館開設強制送還されたドイツ人の来日が認められる。
一九五四年（昭和二九）	Kiku REIFF亡くなる。
一九五六年（昭和三一）	ヘルベルト・デラカンプは、DP商会の経営権をMr.Yokoに譲り離日、カリフォルニアのバークレーへ移住。
一九六八年（昭和四三）	今村清「神戸史談」二二五号に「神戸元居留地生活の思い出」を発表。既に構造冷熱有限会社社長。

【参考文献】
1 「神戸のドイツ人」―旧き神戸への回想― オットー・レファート原著 田中美津子訳 五三―五五頁
2 「JAPAN DIRECTORY 幕末明治在日外国人・機関名鑑」一巻～四八巻 ゆまに書房
3 「横浜居留地と異文化交流」横浜開港資料館・横浜居留地研究会編 山川出版社 八九頁
4 ヴェルナー・ライマーズ財団のホームページ https://www.reimers-stiftung.de/werner-reimers/
5 「神戸史談」第二百二十五号 随想『神戸元居留地生活の思い出』今村清 四六～五三頁
6 「本邦糖業史」樋口弘著 味燈書屋 昭和十八年九月二十日 発行
7 「神戸港」編纂者 田中鎮彦 神戸港編纂事務所発行 明治三十八年五月一日発行 一〇一頁
8 同右「神戸港」三九〇頁
9 同「本邦糖業史」
10 「海鳴りやまず―神戸近代史の主役たち―第二部」神戸新聞出版センター 一九一～一九三頁
11 「JAPAN DIRECTORY AND CHRONICLE」(1922^1942) Hongkong Daily Press

フルード商会事件と明治期・神戸における花筵《はなむしろ》《かえん》輸出の盛衰について

―主に新聞記事による考察から―

深山　たか子

はじめに

「神戸又新日報」（以下、「又新日報」と記載）の見出し集を見ていると「フルード事件」という言葉が何度も目に付いた。実際記事を読んでみると、アメリカの商社の起こした訴訟（事件）だと分かった。

フルード商会

フルード商会は、一八九六（明治二九）年に、アメリカから来たJamesとGeorgeの兄弟によって設立され、小野浜に倉庫を持っていたらしいことが『JAPAN DIRECTORY』から推定される。「又新日報」によると神戸市葺合村七七一番地に倉庫、店舗があり、取扱商品は樟脳や花筵で、[1]居宅は諏訪山の十八番館にあった。[2]同じく花筵を扱っていた外国商会の中にドイツのデラカンプ商会[3]があるが、フルード商会は事業に失敗し、フルードは米国へ逃亡してしまったようである。それまでは外国銀行であるチャータード銀行と取引があり、フルード商会自体も三人の外国人と日本人で構成されていた。[4]

居留地貿易

そもそも明治前期における日本の貿易は、輸出入ともそのほとんどが「居留地貿易」と呼ばれる取引形態をとっていた。[5] つまり、開港場に建設された居留地の外商（外国商人あるいは外国商社）と日本人商人との間で取引を行うという「間接貿易」である。明治一一年頃に日本に進出していた外商の数は中国人商社を除いて合計二四三社でそのうちイギリス商社の数が九二社と圧倒的に多く、その後にアメリカ、ドイツ、フランスが続いていた。彼らの中には既に東洋での貿易経験を有し、強大な資本力と組織力を持つ有力な外商もおり、東洋貿易の一環として新たな市場獲得を目指して日本にも進出してきた。彼らは不平等条約による有利な条件、貿易経験、外国金融機関の掌握、航路の独占などを背景に、居留地貿易を支配した。貿易経験や資本力に欠ける日本人の商人が彼らと対等に貿易を行うことは極めて困難な状況であった。[6]

神戸における花筵の輸出業

神戸港では、明治中期になると農産加工品や工芸品の輸出が盛んになるが、花筵はその代表格であった。[7] 敷物類の輸出は神戸では最も古いものの一つであった。その一つである花筵は、一八八一（明治一四）年神戸港から初めて輸出された。神戸の貿易は居留地から出発したわけであるが、輸出品として茶、生糸、マッチがあり、その後、明治後半期になると花筵、陶磁器、竹製品、洋傘といった労働集約型軽工業品が輸出されるようになった。[8] 岡野重三郎氏によれば「神戸港における貿易事情と変遷」の中で花筵は明治二〇年頃の輸出で、産地は初めは岡山、その後各県に生産されるに至り、明治二五年に一一六万円を輸出、二年後には三四五万円を輸出したとのことである。[9] そして急速に増加した花筵の主産地は岡山で、地元の生産はあまり発展の跡を示していない。明治二〇年頃二、三の製造所ができたが不振のうちに消滅している。[10] ここでは以下の点が着目される。「明治初期のころには、日本人の売込商はその知識と経験のなさから経験豊富な外国商人に太刀打ちできず、破約・値引き・支払い遅延など一方的な要求に従わざるを得ない状態であったが、次第に裁判所に提訴したり、同業者で組合などを結成して対抗したりするようになった。また、逆に日本人商人の中にも契約を守らない花筵業者や外国商人をだますような者も少なからず存在した。これは我が国の商品と商人に対する信頼を傷つけ貿易と生産の拡大を妨げるので、政府は一八八四（明治一七）年に「同業者組合準則」を制定し、同業組合による統制を図った。[11] ここで神戸から花筵の輸出にいち早く取り組んだのが、濱田《はまだ》篤三郎《とくさぶろう》であった。彼は民間の一商人として積み上げた経験から海外直輸出の必要性を痛感し、それを実行に移した。[12]

フルード商会事件

この事件は一八九八（明治三一）年一〇月頃に起こったと思われる。[13] 不平等条約改正の一年前のことになる。同商会は、居留地・雑居地以外に倉庫や店舗を持ったこと、日本側花筵商人と正当な取引を行わなかったことなどが問題となって「又新日報」の他にも当時の英字新聞「コーベ・クロニクル・ウィークリー・エディション」[14]（以下「ＫＣＷ」と略記する）さらには後々、一九二三（大正一二）年八月「神戸新聞」の連載記事「今昔物語」[15]でも取り上げられるなど、世間の人々の興味を引いた事件であった。

本稿ではそうしたフルード事件の歴史的意味を見出し、その発端でもあったが、現在はすたれてしまった花筵産業が、明治期・神戸の輸出業においてどのような位置を占めていたかを三種類の新聞記事を元に考察したい。まず、全体を把握するために第一章では「又新日報」記事より神戸の花筵産業の盛衰を見る。次に第二章で一九二三（大正一二）年八月に神戸新聞に連載されたコラム「今昔物語」の中からフルード事件並びに神戸と花筵産業の盛衰について述べている個所を検証する。

第三章では「神戸又新日報」、第四章では「ＫＣＷ」内に掲載された同事件についての記事を紹介する。同時期のこの二紙が同じ事件を扱っていると分かる箇所ももちろんあるが、お互いを意識して事件について言及している個所が興味深い。

一・「神戸又新日報」記事から見た神戸の花筵産業の盛衰

花筵といえば、岡山の磯崎民亀《いそざきみんき》、錦莞筵《きんかんえん》[16]、神戸では貿易を仲介した丸越組、濱田篤三郎[17]といったキーワードがある。また花筵輸出業の成功例としてデラカンプ商会があげられる。一八七八（明治一一）年磯崎民亀は苦労の末、最も緻密な花筵「錦莞筵」を開発した。しかしそれは国内市場では高価だったため需要がなかった。そこで民亀は神戸に赴き見本品を預けてきたところ、一八八一（明治一四）年頃、丸越組という海外直売店の濱田篤三郎より連絡があった。濱田はイギリスとアメリカに送って販路を求め、イギリスのロンドンから注文が寄せられたのである。

一八八四（明治一七）年に創刊された「又新日報」に初めて花筵に関する記事が登場するのは一八九五（明治二八）年八月一八日になってからである。「花筵商組合の総会（開会予定につき）」という見出しがある。それ以前に神戸の重要な輸出品であった茶や生糸、樟脳については組合や検査所が作られていたことに関する記事も出ていた。一八九六（明治二九）年一月には花筵倉庫会社が創立、五月には花筵商組合会が作られ、六月には花筵粗製弊害防止案が要請される。さらには七月には花筵業者連合大会や花筵組合総会が開かれ、日本花筵組合連合会で前田正名の演説が行われ、八月に日本花筵取引所が設置された。翌一八九七（明治三〇）年には関西花筵株式会社の総会や神戸花筵商組合総会が開かれたりした。この二年間はそうした記事が多かったのだが、花筵関連の記事がさらに多いのは一九〇二（明治三五）年である。この年、花筵連合会は解散する。そして花筵検査所も廃止となっている。[18] 翌一九〇三（明治三六）年には花筵貿易不振の記事が出ている。これは粗悪品が多く、米国市場を攪乱したことに起因する。磯崎龍子郎によれば、明治二三・四年頃から岡山県下に製筵会社が続出し、二七・八年に至って最も盛んであり、花筵の種類も十数種のほどにも達した。[19] そうした岡山県花筵業は一八九三（明治二六）年にアメリカ合衆国シカゴ市でのコロンブス世界博覧会に参同出品をして受賞した。輸出花筵はこの年前後に最盛期に達したが、その後、原料のい草の暴騰や天災による岡山県下三大河川の水害、製品花筵の生産過多による暴落を招くなど非常に不安定な有様となった。そのため輸出用に安価な製品が氾濫した。そこで一八九六（明治二九）年には磯崎民亀らが次のような提案を行った。それは粗製乱造防止と信用ある輸出花筵生産のために同業組合の連合会組織を作り自主的な統制をすることと、官立の花筵検査所を設立して輸出花筵の信用を守ることだった。しかし翌年には米国のマッキンレー大統領が自国産のカーペットの保護のため禁止税に等しい輸入関税を引き上げたのだった。[20] しかも明治三〇年頃の日本の高級輸出花筵は北米をほぼ唯一の市場にしていたため、海外輸出自体が絶望的になった。これを契機として明治二九年デラカンプ事件[21]が起こる。磯崎民亀は日本の商権擁護のためドイツ商デラカンプを相手に上海の領事裁判まで持ち込んでも争う構えを示した。外国商人の横暴さ[22]が表れているという点からフルード商会事件はこれと類似しているようにも思えるが、様々な国籍の外国人が絡み合い、裁判が数回行われてより複雑化して内外多くの人物を巻き込んでいる点が異なっているようである。またフルード事件の場合、結局は和解に至ったものの、日本商人側は敗訴に終わったのである。

二．大正時代の「神戸新聞」記事「今昔物語」から見たフルード商会事件

一九二三（大正一二）年八月一六日から始まる「今昔物語」は全一七回にわたり、神戸における花筵産業にまつわるいくつかの付帯的事件と共に紹介し、花筵の輸出高の推移に従って五つの時期に区分している。

第一期　明治七～一七年　専売条例発布前
第二期　明治二七年まで　日清戦争前　花筵商組合の分裂
第三期　明治三七年まで　日露戦争前　国定検査所設立
第四期　大正二年まで　欧州戦争前

第五期　その後十年〜一九二三年（大正一二年）

フルード商会事件は第三期に起こっている。ここでは「今昔物語」（五三）から（五六）を見ていきたい。

（五三）花筵が中央検査をするようになった原因について述べている。それは花筵商品の粗製乱造や外国商人の横暴からの救済のためである。当時、デラカンプ、フルードを筆頭に大小の外国商人が居留地内に居座っており、彼らは商品をいったん倉庫に入れてしまうと品質が悪いと難癖をつけ、勝手な等級をつけたり、支払いを渋り滞らせたりしていた。商館番頭らも私腹を肥やしており、日本の花筵商人たちはそれに手を焼いていた。そこでこれを未然に防ぐために検査所を設け、ここで予め等級をつけておくために中央検査を行い始めた。それでも外国商人の横暴は止まらず、支払いを滞らせた。当時、アメリカへ花筵の直輸入を行い、かなり信用のあったスイス商人ポーラックを丹下良太郎が襲撃したのもこうした事情からのうっぷん晴らしだった。

（五四）治外法権により、日本人と外国人の争いも居留地の内外で不当に扱われていた。当時、デラカンプと並び称せられた花筵商にアメリカ人フルードがいたが、彼は番頭川前寅吉の裏切りにより失敗した。しかし彼もまたフルードが行方をくらませたあとは野垂れ死にをしてしまった。フルードの逐電は当時の花柳会に大波乱を起こした。

（五五）明治三〇年頃、フルードは行き詰まった。番頭川前は荷物を倉庫に運び入れ、花筵のみならず、鈴木商店辺りの樟脳などの商品も倉庫へ詰め込み、三一年九月には神戸から横浜へ旅立ってしまう。川前は彼から若干の口止め料を握らせてもらっていた。倉庫の商品は全てチャータード銀行へ担保に入ってしまっていた。

フルード自身は十月一日横浜から海外へ逃亡した。花筵商らは驚き、仲組に倉庫の大警戒をさせた。当時倉庫は小野七七一番にあった。銀行側は上組を手に入れて荷物を運び出そうとしていた。そこへ警察からも数十名の警官が来て、居留地始まっての大騒ぎになった。倉庫へ引き入れられた商品の額は花筵だけで約三十万円という。
(五六) そこで花筵商らは一方で倉庫の見張り番をさせておいて、早速、桜井、草鹿、太田といった、当時のそうそうたる弁護士を代理人として、仮差押えの処分方を裁判所に申請した。そして手続きが終わるのを待って、すぐさま荷物を他の倉庫へ運び出した。もっとも銀行側がそれに応ずるはずもなかったので、倉庫の鍵は鍛冶屋に頼んで打ち直したほどだ。しかも雨の中で行われた。花筵商側は本訴で負けてしまった。花筵商らは翌春いよいよ敗訴の宣告を受け、銀行に荷物を引き渡さねばならなくなった。このため、花筵界には大亀裂が走った。岡山の早島物産が最も大きい被害を受けたようである。
このように第三期の花筵貿易は粗製乱造とフルードの逃亡により失敗に失敗を重ねたが、次第にアメリカ以外の引き合い先が生まれてきたので数字上、輸出高にはあまり変化はなかった。

三.「神戸又新日報」にみるフルード商会事件

同事件については、「又新日報」の中に一八九八(明治三一)年一〇月八日を初めとして翌年一八九九

（明治三二）年まで、欠落した一一月分を除いて合計一四回取り上げられている。登場人物を中心に概要を紹介するが、全ての記事を紹介することは紙面の都合上、不可能であることをご了承いただきたいと思う。

一八九八（明治三一）年一〇月八日　「居留外商の困厄」当港居留外商中には以前から投機心に駆られて身分不相応な多額の商品を海外に注文し、また内商の注文を受けて大量の商品を輸入して続々と当地に到着した頃は日本の金融界の必迫が最もひどく、商況が不活発になり、せっかく輸入した商品を売りさばけないだけでなく、外商は外国米、洋糸、洋反物類を倉庫内に寝かせていた。ここで財産も信用もある外商は荷物停滞もそれほどひどくはならなかったが、小資本の外商は日に日に停滞高が増えるに従って追々金融に困るようになった。中には危機に陥り、本国商人から買い取った貨物代金の支払期日が遅延したり給料の支払いが延引したりするような商館もあった。

「仮処分執行」当市の樟脳商池田貫兵衛、鈴木岩次郎は前号に記載のようにフルード商会と樟脳（合計一万余円）売買の約束があり、本品を持ち込んだが館主不在のため一番番頭川前寅吉に預け、未だ代金を受け取らず、手付金をも徴収せず、つまり売買の契約が全く成り立たない以前で、今回の事件が起こったので、同品は当然二人に取り戻すという権利があるものとし、チャータード銀行が差し押さえることも気にしなかった。弁護士太田安太郎を代理人とし、一昨日神戸地方裁判所に仮処分を申請しその命令書を得たうえで昨日フルードの倉庫に出張して該処分を執行した。また関係花筵商の主だった者も一昨夜三時頃まで協議を重ねた結果、桜井、草鹿、太田、の三弁護士を代理人として断然現在所品戻しのための仮処分を執行することとし、荷は本件落着に至るまで備後松永綾筵社の福田幸之助、豊後花筵株式会社の亀井春吉、清水支店の石森茂平三人を委員にあげて万事を委託することとして散会した。
（この日の記事は以下の項目が続いている。）
「花筵現在数」「代金未済の花筵」「銀行の意向」「財産差し押さえ」「商会の現状」「銀行の差し押さえ手続き」「しいたけはなし」

一〇月一一日　「仮処分中止」花筵商は一昨日日曜日執行の特別命令を得にくかったので荷物引き出しを見合わせ、さらに昨日残った荷物を引き出すはずであったが、チャータード銀行はその執行を不法であるとし、執行停止の申請をし、英国副領事は日曜日であるにも関わらず、特に出庁してその訴状を取り扱い、すぐに神戸区裁判所へ回送したので、同裁判所もこれに対して種々詮議するところがあった。[23]
（後略）
「仮執行異議の訴訟」「差し押さえ品競買」の項目が続き、「往復頻繁」の項目では「今回の訴訟ではその金額こそ非常に多かったので、内外商事件に関して事の次第では今後どのような大問題となるかしれないので、その箇条ごとにおいても非常に事件の成り行きに注意した。先日から当地方裁判所で主務商及びイギリス領事庁と東京イギリス公使館との間に書面または電報の往復がまれにみるほど頻繁に行われたという説がある。[24]
「落首」あり。この事件についての狂歌が三つ記載されている。

一〇月一二日　この日の記事は三段にもまたがっており、いちばん長く紙面を割いている。
「第四次仮処分申請」花筵商中第三次までの仮処分申請者、岡山県山上合資会社の山上初次郎氏も一昨日になって花筵数百七七本に対して仮処分を申請したが、神戸地方裁判所に発議を要する者がいて同日

命令書が出されることとなった。（後略）

「荷物保管」花筵商等が前日に引き出した荷物は葺合村小野儀三郎、山本伊之助など（後略）

「内外商の意気込み」「売掛金請求の訴訟」「内商の主張」「外商の主張」といった重要な記事が後に続いている。

一〇月一三日　「異議の本訴」「外商の与論」今回の事件について一般の外商はどのような所見を持つか、神戸クロニクルの論じたところいくぶんこれを代表したもののようである。次に記載する。フルード事件に対する日本保管の処置に付き、緊要なる一問題を引き起こし、その裁判がどのようになるかにより、当港の外国貿易に大きな影響を及ぼすはずのものであろう。・・・フルード商会倉庫中にある物件の大部分はチャータード銀行の抵当となりかつ該倉庫は過去において同行員の手で監督されたものである。そこでなにがしかの日本商人は該物件は日本商人に属するものでただ承認を得てフルード商会倉庫に貯蔵するようになったと主張して差し押さえ命令を申請した。裁判所はこれを許容して前の土曜日（八日）外国銀行が異議を唱えるにもかかわらず、倉庫を破り、物件を他に移した。初め執行官は鍵の所有者が故障を訴えることがあっても権力を用いるべきでないとの厳命を受けたのであったが、果たしてどうなったかはわからない。これを知らず事実上、権力を用いて外国銀行が保管したものを取り除いた。これで銀行はすぐに当港駐在イギリス領事に意義を申し出、また、イギリス人の財産保護のため本件に干渉されることを東京駐剳公使サトウに訴えた。すると領事は正式の意義を知事に申し出、日本裁判所は土曜日午後、その通知を受けて銀行代表者と会見することとなった。土曜日午後裁判所に出頭したことはかつて先例のないことであった。（後略）

一〇月一四日　「仮処分取り消しの急訴」

チャータード銀行はいよいよ一昨日に花筵中第三次までの仮処分申請者及び樟脳商池田勘兵衛、鈴木岩次郎を相手取り、仮処分取り消しの急訴を提議した。

（目的）葺合村七一一番地に建設のある三倉庫内の花筵と別の倉庫内の樟脳に対する仮処分の行為を取り消すこと。（事実）アメリカ商人フルードが数年前より葺合村第七一一番地に店舗を設け、花筵樟脳などの商業を盛大に営みつつあったのだが、居留地外だったので、倉庫の借り入れその他家屋の所有等に関しては自己の名義を用いることができないので、番頭、川前寅吉の名前を借りた。[26] そのフルードはかつて原告（チャータード銀行）に対し、倉庫中の商品を担保として資金を貸し付けようと依頼し、なおその倉庫の鍵を交付して倉庫開閉の権利を原告の手に戻した。それにより、原告チャータード銀行はこれを承諾し、その後、倉庫の開閉は原告が行うことになり、庫中に納入する物品があるごとにこれを質物としてお金を貸し付け、数年間継続してその取引を行った。そこでフルードは負債のため一〇月四日ごろ失踪した。（後略）

一〇月二〇日　日本人商人が仮差押えをしようとした花筵などはチャータード銀行代理人と交渉の上、すべて火災保険を付けたが、差し押さえは雨の中で行ったので商品が雨に濡れてしまった。（中略）翌日、二一日午前一〇時よりも居留地六番である競買上でかつてアメリカ領事が小野浜の商店において差し押さえた器具その他数十点を競買するわけはこの債権者はアメリカ領事と元フルードの雇人J・オルデンブルヒ、A・ボイアー二名（いずれも給料未払のため）であるとのことだった。

一八九九（明治三二）年一月一七日　フルード事件の口頭弁論　（前略）予報の通り前日午後一時半よ

り神戸地方裁判所民事第二法廷において開かれた。係官は裁判長玉置判事、陪席丹羽、下山二判事及び朽木検事で、原告弁護士若林治、被告弁護士草鹿、桜井、太田、また傍聴者は、わが国花筵業者を始め、英国副領事、原告チャータード銀行支配人、リネル商会主らも入場した（中略）原告は本件の占有権を主張する。聞くところによれば倉庫の鍵は今日こそ原告の手にあるはずで、初めから原告の手にあったわけではない。フルードの逃走を聞きこんだ後、急に鍵を取り入れたのだ。（中略）倉庫所在地は居留地以外にもあり、雑居地以外にもあったので、イギリス人である原告がこのような場所において管理上占有権のあったはずがない。

一月一八日　フルード事件の口頭弁論（承前）（前略）フルードと川前が主従の間柄であるか、また組合営業であるかはわからないが、被告花筵商の眼中にはフルードというものはなく、また居留地雑居地以外において外人の営業できない理由はないと言い、原告弁護士若林は倉庫の鍵は数年前来原告の手に実在したもので（中略）また雑居地以外営業のことは議論に渡るので今述べないが、小野浜にいる外人は一人フルードのみならず、他にもなお多く、これらは証拠取り調べの際自らはっきりするだろうと述べ（中略）若林は、それならば、花筵売込みは輸出の目的だろうかと問い、草鹿はそうだと答え終わって、証拠取り調べとなり、原告弁護士若林は原告銀行に保存した倉庫日々の出入り帳その他、二、三の証拠物件を提供して被告の承認を求めたが、被告弁護士は全然承認せずと排斥したうえ（中略）太田はフルードの逃走は一〇月一日であるので同月四日までの取引があるのはどうかと詰問し、（中略）午後三時に閉廷した。

一月二一日　フルードに関する近報　当港にて破産し、アメリカに逃れたジェームズ・フルードは当港駐在アメリカ領事の照会電報に接し、そのサンフランシスコ港上陸の際、一旦捕縛されたが、当時はなお犯罪の事実が十分に確かめにくかったので、やがて放免されたがその後領事より犯罪の事実を本国に詳報し、再び同人を博して（後略）

二月七日　フルード事件　第三回口頭弁論　同事件の第三回口頭弁論は昨日午後一時二十分より神戸地方裁判所において開廷され、原告チャータード銀行より求めた清国人ホウセイ[27]をまず入廷させ、参考人として取り調べがあった。同国人呉茂章がこれを通訳したが、その答弁の要領は、自分はチャータード銀行の雇人で一八九六（明治二九）年五月よりフルードの倉庫に出張を命じられ、同倉庫の鍵を預かり、倉庫を開閉し出入花筵等の取り調べに従事しその出入花筵はいちいちこれを帳簿に記載したが、鍵は毎日自分が銀行へ持ち帰ってこれを渡し、もし遅くなるときは同行の計算方（中国人）に渡し、翌朝さらに受け取って倉庫に持って行くことになっていた。（この時原告代理弁護士は銀行の帳簿二冊を提出する）（中略）被告申請の証人熊谷乙次郎が入廷する。証人の山野仁平が出廷した後、金物商岡本辰が陳述したのだが、的外れな答弁をしたので傍聴者の笑いを誘ったようである。（中略）裁判長は原被両弁護士に向かって何ら意見はないかと問い、被告花筵商弁護士草鹿まず先に熊谷乙次郎の証言中あった糸山入兵衛、萩本芳松、柴田丑蔵の三名を証人として召喚したという。原告弁護士若林もまた元フルード商会にいた外国人ホーヤー[28]、オルデンバイ、シャウフェット、三名召喚させたいと申請し、裁判長は陪審判事と合議の上ホーヤーを除いた他、原被双方の申請を入れて召喚するよう次回の開廷日は追って通告すると宣告し、午後三時閉廷したが、この日はイギリス副領事を始め一般傍聴者が非常に多かった。

二月一七日　フルード事件の口頭弁論　柴田又蔵、糸山久兵衛、萩本芳松、アメリカ人シャウフェッ

ト、ドイツ人オルデンバイ

原告弁護士若林治は次のように述べた。（中略）本件は昨年兵庫倉庫会社[29]に次ぐ重大事件として世間にはやし伝えられ、全国各地の新聞紙上にも掲載された。（後略）

二月一九日　フルード事件の口頭弁論（承前）若林弁護士の弁論ひとまず終わって後、被告弁護士中桜井一久が立って次のように述べた。（前略）居留地外字新聞はしきりに被告花筵商をかばい立てして[30]大いに管理人をひどくののしりその結果、内外人の感情を損ね、信用上の害を醸すことになった形跡があるのは誠に残念でならない。もし改正条約実施後ならば内外人間の交情大いに融和するはずなのだが、本件のような争いも起こらないだろう。（前略）その外字新聞のような得手勝手の文句を並べざるべきに不平等条約改正実施以前において本件が起こったため、双方の交情はいまだ融和に至らず、（後略）。

二月二〇日　フルード事件の口頭弁論（承前）次に本件係争物件は単に売買するという目的で川前商館に送り届けたまでいまだ全く売買が終わらないことは明らかな事実である。また本件については種々の争点があるがその主要とするところは原告チャータード銀行が提出した鍵が果たして最初から始終原告の手にあったということである。（前略）元来小野浜は居留地及び雑居地以外であるので外人はここに住居し、かつ営業できないというもので、その倉庫及び物件を占有できる道理はないだけでなく、その鍵が不完全であるということは前述のようである。（前略）次に草鹿、太田、両弁護士の弁論があり、いずれも原告請求の不当な理由を詳述し、原告弁護士若林はまたこれを繰り返して閉廷した。

二月二六日　フルード事件和解す　チャータード銀行対日本花筵商の訴訟はかねて記載したように第一審において原告銀行の勝訴であった。被告はこの裁判に服せず控訴するはずになる。これより先に元大阪地方裁判所長、馬屋原二郎及び居留地一四番リネル両社[31]の仲間に立って平和に局を結ぼうとし大いに調停中であるわけで、一昨日に至って双方ともその仲裁条件に服従し、和解の協議まとまったので、同日直ちに和解契約書を取り交わし一件首尾よく落着することとなった。その契約書は次のようである。

(後略)

以上のように「又新日報」では約五か月間にわたり、フルード商会事件の記事を取り上げているがそこには、裁判の様子がユーモアを交えつつ描かれているように思った。そして原告であったチャーター ド銀行はイギリス人、被告は多数の日本人花筵商人たち、逃亡した張本人フルードはアメリカ人、彼の雇った人々の国籍は日本以外にもドイツ、中国、アメリカと国際色豊かな様子を記している。

四．THE KOBE CHRONICLE WEEKLY EDITION（以下「ＫＣＷ」）に見るフルード商会事件

フルード事件（THE FLOOD CASE）そのものについては同紙の中に一八九八（明治三一）年一〇月一五日をはじめとして翌年一八九九年三月八日の「和解」記事に至るまで合計一四回取り上げられている。以下に翻訳したものから順次、要点を上げていく。なお原語ではmatとなっているが、米国産のマットとの混同を避けるため「花筵」と訳して記載する。

一〇月一五日号　この日には一〇日から一五日までの記事を掲載している。

「仕返し」「又新日報」は次のように論評している。兵庫倉庫会社の不祥事が明らかになった時神戸に

いる外国人住民は、不誠実だと日本人商人たちを非難した。そして兵庫倉庫会社のインチキは忘れられてはならないと書いてあるチラシを彼らの会社に投函した。現在、フルードのような人物は外国商人の中に見受けられ、日本人商人は重大な損失を恐れている。それゆえ、日本人商人は一つの教訓としてフルード商会の失敗を永久に覚えているはずだ。（後略）

一〇月一〇日　月曜日　合衆国領事リヨンは一日か二日前に自分は融資者の利益を守るためにフルード商会の倉庫を封鎖するつもりだと神戸の警察機関に知らせた。そして共同して行うために警察に依頼を求めた。居留地の制限外で倉庫を封鎖する権利が領事にあるかどうか疑問だったので、警察署長は合衆国領事と共に活動することを断ったが、騒動が起きないようにするために一人の検査官と数人の警官を送った。日本人の見張りが領事の活動への反対から守るために配置されていたが、エビハラという通訳はそれは何をするためか説明し、反対は引き下げられた。そして四つの倉庫が封鎖された。これらの倉庫はみな前川寅吉氏[32]という番頭の名前で貸し出されたものだった。倉庫の一つに貯蔵されていた樟脳は日本人所有者の申請で発行された差し押さえの命令で既に移動されていた。（後略）

「又新日報」は次のように述べている。その日は日曜だったにもかかわらず[33]、イギリス領事館を通じて神戸区裁判所で昨日の午後、チャータード銀行が請願書を正式に提出した。日本人商人によるフルード商会からの商品の撤去の命令を中止するよう直ちに差し止め命令を発行するよう求めた。若林氏はその銀行の代表を務めてきた。イギリス領事は我々と同じ時代の人でその事件に着目して管理している。昨日の午後、副領事とチャータード銀行の支配人が神戸地方裁判所を訪れ、そこで裁判官数人と尋問を行い、その後、大森知事を彼の正式な居宅に訪れた。

一〇月一一日　火曜日　（前略）この問題は外交問題になりうる。この事件には注目が集まっており、その決定はずいぶん先のようである。「又新日報」によれば手紙や電報が、神戸地方裁判所、法務省、イギリス領事と公使館の間で頻繁に交換されている。[34]

一〇月一二日　水曜日

フルード事件に関して新しい報告はない。倉庫はたくさんの警官に守られ、昨日は銀行の代表者と関連のある日本人商人により扉が封鎖された。

一〇月一三日　木曜日　地方紙によれば、日本人の花筵商人はフルード商会の倉庫の商品の所有権に関して論争しようとしていたが、散々な結末に終わった。もし、彼らが抗議するなら、日本の法廷は、商品は外国の会社のものであり、番頭川前のものではないということを支持するだろう。そして事業を行うのに品質の面で大きな障害となるだろう。（後略）

一〇月一四日　金曜日　フルード事件に関して日本の商業的な循環の中で非常に大きな関心が示され続けている。「又新日報」は番頭は自殺すべきだという「愛国者」による憤慨した手紙に紙面を割いている。それは次のような書き出しである。「外国の会社の主な番頭である男は逃亡する前に主人の居場所を知っていたに違いない。（警告もなく）このような行動をする人物は愛国心に欠けた人である。チャータード銀行は地方裁判所で番頭川前は切腹すべきだという申し出を起こしている。花筵商人に認められた差し押さえのための注文も同様である。論争中の花筵は合計六ロットと五千三一三巻で樟脳は二万五〇〇〇カティ[35]が葺合村の倉庫に貯蔵されていた。

一〇月二九日号　フルード事件　フルード商会の倉庫内に残っている花筵の差し押さえの命令の取り

消しを求める日本の花筵商人の多くに対してチャータード銀行により行われた行動は、今月二四日に傍聴が行われる予定だったが被告側の弁護士の要請で今月三一午後一時に延期された。

一一月五日号　フルード事件―倉庫をこじ開けた管理人の解雇、数週間前、フルード事件についての話し合いで、日本の裁判所が差し押さえを実行した後、管理人が鍵をこじ開け、チャータード銀行が抗議したにもかかわらず商品を持ち逃げした。その所有物は銀行のものであった。（中略）倉庫をこじ開けた二人の管理人は神戸区裁判所により解雇された。

チャータード銀行とフルード事件　フルード商会の倉庫内の商品に発行された差し押さえの命令の取り消しのためチャータード銀行により起こされた行動は、その場で商品が抵当に入れられたということで、神戸地方裁判所で月曜日に審問に至った。三浦裁判官の前で補佐人として裁判官下山とニワが座っていた。（後略）

一一月一二日号　チャータード銀行とフルード事件　今なお、もう一つの遅延がこの事件で起こっている。被告側の弁護士から要請された費用の担保は銀行により正式に支払われた。そして昨日、その事件は審問に指定され、被告人側弁護士は既に次のように述べていた。つまり彼らはその事件を最高裁へと上訴することに決めている、と。三浦、ニワ、下山により審問されるその事件に対する申し立てを表明し、彼らは不公平を示しながらそのもとで法廷を構成している。ブルース・ウェブスターという、チャータード銀行の代理人とワイルマンというイギリス領事館の人は夜に判事と個人的なインタビューをし、その翌日、差し押さえの命令を行わなければならなかった管理人は解雇された。判事に対する抗議は長々とした文章であるが、これは要点で、被告側の弁護士は次のことを要請した。つまり管理人が不

適当にもしくは不法に行動したとしても、事件が決定されるまで解雇されなかったであろう、と主張した。[36]（後略）

一一月一八日号　チャータード銀行とフルード商会　合衆国裁判所での申し立て

火曜日に合衆国の領事館の法廷で領事のＳ・Ｓ・リヨンが判事として、補佐役としてＪ・Ｌ・アトキンソン神父とＡ・Ｊ・マッグレウと座っていた。（後略）

一二月三日号　チャータード銀行とフルード事件

フルード商会の倉庫内で花筵業の差し押さえを無効にするためチャータード銀行によりもたらされた行動における被告側花筵商人の弁護士は裁判所から裁判所へとその事件を移そうと決めている。つまり彼らは現在、神戸地方裁判所、他の裁判官により判決を下された事件のための申請を終わりにするという決定に対して上訴していることを指摘していた。その主張は現在大阪控訴裁判所で考えられるだろう。（後略）

一二月一七日号　チャータード銀行とフルード事件　裁判官に対する申し立て

大阪控訴裁判所は裁判所の決定を確定した。（後略）

一八九九年一月一一日号　フルード譲渡事件・申し立てられた不法な譲渡・裁判

興味深い事件がフルード事件に関して金曜日の午後、合衆国の法廷の前で決定されることになった。（裁判所補佐人としてＳ・Ｓ・リヨン、スレイド博士、フォーブスで構成されている）チャータード銀行のために活動しているクロスは次のことを訴えた。ジェイムス・フルードによりニューヨークのマッケンジー兄弟に対して行われた譲渡の証書は、小野の地所は彼らに渡されたものだが無効にするべきだとのことである。クロスによって作られた叙述は無効にすることを求められたもので、ジェイムスとジョージ・フルードの権利、肩書、利益を意味したものだった（後略）

一月一八日号　チャータード銀行とフルード事件　この事件において花筵商人たちが大阪裁判所での決定からの申請を不公平という前提で、裁判官に対する抗議の却下を弁護する決定から上訴をすることができる期限が終了し、裁判は一六日すぐに神戸地方裁判所で再開された。

二月二二日号　フルード倉庫事件　チャータード銀行のための裁判

判決は二〇日すぐに下された。チャータード銀行が日本の花筵商人に対してフルード商会の倉庫内の花筵の差し押さえは無効にされるべきだという要求の訴訟の中で。前記の花筵は既にチャータード銀行へ抵当に入れられている。判決は次のように命じている。差し押さえ全体は一八人の被告花筵商に影響し、無効にされるだろう、その費用は被告側により売りさばかれている。被告側は上訴する意図を通知した。

三月一日号　花筵事件の判決　小野倉庫の問題　重要な決定　和解にたどり着く

（前略）裁判所は以下のように述べた。論争中の主な点は差し押さえられた時点で銀行が既に花筵を所有していたかどうかである。その証拠は、花筵が貯蔵される倉庫の鍵は常にホウセイという名前の中国人のものだった。自分はチャータード銀行に雇われているとこの男は言ったが、二人の目撃者はホウセイはフルード商会に雇われていると言った。フルード商会の書記の一人は言った。ホウセイは銀行の使用人だったが、倉庫内の品物は銀行に担保に入れられている。彼は常にフルード商会のオフィスにとどまっていた。銀行が不法に鍵の所有権を持っていたことを示す証拠はなく、裁判所はそれゆえ民法典

（Civil Code）の第八八条により、論争中の物品の法的な占有権を行使していた。（中略）

我々は地元の新聞から以下のようなことを学んだ。裁判官馬屋原という大阪地方裁判所の以前の裁判長と居留地一四番のＨ・Ｅ・リネルの努力により、和解が果たされた。そこでチャータード銀行は被告側に対し八五〇〇円の支払いをするうえで全ての花筵の所有権を得ることになり、被告側に与えられる裁判所の決定に対する訴えの告知は撤回されるだろう。

三月八日号　フルード倉庫事件　フルードの倉庫に関する行動は、裁判所から裁判所へと引き継がれることを許されずに和解によって落ち着いたはずだ。その事件は始まりがフルード商会の会社が巻き込まれた災難にあった。ある晴れた朝、主なパートナーが消え、その時チャータード銀行が小野の会社の倉庫内の品物の所有権を持ち始めた。彼らはそれに大量の担保権を所有していた。品物は居留地へ移されたのならば問題は起こらなかったのだが、多くの花筵商人や品物を要求する他の人々はそうした移動に強く抗議した。彼らの雇っていた苦力《クーリー》たちの振る舞いは非常に威嚇的だったので、粗悪な花筵を自分たちで取り除くという名目上の目的があり、それに対しては何も支払われず、チャータード銀行は興奮が鎮まることを期待して数日、粗悪品をよけるのを遅らせた。（中略）チャータード銀行による不満が起こり、取り調べが行われた後、管理人は解雇されたが、以前に差し押さえられていた品物は、銀行側は差し押さえの排除のための行動に入った。その差し押さえは非常に遅れたもので、粗悪品かもしれないという不公平があったので花筵商人が裁判官を告発したのだがそれはうまくいかず、現在は原告側の利益となるように決められている。花筵商人たち被告側は初めはこの決定に対し反対を訴えていたが、当欄で数日前に報告したように、彼らは今チャータード銀行との和解にたどり着いている。（後略）

おわりに

三種類の新聞記事から明治三一年の「フルード事件」を見てきたが、外商と日本人商人たちとの取引における争いは花筵という商品に限らず、様々に起こっていた。最後にいくつかの他の例を挙げておく。明治二六年の屏風をめぐるサミュエル・サミュエル事件は大規模なボイコット事件であった。居留地二二番サミュエル・サミュエル商会、六四番セールス商会と、神戸雑貨売込み商組合との間に発生した事件である。同年、英三八番の代金支払遅延、九一番館の花筵代金不払い、同二七年一月には九三番館と雑貨商の紛争、五月には九十番エブラハム商会の花筵の不当キャンセル問題、同二八年一月にはギル商会に対する竹材商組合の不売事件、二九年二月にはデラカンプ商会に対する段通業組合との紛争があった。いずれもサミュエル・サミュエル事件を直接の動機とする時勢の動きを反映する出来事であった。このような事件が度重なるにつれて、邦商側の抵抗は次第に強められていったし、世論もその線に沿って硬化した。[37]

フルード事件は、入手可能なこの時期の資料の中では最も多く新聞に取り上げられた事件だった。しかし現在は歴史の一ページにすらなっていない。私自身もデラカンプの名は知っていたものの、フルードについては何も知らなかった。この違いはどこから起こったのか考えてみた。デラカンプ事件には日本商人側の商権のために外商と争った「磯崎民亀」という「英雄」的存在がいたが、フルード商会事件にはそうした人物は登場しない。そこに描き出されているのはただ混乱した裁判の様子だと思った。長い目で見ればそれは外商中心の商取引から日本人商人が対等であろうと、裁判を行い奮闘努力する移行期の姿である。今までこの事件が表ざたにされていなかったのは、現在につながらなかった「花筵」という商品の特質性と日本あるいは神戸の英雄的存在の欠如によるものではないかと考えた。またデラカンプと異なり、不成功に終わったフルードには資料が残っていないということもある。

最後に本稿では名前の紹介だけにとどまったが、神戸の直輸出のために尽力した濱田篤三郎の貴重な手記の複写を提供してくださった須磨の牛尾氏と井上氏に感謝して終わりたいと思う。

【参考文献】

① 『JAPAN DIRECTORY 幕末明治在日外国人・機関名鑑』ゆまに書房　一九九七年
② 『神戸又新日報』明治三一年一〇月八日～明治三二年二月二六日
③ 『神戸新聞』一九二三年八月六日～二八日
④ 『THE KOBE CHRONICLE WEEKLY EDITION』一八九八年一〇月十五日～一八九九年三月八日
⑤ 楠本利夫『増補　国際都市　神戸の系譜』公人の友社　二〇〇七年　一八八頁。
⑥ 吉原睦著『磯崎民亀と錦莞筵』岡山文庫　二〇〇八年
⑦ 磯崎龍子郎「花筵より見たる明治殖産興業政策」一九六九年『偲び草―磯崎龍子郎著作集』一九九八年
⑧ 同書「輸出花筵業百年の回顧」一九八一年
⑨ 『むかしの兵庫明治篇』神戸新聞出版センター　昭和五一年　九六・七頁。
⑩ 『応用練習を主としたる尋五読本教授細案』大正時代の小学校の国語の教科書　東京南光社発行（井上勇氏よりご協力いただきました。）
⑪ 『神戸新聞』二〇一一年一二月六日・一〇日
⑫ 『濱田竹坡翁之手記』（一八四八～一九二二）牛尾真堂氏よりご協力いただきました。
⑬ 大国正美　楠本利夫編　神戸史談会企画『明治の商店　開港・神戸のにぎわい』神戸新聞総合出版センター　二〇一七年　一〇頁
⑭ 八木文「『神戸又新日報』にみる西洋人観　一八八六（明治一九）年一月～六月の場合」『居留地の街から』
⑮ 『神戸貿易協会史　神戸貿易一〇〇年のあゆみ』神戸貿易協会　昭和四三年

⑯　海野福寿『明治の貿易―居留地貿易と商権回復―』塙書房　一九六七年

【注】

1　②明治三二年一月一七日
2　②明治三一年一〇月二〇日
3　デラカンプ商会については秋田豊子「デラカンプ商会とデラカンプの人々」『居留地の街から』神戸新聞総合出版センター　二〇一一年　九一頁などが詳しい。同商会は神戸居留地一二一番館で薬品・織物・染物・毛布・洋紙・マッチ・諸器械を輸入し、花筵・段通・白蝋・竹材・麦稈真田を輸出していた。
4　2と同じ。
5　居留地貿易については神戸外国人居留地研究会・編『神戸と居留地』神戸新聞総合出版センター　二〇〇五年　二六頁。神木哲男・崎山昌廣編著『神戸居留地の3／4世紀』神戸新聞総合出版センター　一九九三年　八四頁
6　川村範子「神戸の美術商濱田篤三郎」『愛知県立大学大学院国際文化研究家論集』二〇一五年　二八九―三〇九頁
7　田井玲子『外国人居留地と神戸』神戸新聞総合出版センター　二〇一三年　一八一頁
8　『新修神戸市史産業経済篇Ⅲ第三次産業』一九六七（昭和四二）年　一五頁
9　岡野重三郎「明治初期の神戸貿易」一九六七年『歴史と神戸』五号所収
10　⑮六五頁
11　7四二頁
12　6二九〇頁。濱田は明治二十年七月に第一回神戸区製産物品評会の審査員も務めている。
13　「又新日報」記事の内容から判断した。
14　『KOBE CHRONICLE WEEKLY EDITION』は神戸市立中央図書館で閲覧できる。
15　「今昔物語・花筵の巻」は現在、神戸大学附属図書館のデジタルアーカイブでも閲覧できる
16　⑥⑦⑧7
17　⑥⑦⑧7
18　前田正名は薩摩出身、農商務省の大書記官で第四回内国産業博覧会の審査部長であった。
19　⑧一六三・四頁
20　⑥三二頁

21　デラカンプ事件については⑥三二頁
22　山下尚志によれば、居留地商館の悪徳不正行為が習慣化して邦商が開港場や開市場で苦しめられた一例とし「商館の商品買上げには全て商品見本を点検してその見本と同様の品物買上量、期限、値段を決める。そして、現品を商館の倉庫へ入れた後でまた検査して具合が悪ければ前に決めた値段を下げるよう申し出てきて、これを邦商が断れば聞き入れるまでの倉庫保管料を払わされる。品物が注文製品の時は見本と違うといって突き返されることもある。これは買い取りの取り消しでペケと称した。この不正な慣習のために邦商はやむを得ず値引きし早く取引を終えて損害を最小限に食い止めざるを得なかった。」「新・神戸の外人居留地」神戸史談二四四号　一九七九年
23　②この部分の記事は「ＫＣＷ」では一〇月一〇日の記事に該当する（注33）
24　②この部分の記事は「ＫＣＷ」では一〇月一一日の記事に該当する（注34）
25　アーネスト・サトウのことである。著名な「一外交官の見た明治維新」は当然この時期より前の出来事を描いた著作である。
26　居留地域外であったので外国人であるフルードは家屋を所有することができなかった。
27　ホウセイの漢字が不明であるが「神戸又新日報」では確認できる。チャータード銀行とフルード商会の倉庫の鍵をやり取りしていた人物でアサンと名乗っていた。
28　ホーヤーの国籍はこの紙面からは不明。
29　「兵庫倉庫会社事件」はフルード事件とほぼ同時期に「ＫＣＷ」で報道されているがここでは言及しない。
30　この「居留地外字新聞」が何かは不明である。「ＫＣＷ」にはそのような記述は見当たらなかった。
31　7，著書によればH.E.Reynellはポルトガルの副領事として一八八六（明治一九）年には既に居留地一四番に住んでいた。「日本絵入り商人録」によれば、リネル（レーネル）の父はベテラン船長で神戸居留民の信望も厚い人物の一人だった。そのリネル船長と共に神戸に住みついたＨ・Ｅ・リネルは貿易商を志して一八八二（明治一五）年に神戸のエドワード・フィッシャー商会に勤めた。なお「神戸又新日報」によれば彼は、後に一九〇三（明治三六）年財産差し押さえの事件を起こすことになる。さらに一八七六（明治九）年頃には大阪の川口居留地で英語学校に勤めていたという記録がある。（堀田暁生・西口忠共編「大阪川口居留地の研究」巻末の名簿より）彼についてはインターネット上に興味深いエピソードが出ているがここでは割愛する。
32　「川前寅吉」の誤りであると思われる。
33　「又新日報」の記事注23に対応する。
34　「又新日報」の記事注24に対応する。
35　カティ（catty, cattie）は中国・東南アジアの重量単位で約一と三分の一ポンド（約六〇〇グラム）

36　つまりあくまでも差し押さえはするつもりだった。

37　⑮七九頁

ヒョーゴからのビジネスレター

頼定　敬子

"Hiogo, January 4th 1868"

そのビジネスレターには、兵庫開港四日目の日付が記されている。手書きの英文レター一枚の本文は、右方向にやや大きく傾斜した筆記体で書かれている。文字間の境目も明瞭ではなく、判読は著しく難しい。

宛先は香港の人物、書いたのは貿易会社の旗を掲げる船の船長Mの関係者と思しき人物で、六〇〇ドルの件を至急で問い合わせているということだけが、僅かに読み取れる。

件のビジネスレターは、現物がケンブリッジ大学のジャーディン・マセソン・アーカイブ（以下、アーカイブ）にあり、画像の写しが閲覧に供されている。目録によると、これはテキストル商会とC・ボウンセン（Carl Bovenschen）のビジネスレターであり、兵庫から発信されたものである事が記されている。確かにレターの末尾には"Textor & Co. C.Bovenschen"と書かれているようにも見える。しかし、C・ボウンセンもしくはテキストル商会の関係者が書いたと断定できるほど鮮明な画像ではないので念のためアーカイブに確認したところ、間違いないという。

テキストル商会は一八六一年から一八七三年頃まで長崎、横浜、上海、ロンドンや開港後の神戸で茶や生糸貿易を行っていたプロシア商社である。C・ボウンセンは一八六四年頃からテキストル商会に在籍、一八六八年一二月二九日、蒸気船*Haya Maro*号で兵庫に到着後、テキストル商会の神戸支店開設を担った事から考えると、少なくともレターが書かれた日付は妥当である。

そこで、アーカイブで閲覧可能な他の文書の中から、C・ボウンセンやテキストル商会と関わりのあった人物のものをいくつか選び、当時の英文ビジネスレターの書式や筆記体の特徴など、何らかの手がかりや判読のヒントが出てくることも期待しつつ眺めてみた。

一八七〇年四月一八日付、ジャーディン・マセソン社に宛てた、代理人コルトハルス（W. C. Kolthals）の署名があるレターは、やはり筆記体は判読が少々困難ながら、〃一〇万アメリカドル相当の両にて、一八七〇年六月一日付けで上海の Chartered Mercantile Bank of India, London and China に支払いたく云々〃との大意が読み取れる。

一八七六年三月付のランゴー・クラインウォート商会（Langgaard,Kleinwort & Co）のレターの場合、ヘッダー部分に活字で社名と Hiogo（Osaka）と印刷されており、手書きの本文も判読可能だ。

一八六五年付、長崎のカール・レーマン（Carl Lehman）のレターは至極丁寧な字で書かれ、表の罫線や下線も定規でまっすぐに引いてある。

一八六九年から一八七〇年付・新潟のファン・デン・ブルーク（Van den Broek ）のレターは複数あり、どれも筆跡が似通っている事から同じ人物が書いたものと思われる。判読不可能な部分も他のレターの文字から類推可能であろう。

アーカイブには、一八五九年から一八九一年付、日本からの英文ビジネスレター計五八〇〇通余りがマイクロフィルム化されている。神戸からのレターは一八六八年から一八八一年付の五五〇通余りが存在し、今回はその中の三七通を瞥見したに過ぎない。されど、私たちが会うことも叶わない、かつての来日商人たちが各地の開港場で綴った肉筆のレターは時を超え、歴史の群像が確かに実在したことを確信させてくれる。ある研究者の方は膨大なレターの分析を諦めたと聞くが、別のある方は今も一縷の望みを繋いでいる。

兵庫開港四日目の時点で、神戸居留地は未竣工だった。開港九か月後に行われた土地の競売でC・ボウンセンは神戸居留地九番を落札、さらに一年以上経った頃此処に建物が整うまでのあいだ、彼は他の外国商人たちと同様、居留予定地に隣接する神戸市中の日本家屋を借りていたと思われる。件のレターはそこで書かれたのかもしれない。

C・ボウンセンは兵庫国際病院の理事や兵庫瓦斯会社の発起人として名を連ね、テキストル商会が破綻した後に日本を去った。一八八七年、英国に帰化。一九〇九年に六六歳でこの世を去るまで、英国を拠点として生糸貿易に関わり続けた。他のビジネスレターが今後出てくる可能性にも期待したい。

余談だが、プロイセン・ドイツにルーツをもつ彼の息子フレデリック・カールは、のちの第二次世界大戦下の英国において矛盾と困難にみちた立場に置かれた。一九七七年に九三年の生涯を閉じるまで激動の時代を生き抜いた彼の肖像写真が残されている。その面差しから神戸居留地九番のかつての主であった彼の父に思いを馳せるのも、また楽しい。

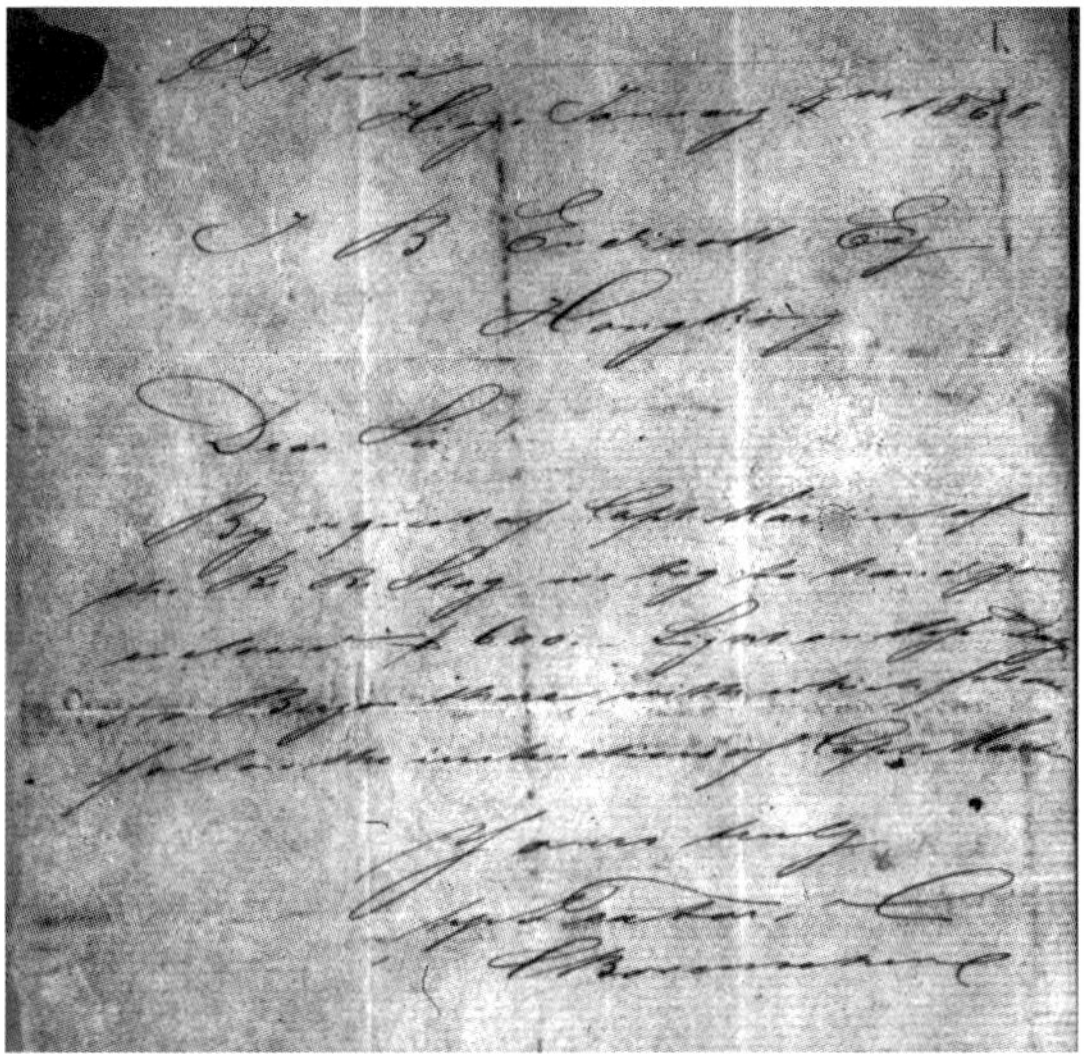

Business letter from Kobe (Jardin Matheson Archive所蔵)

ラフカディオ・ハーン神戸時代の眼科医

修法が原外国人墓地に眠るドイツ人医師

楠本　利夫

はじめに

本稿の目的は、ラフカディオ・ハーン（小泉八雲：一八五〇年六月二七日〜一九〇四年九月二六日）が、一八九四（明治二七）年一二月一四日に、神戸市の自宅で過労のため眼に炎症起こして倒れたとき[1]、治療した医師を特定することである。併せて、医師が、伝記作家ニーナ・ケナードに語った「神戸時代のハーンの姿」と、ハーンとセツが、神戸で正式に結婚手続きをした経緯と、ハーンが「小泉家に入夫」して「日本人小泉八雲」になった事情を、『神戸又新日報』記事等から紹介する。

ハーンが医師の指示を受け、執筆を休んで[2]、自宅の暗い部屋で、眼に湿布をあて、天井を向いて横になり安静に過ごしたエピソードは、我が国のハーンに関する書物、文献でも広く紹介されている。けれども、この医師の姓名を特定している文献は、寡聞にして知らない。

ハーンを治療したこの医師に興味を持った筆者は、松江市にあるハーン研究組織「八雲会[3]」（The Hearn Society）に医師の国籍と姓名を問い合わせたが、返事は「神戸時代の医師の消息はわからない」であった。筆者はこの医師を探すため、図書館等で文献を漁ったが、医師の名前は見当たらなかった。

あきらめかけていたとき、筆者は、ニーナ・ケナード『ラフカディオ・ハーン』（Nina H. Kennard *LAFCADIO HEARN* London: Eveleigh Nash 1912）の原書が、神田の古書店の在庫リストにあることをインターネットで知り、即座に購入した。同書は、ハーン伝記の定番のひとつと評価されている。邦訳はまだ出されていない。

ケナードは、一九一一（明治四四）年に来日し、ハーンが住んでいた土地を訪問して、ハーンとゆかりがあった人物を直接取材している。神戸で、ケナードは、ハーンが論説記者をしていた「神戸クロニクル」社主のロバート・ヤングや、ハーンを診察した医師に面談していた。

筆者は、同書で、「当時、医師としてハーンを診た神戸のパペリエル医師（Dr.Papellier of Kobe）は、ハーンの思い出を多く有していた」との記述を発見した。「学位（Dr.）」と「姓（Papellier）」だけであり、名（given name）も、住所も一切記されていない。[4]

筆者は、この「学位と姓」をもとに、当時の神戸の外国人名鑑、商工名鑑、墓地記録等を調査し、データを大阪神戸ドイツ総領事館に送付して医師の存在を確認し、総領事館のデータも得て、医師のフルネーム、国籍、神戸での住所、配偶者、生没年月日、墓地等を特定した。

結論を言えば、医師はドイツ人、エドゥアルト・K・A・パペリエル[5]（PAPELLIER, EDUARD K. A.）で、現在、神戸修法が原外国人墓地に、日本人夫人とともに眠っている。

パペリエル医師はハーンを診察したとき、ハーンの住居近くの神戸「山手雑居地」に住んでいた。医師は、後に「住吉東二」に転居し、さらに、須磨区にも住んでいたことも判明した。

医師に関する基礎情報は次のとおりである。

①姓名：エドゥアルト・K・A・パペリエル（PAPELLIER, EDUARD K. A.）

②生没年月日：一八六〇（万延元）年九月一一日～一九四四（昭和一九）年五月三日（満八三歳）

②職業：医師（元ドイツ船船医、船医時代からハーンの熱烈なファンであった）

③国籍：ドイツ

④住所：・「山手雑居地」（Yama Kobe）：現・神戸市中央区

・「住吉 東二」（2 Higashi Sumiyoshi）：現・神戸市東灘区（推定）

・「須磨区大手町二丁目」

⑤配偶者：・「住吉 東二」時代：PAPELLIER, Mrs. M.（イニシャルMのみ。姓名不詳）

・須磨区大手町二丁目：PAPELLIER, YEI ANDO（エイ アンドウ パペリエル）

・一八七三（明治六）年九月六日～一九七七（昭和五二）年一二月二五日（満一〇四歳）

⑥墓地：神戸修法が原外国人墓地（カトリック墓区）にアンドウ エイと共に埋葬

図1　横浜到着時のハーン
（小泉時・小泉藩『文芸アルバム小泉八雲』恒文社）

ハーンは、一八九〇（明治二三）年四月四日に、海路、横浜に到着した。目的は、米国の雑誌に未知の国日本の紀行文を書くためであり、日本に永住する予定はなかった。横浜に到着したときのハーンの荷物は、ボストンバッグ二つだけである。横浜を拠点にして、約三か月半、人力車で鎌倉、逗子等の寺社仏閣や景勝地をめぐり、日本の美しさに魅了されたハーンは、日本に数年間滞在して本格的に紀行文を執筆することとした。

松江尋常中学校英語教師の職を得たハーンは、その年八月末に松江に赴任した。

ハーンは、松江に約一年三か月滞在し、次の熊本に三年、神戸に二年（一八九四（明治二七）年一〇月から一八九六（明治二九）年九月）、最後の東京に八年滞在し、一九〇四（明治三七）年に東京で没している。

一．ハーンの眼

ハーンは、一六歳のとき左眼を、遊園地の遊具ジャイアント・ストライド（回転ブランコ）の直撃を受けて失明し、残った右眼も極度の近視であった。ニューオリンズ時代の眼科医R・マタス（Rudolf Matas）は、ハーンの眼を次のように証言している。[6]

角膜は完全に白い傷跡となってしまった。怪我をしなかった右目は恐ろしく近眼で、レンズを使っても、鼻先から六インチ以上離れたものはほとんどはっきりと見えなかった。（中略）彼の使っていた書き物机も妙に変わった代物だった。腰より少し高い普通の木のテーブルの上に彼は眼の高さまで届くように大きな皮の鞄を載せて、その上で書いていたのだ。（中略）紙に目を近づけて書く姿は異様だった。

フィラデルフィア在住の眼科医ジョージ・M・グールド（George M. Gould）は、ハーンの死後、ハーンに関する論評を発表し、ハーンの眼についての所見を残している。[7] グールドは、ハーンと親しく交際していたが、後に、ハーンがグールドに一方的な断絶状を送り付け、二人は断交した。

ハーンの左目は若いころに失明。右目は屈折率二五度の強度の近眼。わずか二～三インチ先にあるものの姿もよく見えず、書きものをするときは、紙やペン先を眼から約三インチのところに置く必要がある。グールドが勧める眼鏡などの「科学的な光学補助具」の使用を拒絶し、その代わりといって持ち歩いている片眼鏡も実際に使っている様子はない。

二．ハーンの日本：横浜から松江、熊本、神戸、東京

一八九〇（明治二三）年四月四日、ハーンは、米国の雑誌社の手配で、日本の紀行文を執筆するため、バンクーバーからアビシニア号で、海路、横浜に到着した。ハーンは、横浜を拠点として鎌倉、江ノ島などを人力車で巡り、日本の美しさに魅了され、日本に数年間滞在して本格的に紀行文を書くこととし

た。

　そのためには、仕事を探さなければならない。ハーンは、米国の新聞社の同僚記者エリザベス・ビスランドに紹介してもらった横浜在住の米国海軍ミッチェル・マクドナルド主計大佐を通じて、東京大学のB・H・チェンバレン教授に、就職先あっせんを依頼する手紙を送った。教授への紹介状は、米国の雑誌社の担当記者から預かっていた。ハーンはその手紙に、「文部省事務官の服部一三（後、第一三代兵庫県知事）と面識がある」と書き添えた。ハーンは、来日する五年前の一八八五（明治一八）年に、ニューオリンズ博覧会の日本展示場で、農商務省から派遣されていた文部事務官の服部を取材していた。

　ハーンが来日したとき、文部省普通学務局長をしていた服部が、ハーンに島根県尋常中学校（松江中学）の英語教師の仕事を紹介した。月給は一〇〇円である。もしハーンがお雇い外国人であれば、けた違いの待遇であったことは間違いないが、ハーンは自分の都合で来日しているので、お雇い外国人並みの待遇は期待できなかった。それでも、日本人に比べれば、破格の待遇であったことは間違いない。ちなみに明治二四年の巡査の初任給は八円であった（週刊朝日編『値段史年表』朝日新聞社、一九八八年）。

　ハーンは、一八九〇（明治二三）年八月末に、横浜の寺で偶然知り合った英語が堪能な学僧の真鍋晃とともに、姫路から人力車で、中国山地を三泊四日かけて越えて、八月三〇日に松江に到着し、富田屋旅館に投宿した。

　松江で、ハーンは市民から温かく迎えられ、身の回りの世話をしていた松江藩士の娘小泉セツと同居し、翌年一一月一五日まで松江に滞在した。

一八九一（明治二四）年一〇月、ハーンはチェンバレン教授から、熊本第五高等中学校（現熊本大学）

に月給二〇〇円の英語教師の仕事を紹介され、受けることにした。一一月一五日、ハーンはセツと養父母（稲垣金十郎・トミ）を伴い、同僚や教え子たち約二〇〇人に見送られて松江を出発した。一九日、ハーンは熊本の春日駅（現熊本駅）に到着し、駅頭に出迎えた嘉納治五郎校長の案内で、不知火旅館に投宿した。

一八九三（明治二六）年一一月一七日、熊本で長男一雄が生まれた。ハーンは、熊本での三年間の契約満了後、一八九四（明治二七）年一〇月に神戸に移住し、神戸で小泉セツと正式に結婚して、日本人小泉八雲になっている。

一八九六（明治二九）年九月、ハーンは東京帝国大学講師に招聘されて東京に移住し、一九〇四（明治三七）年九月二六日に東京で没した。[8]

三．ハーン、神戸へ

『神戸クロニクル』論説記者

一八九四（明治二七）年一〇月上旬、ハーンは熊本を出発し、門司から、海路、神戸に向かい、一〇月一〇日に神戸に到着した。神戸本社の英字紙『神戸クロニクル』論説記者になるためである。

ハーンが、熊本から、神戸クロニクル社主のスコットランド出身英国人ロバート・ヤングに、手紙で同社への就職を依頼して採用されたものである。契約期間は六か月、月給は月一〇〇円であり、熊本時代の二〇〇円に比べると減収であったが、このころには、ハーンの著書が米国で売れており、減収分は印税収入で補填できた。

『神戸クロニクル』は、一八九一（明治二四）年に、ロバート・ヤングが神戸で創設した日刊英字新聞で、社屋は当初、神戸市栄町一丁目七番地にあり、後に、浪花町に移転した。同紙は、英国の利権を擁護する立場で日本の諸政策を論評した。ハーンが神戸に来た頃、同紙は四ページ建て、月定価一円五〇銭であった。『神戸クロニクル』は、後に、『ヒョウゴ・ニューズ』を買収し、一八九九（明治三二）年七月に紙名を『ジャパンクロニクル』に改めた。一九四〇（昭和一五）年、東京の『ジャパンタイムズ』と合併して継続発効したが、一九四二（昭和一七）年一月に終刊し『ジャパンタイムズ』に合併された。[9]

『ジャパン・ディレクトリー』（一八〇五年版マイクルジョン社 R.Miklejohn & co.、横浜）[10]に、神戸クロニクル社の主筆、翻訳者、スタッフの名前が載っている（一六八頁）。

7, Division　street

「神戸クロニクル」社

ラフカディオ・ハーン　主筆（editor）

ロバート・ヤング　主筆（editor）

K・イシイ　翻訳者（translator）

J・ミラー及びスタッフ

神戸クロニクルの住所の「7, Division Street」は、後の、栄町通一丁目七番地である。

主筆はハーンと社主のヤングである。ハーンの名がヤングの名の上にあることから、ヤングのハーンへの敬意と配慮が伺える。実際、ハーンは神戸の西洋人の傲慢さを嫌い、西洋人とは付き合おうとしなかったが、ヤングとは気が合っていて、毎日曜日の昼食をヤングの自宅でとることを楽しみにしていた。[11]

ハーンの仕事ぶり

ハーンは、毎日、一本の論説を書くため、自宅から徒歩で坂道を下り、新聞社に通った。新聞社は、現在の元町通の南、鯉川筋に面した側にあった。[12] ハーンは、新聞社に着くと、驚くべき集中力とスピードで論説を仕上げ、歩いて帰宅した。

ロバート・ヤングは、ハーンが執筆に集中する様子を次のように記録している。[13]

　彼が安々と記事を作り上げるさまは、まさに驚きだった。主題が決まるや自室に行く。部屋にはその悪化した視力に合うように特別に高い机があって、紙から一インチも鼻が離れないぐらいにしてそこに坐るや、原稿を完成するまで一時間ほど一心不乱に書くのが常だった。

ハーンの妻セツも、ハーンが自宅で仕事をするときの集中ぶりを次のように懐古している。[14]

ハーンが仕事をするときの集中ぶりは、「ペンを取って書いています時は、眼を紙につけて、えらい勢でございます。こんな時には呼んでもわかりませんし、何があっても少しも他には動きませんでした。

ハーンの神戸

ハーンは開港場・神戸の雰囲気になじめなかった。ハーンには、神戸外国人居留地の西洋の街並みのコピーのような軽薄さは、西南戦争で荒廃した熊本と同様に、我慢が出来なかった。ハーンは松江のようなしっとりとした古都になじんでいたからである。

また、ハーンは、傍若無人にふるまう傲慢な神戸の欧米人の姿も気に障った。その反面、外国人に仕える日本人の忍耐強さと学習能力を評価した。ハーンは神戸の雰囲気になじめなくなり、居留外国人たちとの交際を避けるようになった。

一八九五（明治二八）年一月三〇日、ハーンは、神戸クロニクルを退社した。[15]

ハーンは神戸で、論説以外に、湊川神社における日清戦争凱旋兵の市民祝賀会や、和田岬沖の軍艦松島の市民見学会、和田岬の遊園地「和楽園」などに関するエッセイを残している。

ハーンは神戸での二年間で三回転居した。

最初の住居は、一八九四（明治二七）年一〇月二〇日頃から住んでいた下山手通四丁目七番地（現・兵庫県公館北東）の「一階が和風、二階が洋風」の家である。続いて、翌年七月から下山手通六丁目二六番地（現・兵庫県労働センター付近）に住み、さらに、一二月下旬から、中山手通七丁目番外一六

（現・神戸市立山の手小学校東部）に転居している。[16]　神戸クロニクル社主のロバート・ヤングの家は、中山手二丁目一七番地にあった。[17]

ハーン、神戸で結婚し日本人小泉八雲に

ハーンは松江でセツと同居し、熊本で長男が生まれていたが、正式の結婚手続きはしていなかった。熊本の役所では外国人の結婚・出生届には対応できなかったためである。

ハーンが、熊本の次に神戸を選んだ理由は、開港場・神戸なら、外国人も多く、英国領事館もあるので、結婚手続きができると考えたからである。一八九四（明治二七）年一〇月に神戸に移住してきたハーンは、翌年夏ごろから結婚手続きに着手した。

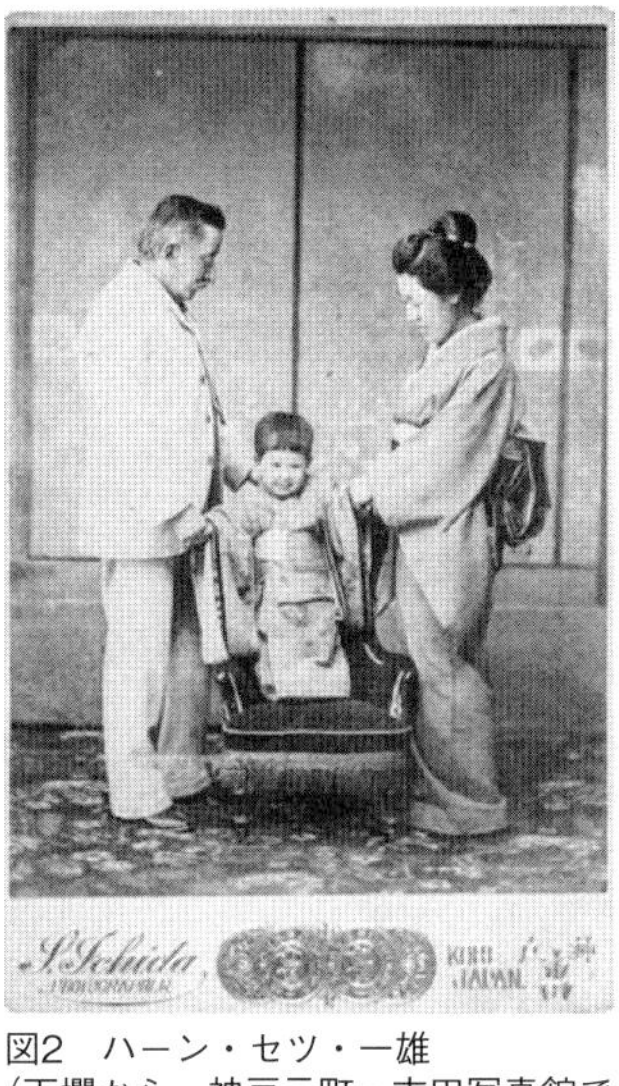

図2　ハーン・セツ・一雄
（下欄から、神戸元町・市田写真館で撮影したことが確認できる）明治29年頃（提供：小泉家）

神戸は、一八六八年一月一日（慶応三年一二月七日）の開港以来、外国領事館や商館が立地し、多くの外国人が住んでいたので、外国人と日本人の結婚は、さほど、珍しいものではなかった。

難航したハーンの結婚手続き

ハーンが神戸で正式に結婚手続きをした。自身の死後に遺族に遺産を相続するためである。国籍法は

まだ制定されておらず、国際結婚に関する法律に相当する「外国人民ト婚姻差許条規」（明治六年太政官布告第一〇三号）では、日本人が外国人と結婚するときは、日本政府の許可が必要であり、妻は夫の国籍に入り、外国人が日本人の婿養子になるときは日本国籍に入り、「日本国籍」は「日本人タルノ分限」と規定されていた。

居留地時代（一八五九〜一八九九年）の当時、外国人と正式に結婚していない日本人の配偶者やその子供への遺産相続は、円滑にできるものではなかった。[18] ハーンは、松江でセツと同居し、熊本で長男一雄が生まれている。ハーンは、熊本で、セツの入籍届と一雄の出生届を役所に相談したが受けつけてくれなかった。[19]

一雄の出生届とともにセツの入籍についても役所へ申し出るが、結婚届は松江へ出すように言われた。また一雄については、父のもとに登録すれば英国人となり、母の戸籍に入れると日本国籍になる。また、母子ともに英国籍を得なければ、セツや一雄が受け継ぐべき財産権は消滅すると知らされ、夫として父としての責務を一層痛感する。

一八九六（明治二九）年二月一〇日、ハーンが小泉家に入り婿する形で帰化して日本人・小泉八雲になった。[20]

一八九五（明治二八）年一一月二一日号の『神戸又新日報』に「外国人帰化は如何」と題した記事が載っている。ハーンが結婚・帰化手続きを進めていた頃である。

横浜のアドヴァイザーは述懐すらく、外人中には近頃、日本に帰化せんとする者、著しく増加せし有様なれど、日本には未だ帰化法制定なきにより斯る熱望を懐ける外人は、只、日本人の養子又は日本婦人の入婿となるより他に手段なし。然れども、従来、日本政府は帰化制度につき着手する所至つて単純なりしも、近頃、日本諸新聞の報ずる所に拠れば、日本政府は外人の帰化申し込みを許可するに先立ち、其履歴を調査して望ましからざる外人の日本臣民たる事を予防する事に決定し、左の条件を具備する外人に限り日本人の養子又は日本婦人の入婿たるを得べしとなり云々

（一）日本帝国に忠実たるべきと自ら証明し得る外人

（二）日本臣民と成るより生ずる名誉を受くべき値ある外人

（三）内地雑居及自由旅行等総て日本臣民特有の権利を得ん為め、仮りに日本人と成るに非ずして真実日本人たらんと欲する外人

（四）各自国公使又は領事の證明書を有して、其所有者が日本人となる為め、母国を絶縁する事を日本政府に保証し得る外人

記事は、「諸新聞の報道」と断った上で、手続きを説明している。分かりにくいので、要約すると、日本にはまだ「帰化法」がないため、帰化を希望する外国人は「日本人の養子か入婿となるより他に手段はない。帰化申請があれば、日本政府は、当該外国人の「履歴を調査して望ましからざる外人の日本臣民たる事を予防」し、当該国の「公使又は領事」が「母国を絶縁する事を日本政府に保証」する外国人のみに認める方針であるというわけである。

ハーンは妻子を英国籍にすることを選ばず、自身が「入夫」することを選択した。

一八九六（明治二九）年一月二三日号の『神戸又新日報』に「帰化と入夫」と題した記事が載った。

この記事の二〇日後の二月一〇日に、ハーンが小泉セツに「入夫」する手続きが完了している。


我政府にては外国人の帰化は許可せざる方針なれど、之に反して入夫は夫々手続きを踏めば許可を与え、其権利義務は日本人民と毫も異ならず、却って帰化よりも容易にて、地所の買入れ、百種の事業に着手する事自由なれば、其実は帰化と同然なりと云ふ。さて其手続きは如何と云ふに、各府県区々なるも、其大体は、最初日本婦人の入夫たらんと欲する外国人は、自国領事の手を経て、身分族籍及び重婚にあらざる事、及び、自国の皇帝並びに政府に対する義務を放棄し、我皇帝に忠実を尽くすべしとの宣誓をなせば、其所管府県より、右に相違なきや否や其外国領事に照会し、又、入夫せしめんとする日本婦人より其旨を出願し此手続きを終り、更に府県知事より内務大臣の指揮を受けて戸籍に編入するなりと、誠に簡単にして、其実は、帰化と同一なれば、本県にも出願するもの年々稍々増加の傾きありと云へり。


この記事もわかりにくいので、要約する。

日本政府は「外国人の帰化は許可せざる方針」であるけれども、「入夫」ならば「手続きを踏めば許可」する。入夫は、帰化よりも手続きが簡単であり、「入夫」を希望する外国人は、自国領事に「身分族籍」と「重婚ではないこと」、及び、「自国の皇帝並びに政府に対する義務を放棄」して、日本の天皇に

「忠実を尽くす」旨の宣誓があれば、都道府県は「事実に相違がないかどうか」を当該国の領事に照会し、併せて、「入夫」させようとする女性からの出願で、手続きが完了するので、手続きは「誠に簡単にして、其実は、帰化と同一」である。

二〇一六（平成二八）年、愛知学院大学竹下修子教授は「英国が国籍離脱を認めなかったので、ハーンは日本と英国の「二重国籍」だった可能性が高い」と指摘している。[21]

四. ハーンの眼疾悪化、医師の指示を受け静養

一八九四（明治二七）年一二月一四日、ハーンは、過労のため眼に炎症を起こし倒れ、医師から指示を受けて、自宅の暗い部屋で眼に湿布をあてて上を向いて横になり安静にして執筆は休んだ。

ハーンを診察し仕事を休んで静養するようにとの指示したこの医師の名は、これまでわが国の文献では見当たらない。

ハーンが神戸クロニクルを退社することになったいきさつを、牧野陽子は『ラフカディオ・ハーン』で次のように書いているが、ハーンに「新聞の仕事を当分禁止」した医師の名前は書いていない。[22]

　神戸での生活は意外に早く頓挫することになる。

まず、一二月に眼の炎症を起こして倒れてしまう。片眼はすでに少年の頃に失っており、残った

方も失明の危機にさらされたのである。ハーンは一か月以上も暗い部屋で眼に湿布をして横たわっていた。翌一月、眼は快方に向かったが、医者に新聞の仕事を当分禁止される。ハーンは創作の命綱である右眼のため、一月一杯で神戸クロニクル社を退職することにした。

ハーンの生涯を三部作で詳しく紹介した工藤由美子は、神戸時代のハーンの仕事ぶりと、記者を辞めることになった経緯を次のように書いている。工藤は、医師の指示も名前も書いていない。[23]

神戸に落ち着いて二ヵ月が経過した頃、ハーンは眼の炎症に苦しむことになる。明治二十七年十二月にアメリカの友人、エルウッド・ヘンドリックに宛てて出した手紙には、自身が一か月に百円の給料を得るために、毎日、一篇ずつの論説を書いているとある。

これは神戸クロニクルに執筆していた論説のことである

実際、ハーンはこの新聞のために文章を量産していた。それは『ラフカディオ・ハーンの神戸クロニクル論説集』（パレット文庫版）や『ラフカディオ・ハーン著作集 第五巻』などに日本語に翻訳されているのだが、おびただしい数である。

これだけ凄まじい勢いで執筆をすれば、ただでさえ弱い眼に負担が来るのは当然だった。両方の目が悪くなっており、一つしかない良い眼もみえなくなりつつあると、同じ手紙でヘンドリックに訴えている。

ハーンにとって視力が衰えるということは、原稿が書けなくなるということであり、いわば死活問題だった。

一月になって、ハーンの眼は少し快方に向かったようだ。チェンバレンに宛てた手紙には「今は毎日少しずつ、わたくしは書いたり読んだりできるようになりました」とあり、特に読むよりは書く方が眼の疲労が少ないといっている。

ハーンのこの眼疾を、医学博士・飯塚修三（眼科専門医。西宮市在住）は、「心因性視力障碍の可能性がある」と指摘する。[24]

五．ハーンの眼を診察した医師

医師の姓名発見

神戸でハーンの眼を診察した医師はどこの誰かは、邦文文献では全く出てこないことはすでに述べた。筆者は、ハーンの伝記作家ニーナ・ケナード『ラフカディオ・ハーン』（Nina H. Kennard *LAFCADIO HEARN* Eveleigh Nash 1912）[25]にあたることとした。同書は、関西の公立図書館、大学図書館にもなかったが、筆者は、神田の古書店で一九一二（大正元）年にロンドンで発行された原典を入手し、同書で、ケナードが神戸でハーンを診察した医師に直接取材していたことを確認した。

同書は、日本のハーン研究文献等の参考文献に必ずといっていいほど挙げられているが、邦訳はまだ

図3　Nina H. Kennard *LAFCADIO HEARN*
Eveleigh Nash　London 1912

刊行されていない。同書は、同年にロンドンで出版されたものと、ニューヨークで出版されたものがある。[26]

ケナードは、ハーンの異母妹ドロシー・アトキンソンとアトキンソンの娘を伴って一九一一（明治四四）年に来日[27]し、ハーンとゆかりがあった松江、熊本、神戸、東京を訪問して、ハーンと交流があった人たちと面談し、その翌一九一二年、ハーン伝記を刊行した。ケナードが、海路、最初に着いた日本の都市は神戸であった。

ケナードは、神戸で、ヤング社主夫妻とハーンを診察した医師に直接取材して、ハーンの神戸時代の生活ぶりについて多くの事実を確認し、記録している。ケナードの次の記述から、ハーンの眼を診察した医師が、「神戸のパペリエル医師」（Dr. Papellier of Kobe）であったことを発見した[28]ことはすでに紹介した。

当時、医師としての立場でハーンを診ていた神戸のパペリエル医師（Dr.Papellier of Kobe）は、ハーンの思い出を多く有していた。パペリエル医師がハーンと出会うずっと以前から、ハーンの才能の熱狂的な崇拝者で、ドイツ船の船医をしていた頃、実際、ハーンの『チータ[29]』を翻訳してニュールンベルグの新聞社に寄稿していた。

こうして、神戸のパペリエル医師（Dr.Papellier of Kobe）が、ハーンを診察した医師であることが文献で確認できた。けれども、ケナード『上掲書』に出ているのは、学位と姓だけであり、名（given name）も、住所も一切書いていない。[30]

筆者は、この「Dr.Papellier」を頼りに、神戸の外国人商工名鑑、墓地記録、人名録、ドイツ総領事館記録等から、医師が実際に神戸にいたこと、医師の住所、国籍、配偶者、生没年月日、墓地等を確認した。

ドイツ船元船医・パペリエル医師

パペリエル医師が、ハーンの炎症を起こした眼を診察して、失明を避けるためには、すべての仕事を辞めて、暗い部屋で休むようにと指示したことは先に紹介した。

医師は、ハーンを勇気づけるため、医師としての仕事の立場を超えて、ハーンと個人的に親しく交流し、接触を重ねた。[31]

ハーンの右眼はほとんど見えない強度の近視であり、視神経の炎症が極めて深刻で、網膜への影響が差し迫っていた。左眼は完全に失明していた。パペリエル医師は、ハーンを勇気づけるため、医師としての仕事にこだわらず、ハーンの気力を維持するため、ハーンを頻繁に訪れ、ハーンに極めて例外的な親切と配慮を示し、何時間も会話した。

ハーンは、妹への手紙で、「私は、眼の炎症のため、暗い部屋で殆ど一か月間、背中を下にして寝ていた」[32]と書いている。

六．パペリエル医師の住所

ハーンを診察したときの住所

パペリエル医師は、ハーンを診察したとき、神戸山手の「内外人雑居地」（雑居地）に住んでいた。[33]

Papellier, Dr. E. M., Yama Kobe

「Yama Kobe」は、当時「内外人雑居地」と呼ばれていた地区で、現在の神戸市中央区の北部である。ハーンが神戸に住んでいた一八九四〜一八九六年の日本は、「居留地時代」と呼ばれていた時代で、江戸幕府が締結した「安政五か国条約」に基づき、国内の開港場・開市場には外国人居留地が設置されていた。神戸では「外国人居留地」（居留地）の外側に、外国人と日本人が混住できる区域として「内外人雑居地」（雑居地）が設定されていた。明治政府の条約改正交渉が奏功し、日英通商航海条約（一八九四年調印）と、続いて締約国と締結したほぼ同内容の改正条約が一八九九（明治三二年）年七月に発効し、外国人居留地・内外人雑居地は廃止され、外国人は日本国内で自由に居住地を選び活動できることになった。

パペリエル医師、「住吉 東二」(2 Higashi Sumiyoshi) に転居

パペリエル医師は、その後、「東 住吉」に転居した。

『神戸ディレクトリー』(Kobe Directory 1911・1912・1913) と『関西ディレクトリー』(Kansai Directory 1918) では、パペリエル医師の名前と夫人の名前が掲載されているので、医師が結婚したことが分かる。

『神戸ディレクトリー』は、開港場神戸の官公署、外国公館、商館、居留民等を収録した名鑑で、「神戸ヘラルド新聞社」(神戸市浪速区二三番) が年一回発行していた。発行兼著作者は「エー・カーチス」である。

・『神戸ディレクトリー』一九一一年版（明治四四年四月一日発行）一二二頁

Papellier,Dr.E., 2 Higashi Sumiyoshi（「人物情報欄」Alphabetical lists of Residents)。

Papellier, Mrs. M., Higashi, Sumiyoshi（夫人）「婦人情報欄」(LADIES) 一四一頁

・『神戸ディレクトリー』一九一二年版（明治四五年三月三日発行）八一頁

Papellier, Dr. E., Sumiyoshi（「事業所欄」Business Houses, etc.）八一頁

Papellier, Dr. E., 2 Higashi Sumiyoshi（「人物情報欄」）一二八頁

Papellier, Mrs. M., Higashi, Sumiyoshi（夫人）「婦人情報欄」(LADIES) 一四九頁

・『神戸ディレクトリー』一九一三年版（大正二年三月三日発行）

Papellier, Dr. E., Sumiyoshi（「事業所欄」Business Houses, etc.）八〇頁

Papellier, Dr. E., 2 Higashi Sumiyoshi（「人物情報欄」）一四二頁

Papellier, Mrs. M., Higashi, Sumiyoshi（夫人）「婦人情報欄」(LADIES) 一六四頁

・『関西ディレクトリー』一九一八―一九一九年版（大正七年一〇月三一日発行）。Papellier本人の記載なし

Papellier, Mrs. M., Higashi, Sumiyoshi（夫人）「婦人情報欄」(LADIES) 一一九頁

これを表にすると次のとおりとなる。

「住吉 東二」はどこか

パペリエル医師が「住吉 東二」(2 Higashi Sumiyoshi) に住んでいたことは確認できた。

「住吉 東二」は、現在の地名でいえばどこか。

表1　パペリエル医師と夫人の住所等

出典	医師本人（人物情報蘭）	妻
『神戸ディレクトリー』1911年版	Papellier, Dr. E.,2 Higashi Sumiyoshi	Papellier, Mrs. M., Higashi, Sumiyoshi
1912年版	Papellier, Dr. E.,2 Higashi Sumiyoshi	Papellier, Mrs. M., Higashi, Sumiyoshi
1913年版	Papellier, Dr. E.,2 Higashi Sumiyoshi	Papellier, Mrs. M., Higashi, Sumiyoshi
1914・1915・1916・1917年版	（資料欠如）	（資料欠如）
『関西ディレクトリー』1918-1919年版	記載なし	Papellier, Mrs. M., Higashi, Sumiyoshi

大阪にも「住吉」という地名はあるが、パペリエル医師が大阪に住んでいた可能性はない。『神戸ディレクトリー』の人名録は、「神戸（兵庫）」「大阪」「京都」別に分類されており、パペリエル医師の住所は「神戸」（Kobe（Hyogo））欄に記載されているからである。

とすれば、やはり、医師は「神戸」のどこかに住んでいたことになる。

神戸市内で、「住吉」という「小字」名があったのは、現在の東灘区と北区八多町西畑だけである。[34]八多町は、神戸市中心部から北へ直線距離で一五キロの農村地帯で、一九五一（昭和二六）年に神戸市に合併されている。八多町は、田園と山地が広がる緑が多い地域であるが、神戸や阪神間からの鉄道駅からも遠く離れているので、自動車がなかった時代は、交通の便が極めて悪かった。パペリエル医師は、牧歌的風景を好んで、人があまり多くない八多町を選んだ可能性はない。なぜなら、医師は、「住吉東二」で開業していたからである。人口が少なかった当時の八多町ではとても病院経営は困難である。

残るのは、現在の東灘区だけである。

けれども、「住吉東」という地名は、現在の神戸市東灘区にも、かつての「住吉村」にも存在しない。[35]

筆者は、「住吉 東二」は正式の地名ではなく、外国人が「住吉神社の東」という意味で付けた通称の地名で、現在の神戸市東灘区住吉宮町、住吉東町の一部である可能性が高いと考えている。

住吉歴史資料館の内田雅夫学芸員は、次のとおり、「住吉 東 二」はかつての「宮東」である可能性があると指摘する。

・「住吉 東 二」という地名は知らない。「住吉神社東側」の地域を指す呼称である可能性がある。

・住吉神社の近くに「宮東」と呼ばれる地域はあった。現在の住吉宮町、住吉東町の一部に、かつて「吉田」という「字」があり、その中に市役所が「便宜地名」として付けた「宮東」という地区は昭和三〇年代には存在した。

・現在も、住吉神社を中心に、「宮本」「宮西」「宮東」「宮北」という単位で、集落をさす言い方は使われている。その単位は、「神社との距離の親疎」に基づく地域の「誇り」を意識したものであり、それぞれ、「西地区」「茶屋地区」「吉田地区」「空地区」のことである。神社がある地域の「宮本」が第一等とされ、順次、二、三、四等となる。

・「住吉 東二」(2 Higashi Sumiyoshi) の「二」は、「屋敷の敷地区画の番号」の可能性がある。

・「壱番屋敷」「弐番屋敷」等の呼称は、「字名」とは別に、明治になって、戸籍編成の際に付けた呼称ではないかと推定する。それも「便宜地名」といえるものであるかも知れない。この言い方は各地にある。かつての「住吉村」にも、「兵庫県菟原郡住吉村壱番屋敷」があった。

外国人居留地は一八九九(明治三二)年に日本側に返還され[36]、返還後、外国人は日本国内で自由に居住地を選ぶことができたので、パペリエル医師が「住吉東」に移住した可能性がある。

外国人の医師が、神戸で開業地を兼ねた居住地を選ぶとき、顧客(患者)が多く、神戸や大阪・京都との交通が便利で、自然環境に恵まれた地域が前提になる。自然環境が良ければ、快適な生活を楽しむことができ、富裕層が多ければ医院経営も安定する。また、神戸や大阪への交通が便利なところなら活動もしやすい。

山と海に恵まれた住吉村には一八七四（明治七）年の官営鉄道（神戸大阪間）の開通で、大阪の財界人・富裕層が、環境が悪化した大阪を離れて住吉村に移住してきて、灘五郷の酒造業者で繁栄していた住吉村は、日本一の長者村と呼ばれるようになった。官営鉄道に続いて、阪神電鉄（一九〇五年：三宮—出入橋間）[37]が開通し、住吉村から神戸・大阪へのアクセスの良さも飛躍的に向上した。

このような理由から、パペリエル医師が交通至便で富裕層が多い住吉村を選んだことは、容易に推測できる。筆者が、パペリエル医師が住んでいた「住吉東二」が、現在の神戸市東灘区の住吉神社、住吉駅付近と考えるゆえんである。とはいえ、これは、あくまで、状況証拠に基づく推定であり、「住吉 東」の地名の存在が公式に確認できない限り、断定できないことはいうまでもない。[38]

「住吉川の東」の可能性も

パペリエル邸があった「住吉東 二」は、「住吉川の東」であった可能性もある。住吉村を南北に流れる住吉川を目印にして、住所を川の東西で表示すれば、外国人には、わかりやすかったからである。

『阪神沿道案内』（御影町 住吉村 魚崎村 新地図 実地踏測 精良無比 五色刷鮮明 阪神新国道及小字詳密 紳士富豪の御別邸附図、大正一〇年）の、阪神電鉄「うおざき」（魚崎）駅北の、住吉川左岸（東側）に「パール邸」がある。当時の地名では魚崎村の「西上三半田」である。

当時、日本人は、外国人の名前を、自分たちにわかりやすい名前で呼ぶことが普通であった。例えば、英国人「ガワー」（Gower）は、日本人から、「ガール、ゴウル、ガワルとも呼ばれていた」[39]。『神戸市史』

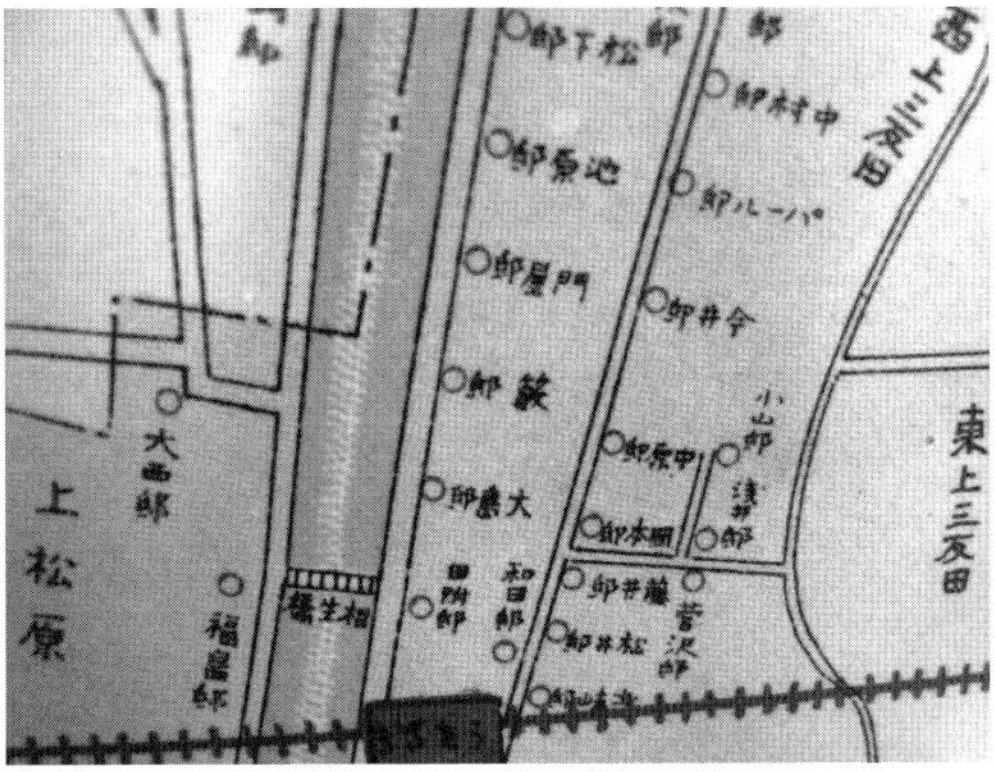

図4、5　『阪神沿道案内』：住吉川の東2本目の道路沿い、「うをざき」駅の北北東に「パール邸」がある。

でも、二代目神戸英国領事のAble. J.Gowerの姓を「ガール」[40]と表記している。

ドイツ人の「パペリエル」は、日本人には発音しにくく、なじみにくいので、市民が、自分たちが呼びやすい「パール」としていたとすれば、この「パール邸」がパペリエル邸であった可能性も浮上する。当時の外国人が、「住吉川の東、二本目の道路」沿いを、「2 Higashi Sumiyoshi」と表示したとも考えられるからである。

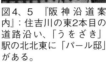

日本一の富豪村・住吉村

一八九九（明治三二）年七月の日英修好通商条約の発効に伴い、外国人居留地が日本側に返還され、外国人の居住、移動の制限も廃止されたことは先に述べた。パペリエル医師は、当時、日本一の富豪村と呼ばれていた住吉村に移住して開業していた可能性が高い。この地域では、つとに灘五郷（西郷、御影郷、魚崎郷、西宮郷、今津郷）の酒造業で繁栄していたが、明治以後、鉄道網（官営鉄道、阪神電車、阪急電鉄等）が整備され、大阪の富裕層が、環境が悪化した大阪から「健康地」（恵まれた自然環境）を求めて豪邸を構え、開港場神戸の国際文化の影響も受けて、明治、大正、昭和前期にかけて、先端的なライフスタイル、文化、芸術が花開き、「阪神間モダニズム」と称された。

パペリエル夫人

『神戸ディレクトリー』一九一二年版の「婦人欄」(LADIES)に、初めて、パペリエル夫人(Papellier, Mrs. M., Higashi, Sumiyoshi)が、同じ住所に載っていることが確認できる。夫人、単に「Mrs. M.」と表示されていて、フルネームではない。パペリエル医師が、イニシャル「M」の女性と結婚した可能性がある。

なぜ、フルネームが載っていないのか、理由はわからないが、同『ディレクトリー』の婦人欄には、フルネームが載っている人は、むしろ少数であり、イニシャルだけ載せている人が多い。あえて夫人のフルネームを載せていない理由は、夫人が正式に籍を入れていない日本人女性である可能性も考えられる。

パペリエル医師の名前は、それまで『ディレクトリー』には載っていたが、「一九一八-一九一九年版」には、なぜか、掲載されていない。夫人は、相変わらず、パペリエル夫人(Papellier, Mrs. M)として掲載されている。なぜ、医師本人が載らず、夫人だけが載っているのか、理由はわからない。医師だけが転居した可能性もある。

また、後述するように、パペリエル医師が、夫人と共に修法が原外国人墓地に眠っていることが確認できた。けれども、一緒に埋葬されている夫人のイニシャルは、「M」ではなく、「アンドウ エイ」となっている。

パペリエル医師、神戸市須磨区に転居

パペリエル医師は、その後、神戸市須磨区に移住したことがドイツ総領事館への筆者の照会への回答で判明した。[41] 回答内容を箇条書きでまとめるとつぎのとおりである。

・ドイツ総領事館には、一九三九（昭和一四）年、一九五八（昭和三三）年、一九七五（昭和五〇）年に作成された住所録がある。
・一九三九年七月の住所録には、Papellier, Dr. Eduard u. Frau Oyei の項に、Kobe, Sumaku, Odecho 2-chome と記載されている。
・一九五八年二月一日編纂の住所録には、Papelier Ei, Witwe（未亡人）Ote-cho 2-chome, Suma-ku, Kobe と記載されている。「Papellier ではなく、Papelier と記載されているが、同一人物かと思う」（原文のママ）。
・医師がこの住所に移住してきた時期はわからない。
・一九七五年の住所録には、記載はない。

ドイツ総領事館に保管されている「パペリエル医師　エドゥアルトと、夫人おえい」の項にある上記の情報から、パペリエル医師が、一九三九（昭和一四）年七月に、夫人の「オエイ」と共に、神戸市須

磨区大手町二丁目に住んでいたことが確認できた。「おえい」は、現在、修法が原外国人墓地にパペリエル医師と一緒に埋葬されている「アンドウ エイ」であると考えられる。

総領事館からの回答メールでは、住所が「OdeCho Suma-ku」となっている、Odechoは、「須磨区大手町」の間違いであると考えられる。というのは、須磨区にはOdechoという地名はなく、また、一九五八年の記録では、はっきりと「Ote-cho 2-chome, Suma-ku」と書かれているからである。

一九五八（昭和三三）年には、ドイツ総領事館の記録では、「未亡人 パペリエル エイ」Papelier Ei, Witweとなっている。医師が一九四四（昭和一九）年に死亡したからである。

アンドウ エイが一〇四歳で死亡したのは一九七七（昭和五二）年である。一九七五（昭和五〇）年のドイツ総領事館住所録にアンドウ エイの「記録がない」理由は不明であるが、一八七三（明治六）年生まれのアンドウ エイは、この年、すでに高齢であったので、総領事館からの住所照会に回答できなかった可能性がある。

七．パペリエル医師の墓地と埋葬記録

墓地記録～医師夫妻の姓名、生・没年月日等判明～

パペリエル医師は、神戸市北区の修法が原外国人墓地[42]に眠っている。

墓地記録から、医師と夫人の姓名・生年月日・没年月日も明らかになった。

墓参者閲覧用の「墓地台帳」には、埋葬者の姓名と生没年月日が、「手書きのカタカナ」で書かれている。

パペリエル夫妻の記述は次のとおりである（原文のまま）。

パペリエルの名（given name）が「エドワード」と表記されている。夫人の国籍は「西ドイツ」となっている。パペリエルは、台帳に鉛筆で、国籍欄に「ドイツ」、氏名欄に「医師」の書き込みがある。

C二区二四番
エドワード・K・A・パペリエール　1860.9.11〜1944.5.3
エイ・パペリエル・ゲブ・アンドウ　1873.9.6〜1977.12.25

一方、財団法人神戸市公園協会『神戸の外人墓地』（昭和四五年）の表記は、次のとおりである（原文のまま）。

パペリエルの名が、Edwardと表記されている。

C二区新二四番
Papellier, Edward K.A.
Papellier, Yei Ando

「墓地台帳」も、上掲『神戸の外人墓地』も、パペリエルの名は、それぞれ、エドワード、Edwardとなっている。

けれども、後述するように、墓の十字架表記では、名はEdwardであり、ドイツ総領事館の記録も、『神戸ディレクトリー』も、Eduardとしており、本人はドイツ国籍であるので、総領事館の記録どおり、Eduardが正しく、台帳は転記ミスと考えられる。

パペリエル医師は、一八六〇（万延元）年九月一一日生まれで、一九四四（昭和一九）年五月三日に、八三歳八か月で没した。夫人は医師より一三歳若く、一八七三（明治六）年九月六日生まれで、一九七七（昭和五二）年一二月二五日に一〇四歳で没している。

ちなみに、ハーンは、一八五〇（嘉永三）年六月二七日生まれであるので、パペリエル医師より一〇歳年上である。

カトリック墓区の墓標

修法が原外国人墓地の「C２区新24」は、カトリック墓区である。

パペリエル夫妻の墓は、横一・五メートル×縦二・四メートル（三・六平方メートル）の土盛りにつつじが植えられている。墓碑石はなく、本人と夫人の、木製白ペンキぬりの十字架がそれぞれ一本立っている。十字架に黒ペンキで次の文字が書かれている。

Dr. MED EDUARD K.A.PAPELLIER BORN 1860 SEPTEMBER 11 + DIED 1944 MAY 3
YEI GEB ANDO PAPELLIER BORN 1873 SEPTEMBER 6 + DIED 1977 DECEMBER 25

パペリエル医師の十字架表記に「Dr. MED」とあることから、パペリエルが医師であったことが分かる。十字架に書かれているパペリエルの名がEDUARDとなっている。墓地台帳ではEDWARDとなっているが、先に書いたように、ドイツ総領事館の記録もEDUARDであるので、十字架の表記が正しい名前である。

図6　パペリエル夫妻の墓
向かって右が医師本人、左が夫人
(撮影筆者)

夫人の十字架に書かれているGEBは、ドイツ語で「旧姓」の意味であり、公文書、パスポートなどに使用されることが多い。夫人の旧姓は「アンドウ エイ」である。

不思議なことがある。医師が、「東 住吉二」に住んでいた時の夫人の名は、Papellier, Mrs. M., Higashi, Sumiyoshiであり、夫人のイニシャルは「M」である。アンドウ エイなら、イニシャルは「A」か「E」である。とすれば、墓地に埋葬されている妻(アンドウ エイ)と、「東 住吉」に住んでいた「M」は別人である可能性が高い。

「追谷墓地」から、ドイツ総領事館の申請で、修法が原外国人墓地に改埋

パペリエル医師が死亡したのは、第二次大戦中の一九四四（昭和一九）年であり、修法が原外国人墓地が整備されたのは第二次大戦後である。ということは、医師は、修法が原外国人墓地に埋葬される以前は、別の墓地に埋葬されていたことになる。修法が原墓地が整備される以前、神戸にあった外国人墓地は、小野浜外国人墓地、春日野外国人墓地であるが、そこにはパペリエル医師の埋葬記録はない。

墓地管理者の神戸市公園管理事務所の記録から疑問が解けた。パペリエル医師は、もともと「追谷墓地」（現・神戸市中央区）に埋葬されていた。追谷墓地は、兵庫県庁から北北西へ直線距離で一キロの山麓にある墓地である。

一九七七（昭和五二）の年一二月二五日に夫人が死亡した後、夫人とパペリエルと一緒に、修法が原外国人墓地に改埋されたことが判明した。墓園管理者への改埋申請は、一九七八年に「神戸・大阪ドイツ連邦共和国総領事館」が行っている。

八．パペリエル医師とハーン

ハーンは、神戸外国人居留地の西洋人貿易商や宣教師が日本人に対して傲慢な態度で接していることを不快に思い、神戸では西洋人との交流を避けていたことは先に紹介した。

ハーンが神戸時代に親しくしていた西洋人で、確認できるのは、神戸クロニクル社主ロバート・ヤン

グ夫妻と、パペリエル医師である。ハーンとヤングは大変気が合っていた。

パペリエル医師とハーンが、神戸でどのようにして知り合ったのかについては、二つの可能性が考えられる。

第一は、パペリエル医師は、神戸に来るかなり前にドイツ船の船医をしていたときから、ハーンの才能の熱烈な崇拝者であったので、神戸在住の医師が、『神戸クロニクル』のハーン論説を読んで、ハーンが神戸に来ていることを知って、アプローチした可能性である。

第二は、『神戸クロニクル』社主のヤングが、眼病が悪化したハーンに、パペリエル医師を紹介した可能性である。

伝記作家ケナードは神戸に取材に来るとき、ハーンが『神戸クロニクル』の論説記者をしていたことを知っていたので、まず、まずヤングを尋ね、ヤングが、ケナードの求めに応じてパペリエル医師を紹介したと考えるのが自然である。

ケナードが自著のハーン伝記に、医師の名を、フルネームではなく「Dr.Papellier」とのみ書いているのは、取材したときに下の名前を聞き忘れたか、名前を記載したメモを紛失した可能性がある。医師は、ケナードに、ハーンと個人的に頻繁に交流していたことと、ハーンの思い出を熱く語った。

九．パペリエル医師とヤング社主夫妻が見た神戸時代のハーン

パペリエル医師は、ハーンの眼疾発症（一八九四年一二月一四日）以後、ハーンの東京赴任まで、ハーンを頻繁に訪問していた。ケナード『上掲書』には、ケナードが神戸でパペリエル医師、ヤング夫妻等から直接聞き取ったハーンの神戸時代の様子が紹介されている。一部を抜粋し箇条書きで紹介する。[43]

神戸のコレラ患者

ハーンが神戸にいた頃、赤痢とコレラが蔓延していた。国際港都神戸は、開港以来コレラに悩まされていた。

神戸のコレラは、一八七七（明治一〇）年に、西南戦争帰還兵が九州から持ち込んだものが最初である。以来、毎年のようにコレラが神戸を襲った。一八七九（明治一二）年六月に、数人のコレラの死者が出ると、コレラはたちまち神戸中に広がった。兵庫県は、海岸通四丁目に検疫出張所を設け、入港船の検疫を実施し、生鮮食品の売買を禁止するなどの処置をとったが、コレラの勢いを食い止めることはできず、この年の一一月三日までに県内の患者数は一五五三人で、うち、八〇〇人が死亡した。神戸ではこれらの病死者の火葬場を会下山だけとし、送葬道路も一七に限定し、市民が近づくのを禁止した。[44]

・神戸は衛生的な意味では満足できる街ではなかった。コレラが猖獗を極めており、暑い時期には

コレラが人口三〇万人の神戸の人々を苦しめていた。コレラは、日清戦争に勝った兵隊が中国から持ち込んだものである。

・死者を火葬する薪の煙と臭いが、山麓にあるハーンの家の庭に、いつも、風によっては運ばれてきた。

・大人を焼却するための費用は八〇銭で、この金額は、現在の交換レートでは米ドル一ドルに相当した。

・ハーンは、家の二階バルコニーから、コレラの死者が焼却場に運ばれるのを見た。

ハーンの日本脱出への思い

・ハーンは、話題を次々に出して話をつないだ。どちらかといえば、自己主張するのではなく、熱心な聞き手であることを好んだ。話題は、彼らが住んでいる文明の特色を堂々巡りした。

・このころ、ハーンの日本への情熱は冷めていた。ハーンは、熊本時代の役人の態度に深刻なショックを受け、ハーンの日本への幻想は消えかかっており、日本を離れたがっていた。

・フランス、中国、または南太平洋の島々が、それぞれ、順番にハーンの気まぐれな好みの空想を引き付けた。スティブンソンのサモア報告がハーンに強い印象を与えていた。ハーンは、面倒を見なければならない日本人家族がいなければ、鞄に書物だけを詰めて、すぐにでもサモアへ行きたいと語った。

・明治二八年秋、動脈硬化と心臓疾患の兆候がハーンを苦しめた。目の炎症がハーンに多大のトラブルをもたらした。ハーンにとり、死は恐怖ではなかったが、肉体的破滅の前兆がハーンに付きまとい、まだ着手していないやり残した仕事が、ハーンの心と魂を低下させた。

ハーンの生活

・ハーンは、神戸クロニクルからそれなりの給与を受け取り、印税も入っていたはずなのに、日々の暮らしぶりは質素だった。

・自宅ではいつも和服を着ていて、着ているものは清潔できちんとしていた。

・ハーンの小さな住居には、家具はほとんどなかった。

・食事は和食と、町のどこかで準備されるいわゆる「洋食」であった。ハーン夫人は、このころ、第二子[45]を身籠っていたので、ハーンは夫人が料理をする作業を少なくするため、外部から出前をさせていた。

・ハーン夫人は英語を全く解さず、パペリエル医師の前に、めったに姿を現さなかった。医師がいるときは、召使の少女がハーンの看護をするのが通常だった。

・ハーンはめったに酒を飲まなかった。煙草は、葉巻ではなく、小さな日本のキセルで絶え間なく吸っていて、キセルの一方の煙草が吸い終わって燃え尽きた後、器用に煙草の塊を詰めた[46]。

・ハーンの趣味の一つはキセル収集であり、もう一つは書物収集であった。彼が死んだとき、あらゆる形とサイズのキセルを二〇〇本を残した。

ハーンの日本語能力

・ハーンの日本語能力は、四年間も日本国内に住み、日本語しか話さない人々に取り囲まれていた彼ほどの知性の持ち主にしては極めて貧弱であったことにパペリエル医師は驚いた。

・ハーンの日本に関する知識は、通訳を通して得たことは明らかであった。私（ケナード）がもっと驚いたことは、ハーンが極めて強度の近眼であったことである。彼の作品に登場する日本の風景、工芸品に関する印象は、通常の人が得られるものを、ハーンは決して得られなかったであろうことがパペリエルを驚かせた。細部の描写は、一つ一つ望遠鏡で観察し、その後、全体を描写した。

ハーンと『神戸クロニクル』社主ヤング夫妻

・ハーンは、通常、毎日曜日、ヤング社主の家で昼食をとることにしていた。彼が、食事に関して、特に好んだものは、なによりも、プラムプディング（干しぶどう入りプディング）であった。ハーンの神戸滞在中、干しぶどう入りプディングは、ハーンの昼食の定番となっていた。[47]

・ヤング夫人は、たいへん感じがよい容貌の女性で、顔の色つやがよく、栗色の頭髪の英国婦人であった。ハーンは、かなり長い間、彼女にいつも日本語で話しかけていた。彼女が「あのね、ハーンさん、私は日本人ではありませんよ」と返事すると、ハーンは、まるで初めてそのことに気がついたように「ああ、そうですか」と応答した。そのとき以後、彼は英語で彼女に話しかけた。

・ヤング夫人は、ケナードに、ハーンが書いた論説の写しを渡してくれた。ヤング氏は、日本人、日本の宗教、日本人の社会通念に関して、ハーンとは意見とは異なってはいたけれども、論説の内容と表現に関する限り、ハーンに自由に書かせた。
・ハーンの論説は、どれも、ハーンの文学的資質が際立つものではなかった。新聞の限られたスペースが、彼の天性の才能を妨げ、論説を読みにくいものにしていた。
・ハーンにとり、金のために文章を書く仕事はありえないことであり苦痛であった、とヤングは言明した。

神戸クロニクル社主・ヤング家の火事（『神戸又新日報』）

神戸又新日報は、一八八五（明治一八）年創刊の日刊紙である。筆者は、ハーンほどの人物なら、同紙に名前が載っているはずと考え、ハーンが神戸に住んでいたときの紙面を調べた。けれども、紙面からは、ハーンの名前は確認できなかった。

以下、引用記事は、読みやすくするため、句読点をつけ、一部の旧漢字を現在の漢字に入れ替え、必要に応じ振り仮名をつけた。それ以外は、記事の雰囲気を伝えるため原文のままとした。

ヤング家の火事

一八九五（明治二八）年五月一五日付の『神戸又新日報』に、ヤング家の火事についての記事が載っている。

ヤングの家はハーンの住居に近い「神戸市中山手二丁目一七番地」にあった。

（上略）一昨夜焼失したる中山手通り二丁目の英国人ロベルト・ヤング（クロニクル記者）氏方の発火の原因は、マック部屋（ママ）の隣室なるランプ部屋より燃出せしにて、其の夜ヤング氏の妻女もヤング氏と共に小児を二階に寝かしたるまゝ、クロニクル社に来り居たる留守中の出来事とて其の混雑いはん方なく、既に二階の小児は焼死ぬべかりしを同家の児守《あま》が甲斐々々しくも猛火の中を侵して二階へ駈けあがり、辛うじて救い出せしは実に危うかりし事なりと。

この記事にもハーンの名は出ていない。先に見たように、神戸クロニクル社の主筆はハーンとヤングである。火事を取材した新聞記者はハーンが神戸クロニクルに勤めていたことを知らなかった可能性が高い。もし、ハーンが松江時代のように神戸でも市民に名前が知られていたら、当然ハーンの名前が記事に出ると考えるが、名前がないところを見ると、ハーンは神戸では特別の存在ではなかったと考えられる。

神戸では知られていなかったハーン

神戸市文書館所蔵の『神戸又新日報』は、一八九四（明治二七）年分の一部が欠落しているため、ハーンが神戸に住んでいた期間のうち、同年一〇～一二月の紙面は調べることはできなかった。けれども、ハーンが、神戸でも知られていたなら、松江時代がそうであったように、この二か月以外の紙面に、必ず名前が出るはずである。

なぜハーンの名が神戸で知られていなかったのか。筆者は、理由は次のとおりと考えている。

第一は、ハーンは、当時外国人がほとんどいなかった松江では目立っていたが、開港場神戸では外国人が数多く住んでおり、ハーンもその一人にすぎなかったことである。神戸には一八九五（明治二八）年に一九〇八人の外国人がいた。清国人九八八人、英国人四四九人、ドイツ人一七七人、米国人一二一人等である。松江では、和服姿のハーンの年始まわりが人々の注目を集めたが、神戸では和服で写真撮影をする外国人もいて、外国人の和服姿はさほど珍しくはなかった。

第二は、松江では、ハーンは尋常中学校英語教師として、日本人生徒と直接と接する仕事をしていたので、保護者、市民に広く知られていたが、神戸ではハーンは、英字紙の論説記者であり、日本人市民と直接触れあう機会が少なかったことである。ハーンは、神戸では、ニュースを取材する報道記者ではなく、毎日一本の論説を書くだけであった。

第三は、ハーンが神戸に住んでいた頃、ハーンの名は日本国内ではまだほとんど知られていなかったことである。ハーンが日本で有名になるのは、著作の邦訳全集が第一書房から出された昭和二年以後である。つまり、ハーンが神戸に住んでいた頃は、日本文化紹介者としての彼の名は日本人には殆ど知られていなかったと考えられる。

おわりに

ラフカディオ・ハーン神戸時代の眼科医に関するデータと、医師が語ったハーンの様子等を紹介してきた。拙稿で明らかにしたパペリエル医師の住所、墓地と配偶者等に関する情報は、新たな発見である。筆者のドイツ人友人たちは、筆者に、パペリエル医師の故郷ドイツを訪問して役所での医師の情報確認することと、医師の遺族との面談を勧めてくれたが、折からのコロナ禍で、彼らとの再会も、現地調査も果たせなかった。

また、墓地に医師と一緒に埋葬されている日本人妻「アンドウエイ」さんの情報も、もっと調査したかったが、これも、コロナ禍と「個人情報保護のため」中断している。コロナ禍が収まったら、改めて調査したいと考えている。

本稿執筆にあたり、多くの方々にお世話になった。

神戸市立中央図書館の波多野麻里司書にはパペリエル医師に関する文献調査等で貴重な助言を頂いた。「八雲会」内田融事務局長には、ハーンに関する情報提供、ハーン家からはハーンの家族写真提供、神戸女学院大学川越栄子教授には同大学図書館の資料閲覧、大阪神戸ドイツ総領事館の多田亜希子様にはパペリエル医師夫妻の存在確認等、住吉歴史資料館の内田雅夫学芸員には「住吉 東二」の調査等でお世話になった。パペリエル医師の墓地調査では、神戸市森林整備事務所栗山明久所長と神戸外国人居留地研究会谷口良一理事から貴重な情報と助言を頂いた。また、畏友中谷薫君は墓地実地調査に同行し墓碑等確認作業をしてくれた。神戸市企画調整局谷口真澄担当局長、東灘区 植松賢治区長、林 明彦市民課長、喜多村直子まちづくり担当課長にも、パペリエル医師の住所確認等でお世話になった。神戸外国人居留地研究会の高木應光事務局長には貴重な示唆をいただいた。お世話になった皆様に心から感謝し、お礼を申し上げる次第である。

なお、本稿は先に発表した拙稿「ラフカディオ・ハーンの眼科医」『歴史と神戸』（三三八号、二〇二一年二月、神戸史談会）、「ラフカディオ・ハーンの神戸」『ヘルン』（№八八、二〇一八年、八雲会）をベースに、その後に発見した新事実を加え、全面的に加筆修正したものである。

【注】

1　小泉時・小泉凡（共編）『増補新版 文学アルバム 小泉八雲』恒文社、二〇〇八年、一〇一〜一〇二頁。

2　小泉時・小泉凡『上掲書』一〇一〜一〇二頁。

3　八雲会は「小泉八雲（ラフカディオ・ハーン）の研究と顕彰を目的として」一九一四（大正三）年に設立され、一九六五（昭和四〇）年に「第二次八雲会」として発足した任意団体（会員約三〇〇名）で、会誌『へるん』と「八雲会報」の発行、小泉八雲に関する出版物発行、史跡・関係資料の調査・保存等の事業を行っている。

4　ケナード『上掲書』二七七頁。

5　（一）各資料の医師のフルネームと肩書は次のとおり。下の名前が「ドイツ総領事館の資料」では「EDUARD」、墓地台帳では「EDWARD」になっている（「U」と「W」が違っている）。また、肩書が記されているのは、「墓標の十字架」のみであり、墓地台帳には記載はない。本稿ではフルネームはドイツ総領事館の表記どおり、PAPELLIER, EDUARD K. A.とした。

①大阪神戸ドイツ総領事館記録：PAPELLIER, EDUARD K. A.

②（財）『神戸の外人墓地』一九八一年、九一頁）

・PAPELLIER, EDWARD K. A.

・カタカナ表記（三六頁）「エドワード・K. A. パペルエール」

③墓地の「墓標（木製十字架）」：Dr. MED. EDUARD K.A.PAPELLIER

④『神戸ディレクトリー』：Papellier, Dr. E.（下の名前はなくイニシャルE.のみ）

⑤『ジャパン・ディイレクトリー』：Papellier, Dr. E. M.（「下の名前」はなくイニシャルE.のみ）

（二）墓地台帳と十字架の「下の名前」の綴りが一字違っている（WとU）。「台帳」では「下の名前」は「EDWARD」であるが、「十字架に表記されている名前」は（「ドイツ総領事館の綴り」と同じ）「EDUARD」である。また、十字架には「墓地台帳にもドイツ総領事館の記録にもない肩書」の「Dr. MED.」（医学博士）がつけられている。この違いについて、筆者は次の可能性があると考えている。すなわち、①ドイツ総領事館の記載が正しく、墓地台帳は、墓地職員が遺族からの申請に基づき転記する際、名前の綴りの転記ミスをした可能性がある。②十字架の表記は、台帳から転記ではなく、ドイツ総領事館からの改埋申請の際に、総領事館が「ドイツ総領事館の記録」と同じフルネームに肩書「Dr. MED.」と付けた書類を提出し、その書類に基づき転記したものであるため、下の名前が「ドイツ総領事館と同じ綴り」になっている可能性が高い。

6　斉藤延喜「ハーンの眼、ハーンの眼医者―幻想化学I」『同志社大学英文学研究』八五号、二〇〇九‐一二、三五頁。

7　斎藤「上掲論文」四〇頁。

8　ハーンの人生は三つの時代に分けることができる。
「欧州時代」（一八五〇〜一八六九：ギリシャ、アイルランド、イギリス）
「米国時代」（一八六九〜一八九〇：シンシナティ、ニューオリンズ、カリブ海マルティニーク島等。新聞記者、作家）
「日本時代」（一八九〇〜一九〇四）
「日本時代」は、
①松江：一八九〇（明治二三）年八月〜一八九一（明治二四）年一一月（一年三か月）松江尋常中学校英語教師
②熊本：一八九一（明治二四）年一一月〜一八九四（明治二七）年九月（三年）熊本第五高等中学校英語教師
③神戸：一八九四（明治二七）年一〇月〜一八九六（明治二九）年九月（二年）英字紙『神戸クロニクル』論説記者
④東京：一八九六（明治二九）年九月〜一九〇四（明治三七）年九月（八年一か月）東京帝国大学講師、早稲田大学講師
一九〇四（明治三七）年九月一日、東京で没。

9　真貝義五郎訳『ラフカディオ・ハーンの神戸クロニクル論説集（バレット文庫版）』恒文社、一九九四年、二〇一〜二〇二頁。

10　『ジャパン・ディレクトリー』(Meiklejohn's JAPAN DIRECTORY) は、横浜のマイクルジョン社（R. Miklejohn's Co.）発行である。このディレクトリーの一八九五年版は、神戸女学院大学図書館とNational Library of Australia（キャンベラ）に蔵書がある（立脇和夫「戦前期のジャパン・ディレクトリー〜その所在調査と歴史研究〜」『東南アジア研究年報』二七号、「長崎大学研究成果リポトジトリ一九八五年、一〇九〜一二六頁」。筆者は神戸女学院大学図書館で原典を閲覧して確認した。

11　ケナードはヤング夫人の話として次のエピソードを紹介している。「ハーンは普段の日曜日ヤングの家で昼食をとるのを日課としていた。食べ物についての彼の特別のこだわりがあり、とりわけ彼が唯一好きだといったものはプラム・プディングで、彼が神戸にい

た間はプラム・プディングは日曜のお決まりの料理となった。『日本人は』、これは彼の口癖だった、『たいへん賢い国民ではあるが、プラム・プディングを理解しない』』。ケナード『上掲書』二四六頁。

12 「神戸市立博物館蔵の絵葉書」の解説：「鯉川筋に面した白っぽい建物の屋根の下にCLONICLEの文字が見えるのでここがクロニクルの社屋だったことが分かる」（田井玲子『神戸外国人居留地』神戸新聞総合出版センター、二〇一三年、一四〇頁）。

13 真貝『上掲書』一九二頁。

14 小泉節子「思い出の記」（ラフカディオ・ハーン／池田雅之訳『身辺日本の面影Ⅱ』角川ソフィア文庫、二〇一五年、一九六頁）。

15 小泉時・小泉凡（共編）『上掲書一〇一～一〇二頁。

16 小泉時・小泉凡『上掲書』一〇一頁。

17 『神戸又新日報』明治二八年五月一四日号。

18 「いよいよ、ハーンが日本国籍を取る決意をした後は、実に煩瑣な手続きが待ち受けていた。明治二八年八月から、松江時代の友人の西田千太郎を通じて松江市役所に問い合わせをして、その第一段階としてセツが分家した。（中略）ハーンの懸念は、自分が日本人になることで、外国人としての俸給を得られなくなるのではないかという点であった」（工藤美代子『前掲書』二三八頁）。

19 明治一九年一一月一三日号の『神戸又新日報』に次のような英国領事館の新聞広告が出ている。
「元ト大坂近時神戸滞留 故トマス・ジョルジェス 後家リエ・ジョルジェス遺産一軒 去十二月一日 神戸ニテ死亡セル リエの所有金子或ハ物品ヲ持スル人々ハ 総テ不取敢之ヲ日本英国裁判長代理トスル在神戸英国領事エ渡ス可キ者トス 又同人エ対シテノ負債ハ直チニ返納シ 貸付ハ当庁エ可申出事 神戸居留地九番 英国領事館」（筆者注：読みやすくするため旧漢字を現代漢字に直した）。

20 小泉時・小泉凡『上掲書』九七頁。

21 『日本経済新聞』二〇一六年一一月二四日号。

22 牧野陽子『ラフカディオ・ハーン』中公新書、一九九二年、一三七～一三八頁。

23 工藤美代子『神々の国 ラフカディオ・ハーンの生涯（日本編）』ランダムハウス講談社、二〇〇八年、二二七～二二八頁。

24 ハーンの左眼は幼少時の外傷により失明している。右眼も強度近視のため良好な視力は得られていない。中心暗点を伴う急激な視力障害が右眼に起これば行動はほぼ不可能であると考えられる。明治二七年一二月一四日頃に発病して、翌年の一月上旬には快方に向かっている。神戸の雰囲気にもなじめなくなり、居留外国人たちとの交際を避けるようになって一月三〇日に神戸クロニクル社を退社した。発病後、大した治療もせず、暗所にて眼に湿布をあてて安静を保つのみの治療である。勿論ステロイド投与はなされていない。鑑別診断にあがるのが心因性視力障害である。これはストレスによる心因反応で一過性のものである。子宮頸がんワクチンの副反応で一時的に失明になったという報告がある。心因性視力障害の確定診断はなく、除外診断によるしかない。

25 ケナード『上掲書』(ハーン伝記)は一九一二年にロンドンとニューヨークでそれぞれ出版されている。本稿ではロンドン本を参照にした。
Nina H. Kennard *LAFCADIO HEARN* London: Eveleigh Nash 1912
Nina H. Kennard *LAFCADIO HEARN* New York D. Appleton and Company II 1912

26 Nina H. Kennard *LAFCADIO HEARN* London: Eveleigh Nash 一九一二の原書は、関西の公立図書館、大学図書館の蔵書にはなかったが、筆者は「ロンドン本」の原書を神田の古書店で購入し、二〇二一年に同書を神戸市立中央図書館に寄贈した。なお、同書のニューヨーク版がアマゾン「キンドル版」でも入手可能である。ちなみに、キンドル版では、エリザベス・ビスランドの『ハーンの生活と書簡集』(Elizabeth Bisland, *The life and Letters of Lafcadio Hearn* も出版されている。

27 新貝『上掲書』一八三頁。ケナードは、自分が来日したのは「ハーンが神戸を離れた約一二年以上後」と書いている(ケナード『上掲書』二七七頁)。

28 ケナード『上掲書』二七七頁。ケナードは、「神戸で、医師としてハーンを診察したパペリエル医師は、ハーンの回顧談を多く持っていた」(Dr. Papellier of Kobe, who attended Hearn in a professional capacity at this time, was full of reminiscences.)。
「眼科医として、ハーンの眼を診察した後、即座に指示したことの一つは、彼が完全に失明を避けたければ、すべての仕事を休み、部屋を暗くして安静にすることであった」(拙訳)。

同書はまだ邦訳されていない。本稿では、医師の姓Papellierの日本語表記を、墓地記録に従い「パペリエル」とした。

29 『チータ』(*Chita*)はハーンが一八八九年にニューヨークのハーパー・アンド・ブラザーズから出版した小説である。

30 ケナード『上掲書』二七七頁。

31 ケナード『上掲書』二七七〜二七八頁。

32 ケナード『上掲書』二七六頁。

33 上掲『ジャパン・ディレクトリー　一八九五年版』一七二頁。

34 神戸市東灘区役所。

35 神戸市東灘区役所の説明:日本加除出版株式会社『新版 旧市町村名便覧・明治二二年から現在まで(平成一八年一〇月一日現在)』(日本加除出版　二〇〇六年)によれば、「住吉村」は、大阪、東灘とも、「明治二九年に誕生との記載がある(四七三頁)。明治四四年当時、村名として「東住吉村」はどこにもない(大阪市東住吉区は昭和一八年に誕生した)。落合長雄「神戸市小字名集」(『歴史と神戸』第二〇巻特別号一九八一年一二月)によれば、旧住吉町の小字名で、「東」または、「東住吉」はない(八頁)。また、神戸市内には、東灘区以外では、小字名の「東」は、長田区西代村、「住吉」は北区八多町西畑にある。『東灘地区住居表示旧新対照一覧表』では、住吉町には、「宮東」という「字」(旧字「吉田一〜六」とある)があるが、今は住吉宮町四丁目(昭和四四年六月)、住吉東町五丁目

（昭和四五年六月）となっている。明治時代にこの地がどのように呼ばれていたかについては不明である。

36　一八九九（明治三二）年に（改正）日英修好通商条約が発効し、外国人居留地は日本側に返還され内外人雑居地も廃止された。

37　阪神急行電鉄（現阪急電車）の梅田神戸間（上筒井）の開通は一九二〇（大正九）年である。

38　当時の外国人は、なぜ日本の「正式の地名ではない地名」を使用していたのか。第一は、開港当時、わが国の郵便制度が未整備であったことである。一八五九（安政六）年に横浜、長崎、函館が開港し、その九年後の一八六八年一月一日（慶応三年一二月七日）に神戸が開港した。神戸開港で外国人居留地に各国が領事館を開設し、貿易商が商館を建設した。開港の翌一八六九年、スエズ運河の開通で、極東と欧州の間の人流・物流が激増し、神戸は東の横浜とともに、わが国の世界への窓口になった。開港当時、日本の郵便制度は未整備であり、外国との手紙や物の郵送に対応できなかった。米国、英国、フランスは、居留民と本国との通信のために、開港した横浜、神戸、長崎の領事館に郵便局を開設した。日本は、明治五年三月一日から、日本外国郵便局を利用して海外郵便の受付を開始した。当時、外国人には、日本語地名のローマ字表記はたいへん読みにくく煩瑣であった。その上、幕府から新政府への政権交代に伴う地名の頻繁な変更も外国人を混乱させた。外国人は、自分たちにとり、わかりやすい住所表示を求め、目印となる神社仏閣や、山、海、川などを起点にして、そこから東西南北の方向を表わした独自の地名を使うことがあったと考えられる。神戸でも居留地時代に設置された「内外人雑居地」の北野村、中宮村等は、『神戸ディレクトリー』では「神戸 山」（Yama Kobe）と表示されていた。当時は、外国人の数は限られていたため、郵便物の配達等にはさほど問題はなかったと考えられる。

第二は、日本は、一八五九（安政六）年（横浜・長崎・箱館開港）から一八九九（明治三二）年まで、外国側に治外法権を認めた「居留地時代」であったことである。外国人が、日本の正式地名を無視して、自分たち独自の地名を使用しても、日本側は黙認するしかなかった。一八九九（明治三二）年七月一七日に居留地が日本側に返還され、治外法権も撤廃された。日本側の郵便制度も改革されていたので、外国人も日本の正式の地名を使うことになった。『神戸ディレクトリー』一九一一年版では、神戸の外国人が正式の地名を使っていることが確認できる。外国人居留地返還後も、パペリエル医師の住所は、日本側の正式地名ではなく、「住吉 東二」と表記されていた（『神戸ディレクトリー』一九一一年版）。この理由は不明であるが、開港場ではなかった住吉村では、村当局は、外国人の取扱いの経験がなく、外国人居住者も少なかったため、外国人が使用した「住吉 東二」の住所を黙認していた可能性がある。

39　当時、イギリス人「ガワー」（Gower）は、「ガール、ゴウル、ガウルとも呼ばれていた」（藤田英夫「ガワー兄妹と神戸」『神戸史談』一九八五年六月）、四九頁。

40　Able J.Gowerを「アペル・エー・ゼー・ガール」と表記している（神戸市役所編『神戸市史　本編各説』一九二四年〈『復刻版』名著出版　一九七一年〉）、六六五頁。

41　二〇二一年一一月二二日着のドイツ総領事館からのメールは次のとおりである。

「当館には、一九三九年、一九五八年、一九七五年に作成された住所録があり、一九三九年七月の住所録によると、Papellier, Dr. Eduard u. Frau Oyei の項に、Kobe, Sumaku, Odecho 2-chome 121とあります。

一九五八年二月一日編纂の住所録には、Papellier Ei, Witwe（未亡人）Ote-cho 2-chome, Suma-ku, Kobeと記載されています。(Papellierではなく、Papelierと記載されていますが、同一人物かと思います)

一九七五年のものには記載はありませんでした。」（本稿では番地は表示していない）。

42 神戸修法が原外国人墓地（神戸市北区山田町下谷上中一里山四―一、面積約一四ha）は、兵庫県庁から北へ直線距離六㎞の山中にある再度公園の北に隣接する墓地である。

神戸で最初に設けられた外国人墓地は小野浜仮墓地（後「小野浜外国人墓地」）である。その後、外国人の増加と共に、神戸市は葺合村籠池通（現中央区篭池通）に「春日野外国人墓地」を造成したが時代の経過とともに、春日野墓地も飽和状態になったため、神戸市は、一九三六（昭和一一）年六月 に修法が原池付近に新墓地造成に着手した。その後、阪神大水害、第二次大戦勃発で墓地建設工事は中断したが、一九五一（昭和二六）年、講和条約締結記念事業として、神戸市は墓地建設工事を再開した。一九五二（昭和二七）年八月、修法が原外国人墓地整備が完了し、小野浜外国人墓地から墓碑六二〇基が移転された。一九六一（昭和三六）年一一月に春日野外国人墓地の一四〇六基が移転され、修法が原外国人墓地への移転統合が完了した。「再度公園」の一角にある修法が原墓地は、二〇〇七（平成一九）年に、「再度公園」と共に、国の名勝に指定された。谷口利一『神戸外国人墓地物語　使徒たちよ眠れ』神戸新聞出版センター、一九八六年、一五～一六頁。

43 ケナード『上掲書』二七一～二九四頁。

44 谷口『上掲書』六四～六五頁。

45 ハーンが神戸を離れる直前まで、パペリエル医師はハーン家を頻繁に訪問していたことが医師の次の証言からわかる。ハーンが東京へ赴任したのは一八九六（明治二九）年九月七日であり、次男・巌の誕生は一八九七（明治三〇）年二月一五日であるので、セツは妊娠五か月頃に神戸を離れたことになる。セツが第二子を身ごもっていたため、ほとんど、パペリエル医師の前に現れず、「ハーンの食事も、セツの負担を軽くするため外注していた」ことを、医師がケナードに証言しているからである。

46 ハーンは「食事の前に、ほんの少々ウイスキーを用います、晩年には、身体のためにというので、葡萄酒を用いていました。」小泉節子『上掲書』一九七頁。

47 「ヘルンの好きなもの」は、「食物や嗜好品ではビフテキとプラムプーデンと煙草」。小泉節子『上掲書』、二一三頁。

植民地台湾と神戸製鋼所
―鈴木商店の製糖機械現地自給化戦略―

齋藤　尚文

はじめに

一九一九年、台湾南部の港湾都市高雄に株式会社台湾鉄工所が設立された。[1] 同社は当時世界的貿易商社に成長していた鈴木商店とその分身会社であった神戸製鋼所（以下必要に応じ「神鋼」と略記）を筆頭株主とし、内地の有力製糖機械メーカーであった田中機械製作所、五大製糖会社（台湾、大日本、塩水港、東洋、明治）をふくむ島内有力製糖会社の共同出資会社であり、その設立目的は製糖機械製造の一大拠点として島内自給化を実現することにあった。当初輸入に依存していた各種製糖機械は第一次世界大戦期を経て国産化されるに至り、さらに同時並行的に製糖現地台湾での自給化の必要が強く叫ばれていた。これを事業機会ととらえた鈴木商店は、一九一八年、当時製糖機械メーカーとして実績を積み上げてきた神戸製鋼所を高雄に進出させる計画を立てた。この計画は終戦による経済状況の変化や競合他社への配慮から修正を経て、台湾初の本格的重工業会社としての台湾鉄工所設立へと結実していった。同社は鈴木商店破綻後も台湾銀行管理下で営業が継続され、昭和一〇年代には国策に応じて造船業にも参入し、高雄重工業の一翼を担う巨大造船機械会社に成長した。また戦後は国民政府に接収され、現在の台湾国際造船股份有限公司のルーツの一つとなっていることから、今日の神戸と台湾をも結ぶ歴史事象としても興味深い。

一．製糖機械の国産化と神戸製鋼所

一　製糖機械国産化の胎動　—月島機械と田中機械—

製糖機械とは、主に甘蔗が粗糖（原料糖）になるまでの生産工程において使用される諸機械である。具体的には圧搾工程での「圧搾機」、濃縮工程での「多重効用缶」、結晶工程での「真空結晶缶」、分離工程での「遠心分離機」および各工程の附属装置、またこれらを連結し各工程での生成物を次の工程に移動させる運搬機やポンプなどの装置類である。台湾で五大製糖会社を中心に、製糖各社が相次いで工場の新設を競った明治末期、それら工場に納入された機械はいずれも外国製品であり、ドイツのブラウンシュワイヒ社・サンゲルハウゼン社、イギリスのハーベー社・マーリスワットソン社、アメリカのフルトン社・ホノルル鉄工所・バブコック社などが製作した。

ところが一九一四年には汽缶製作に月島機械製作所（東京）、結晶缶製作に田中機械製作所（大阪）が参入したのを皮切りに、一九一七年以降では月島・田中両社が重量物の圧搾機を含め製糖機械全般を納入し、シェアを高めた。これは第一次世界大戦の長期化によって欧州からの機械輸入が途絶し、製糖各社が国内の機械メーカーに供給を仰ぐようになったことによる。

ここで月島・田中両社について簡単に触れておく。月島機械は、東京帝国大学工科大学出身の黒板伝作（一八七六―一九三三）によって一九〇五年に創立された。まもなく大倉組と提携したことにより金融面・事業面で多くの便宜を得、内地の精製糖工場の機械製作で経験を積んだ。そして塩水港製糖が外国製機械の据え付けを同社に依頼、好成績をおさめたことを契機に、製糖各会社からの注文も増大し、台湾での地盤をかため、一九一七年には資本金一五〇〇万円の株式会社に改組した。[2]田中機械は、東京高等工業学校出身の田中岩吉（一八八一―一九二七）によって創立された。田中は最初は大阪鉄工所において機械の設計製作に従事したが、その後渡台して塩水港製糖に入社した。工場建設や製糖作業に従事しながら、機械破損時における修繕品及び予備品の製作で経験を積んで帰国し、一九一三年に田中機械製作所を設立した。[3]塩水港製糖との関係を基礎に、製糖各社の機械製作を請負いながら事業は順調に拡大し、一九一九年には資本金一〇〇万円の株式会社となった。[4]

このように第一次世界大戦期を通じて、月島機械と田中機械の研究成果と製作実績によって製糖機械の国産化はおおむね達成された。神戸製鋼所は国産化については両社の後塵を拝しながらも、大戦期を通じて着実に製糖機械製作の技術向上につとめ、大戦後半には両社と競合するまでに成長していた。そして来る現地自給化の過程で製糖機械業界をリードすることになる。

二　神戸製鋼所の製糖機械事業

（一）鈴木商店と神戸製鋼所

神戸製鋼所は、鈴木商店が一九〇五年、神戸脇浜で操業したばかりの小林製鋼所を買収・改称したもので、田宮嘉右衛門（一八七五―一九五九）を支配人として発足した。小林製鋼所は東京の書籍業者小林清一郎が一〇〇万円を出資し、呉海軍工廠の小杉辰三造兵少佐の技術協力により創業した。しかし初出鋼に失敗し、その後も失敗を繰り返したので、出資者の小林が早々見切りをつけ売却に及んだものである。当時の鈴木商店は台湾樟脳油の販売権獲得によって発展のきっかけをつかみ、一九〇二年には個人経営から資本金五〇万円の合名会社に改組していた。翌年にはわが国精製樟脳工場の最初となった住友樟脳製造所を買収、さらに同年北九州門司近郊に大里製糖所を設立するなど、生産部門へ本格的な進出をはかっていた。小林製鋼所の買収はこの大里製糖所に次ぐ投資規模となった。支配人の田宮ももとは住友樟脳に勤めていたが、経験を買われてそのまま鈴木商店に採用された後、大里製糖所事務長・神鋼支配人に相次いで任命された。[5]

しかし未熟な技術を引き継いだままの操業だったため、当初三ヶ月に二一回もの失敗を重ねようやく満足な出鋼ができた。その後もコスト高に苦しみ、一方で製品の信用度は低かったため、毎月一万円を超える赤字を出し続けた。取引銀行からの申し入れもあって鈴木商店では工場閉鎖や売却もいくどか検討された。しかし田宮を筆頭とする現場の熱意やたまたま大里製糖所が高値で売却できたことから経営は続行されることとなった。[6] 一九〇九年、呉海軍工廠からの教育発注として揚弾機の製作を依頼され、おおむね良好との評価を得た。これをきっかけに砲架・シャフト・ブラケットなど新たな発注を受けるとともに、呉工廠から技術者を受け入れて技術力の向上をはかるなど海軍との結びつきを強めた。工場設備も次第に拡張され、一九一一年六月には鈴木商店から独立し、資本金一四〇万円の株式会社神戸製鋼所が発足した。株式はすべて鈴木一族および鈴木商店が保有し、一九二七年の鈴木破綻まで株主に大きな変動はなく一〇〇%の分身会社であった。社長には海軍造船少将で工学博士の黒川勇熊が就任、取締役には田宮嘉右衛門・依岡省輔、監査役には伯爵吉井幸蔵・鈴木岩治郎（二代目）という経営陣であった。[7]

（二）製糖機械製作

海軍発注の揚弾機製作を請け負ったことは、のちに神鋼が機械製作を事業の大きな柱としてゆくきっかけになった。一九一四年より揚弾機の動力源の研究から高圧圧縮機の製作にとりかかり、水圧ポンプ・空気圧縮ポンプ・水雷発射装置などを相次いで製作した。またほぼ同時に蒸気機関の製作も開始した。第一次世界大戦の勃発により船舶需要が激増すると、これに対応すべく日本の造船業界はフル操業が続いた。神鋼は軸類の大量生産と並んで大型蒸気エンジンを製作し、技術上の自信を高めていった。一九一六年以降は高圧圧縮機と蒸気機関が主要な受注品目に数えられるまでになった。[8]

次に取り組んだのが甘蔗圧搾機を中心とする製糖機械であった。本来糖商として出発した鈴木商店は、一九〇三年には精製糖工場として北九州門司に大里製糖所、一九一〇年に台湾に直系の北港製糖を設立しており、神鋼の製糖機械製作には特別の意味合いがあったようである。北港製糖工場ではイギリス製とドイツ製の製糖機械が採用されたが、工場の建設は鈴木商店自らが行うこととなり、技師長辻湊と技師酒井温が派遣されることになった。渡台に先立って金子直吉は支配人田宮を通じ二人に以下のように訓示している。

日本では軍艦、商船等は相当なものができても、陸上の産業機械はほとんど高価な外国品を輸入しており、今回のシュガープラントもその例に漏れない。今後は日本も化学工業が盛んになることが予想されるが、その際は国産でやる必要がある。ことに製糖プラントは、鈴木商店が砂糖商から大をなした因縁もあるので、今後神鋼で作成して供給できるよう充分調査研究し、製作技術まで経験しておけ。[9]

金子は北港製糖の専務取締役として田宮を派遣する予定であった。しかし田宮は台湾の気候が自分の健康に適さないとしてこれを固辞し、そのかわりに神鋼において必ず製糖機械をつくると約束していた。一方酒井らは工場建設のかたわら、部品毎の詳細なスケッチを残し、研究の基礎資料とした。甘蔗圧搾機の製作上最も困難な課題はロールの材質で、これは特殊鋳鉄で作られていた。甘蔗を搾るときにスリップしないよう、鋳物の表面は分子の粗いことが要求されるが、分子が粗くなるほど磨耗が早くなり、それに耐えうる材質が要求された。このため台湾よりイギリスやドイツのロールセルの破片を集め、その材質の調査研究を八幡製鉄所に依頼、その報告に基づいて研究・試作が進められた。そして一九一六年、台湾施政二〇年記念勧業共進会に出品したロールとクラッシャーは、あわせて出品したトロッコ用車輪・車軸・合金見本とともに金牌賞を獲得した。[10]

神鋼が最初に注文を受けた製糖機械は、一九一七年の新高製糖彰化第一工場の増設用甘蔗圧搾機であった[11]。甘蔗の裁断・截裂・圧砕・圧搾などを行うためのカッター・シュレッダー・クラッシャー・ミルと、これを運転するエンジン・ギアリング・アキュームレーター・圧縮ポンプの諸装置からなっていた。その後は製糖能力五〇〇～一二〇〇トンの各種圧搾機を相次いで製作し、いずれも好成績をおさめた。このころ製糖工場は砂糖消費の増加に伴って平均二年に一工場が増設されていたが、こうした製糖機械の需要を目指して神鋼のほか、先述の月島機械（東京）や田中機械（大阪）などなどが激しい受注競争を繰り広げていた。その後各社は申し合わせを行って、それぞれがもつ設備・技術を勘案して分業することとし、神鋼は最も得意とする鋳鍛鋼品で重量物である甘蔗圧搾機を中心に製作することになった[12]。『神鋼三十年史』には「大正六年以来その製糖機械の大部分を供給し、新設工場用機の一括注文を受けたるものは実に一〇プラントに及んでいる」とある[13]。

二．製糖機械の現地自給化

一　台湾製糖打狗鉄工所　―製糖各社の鋳物工場併設―

製糖機械は第一次世界大戦期に国産化が進んだのであって、それまではイギリス・ドイツ・アメリカなどからの輸入に依存していた。台湾においては製糖機械の製作は無論のこと、急を要する簡単な修理さえ、内地または外国に依頼する必要があったため、これが原因で製糖作業を中止しなければならない場合も生じていた。[14]こうした事態は総督府も早くから認識しており、すでに一九〇九年には「糖業奨励方針」に「鉄工所補助」の項目が登場し、「製糖機械、器具修理の目的を以て鉄工所を設立するものは其払込資本金額に対する年六朱の補助金を下附す」るとして、この課題の解決に意欲をみせた。[15]同年三月、台湾製糖は諸機械の修理と簡単な機械の製作を自社で行うべく、橋仔頭工場内に鋳物工場を建設したのである。[16]

一九一四年に勃発した第一次世界大戦にともなう好景気は、製糖会社の鉄工所建設の必要を一層高めることになった。たしかに製糖機械の輸入途絶は国産化の大きな推進力になったが、景気の急速な拡大は一方で資材や運賃の暴騰をともない、台湾においては製糖機械の修理や交換でさえも輸送コストが事業全体に重くのしかかることになった。[17]また内地鉄工所が繁忙を理由として修理や新規の注文を引き受けない事態や、[18]発注したロールが製糖時期になっても納入されない事態も生じていた。[19]鋳物工場の併設は台湾製糖だけでなく塩水港・東洋・明治も相次いで実施しており、製糖機械国産化の動きは台湾では時期を同じくして現地自給化を目指す動きとなって現れたのである。

台湾製糖の鋳物工場は、一九一五年、ロールセルの鋳造を計画・研究を重ね、翌年には湾裡第一工場の上部ロールセルの鋳造に成功した。硬度の不足や脆弱性の克服が課題となったが、内地でも困難といわれたロールセルの鋳造が台湾において成功したことは、業界を驚かせる出来事であった。翌一六年、台湾製糖はこの鋳物工場を打狗に移転した。工場敷地三〇〇〇坪に鋳物工場・車輪工場・仕上場・鍛冶場・木工場などが建設され、三基の溶鉱炉を擁する本格的な鉄工所であった。一九一八～一九年には大日本・東洋・明治・塩水港・帝国等製糖各社のロールセルをも引き受け、同年末までに鋳造した数は一一五本に達した。[20]

台湾製糖のこうした動きは、内地機械メーカーの代理店として機械を売り込んできた商社に強い危機感を抱かせた。同社と資本的関係の深い三井物産は戸畑鋳物や日本製鋼の機械製品の一手販売を請け負い、台南支店を通じて台湾各製糖会社に売り込んでいたが、現地生産の進展にともなってその取扱量を大きく減らしていた。そこで鉄工所製品の一手販売権を得るべく、本社砂糖部や機械部も交えて再三にわたり交渉を行った。これに対し台湾製糖は「営業的に之を為すに非ず、偶々他社の依頼により製作するは全く好意上の問題にして営業に非ざるをもって一手販売を委託すること能わず」として三井の申し出を退けている。[21] こうした危機感は、神戸製鋼所の製品販売を行う鈴木商店や内地メーカーの田中機械・月島機械なども共有していたはずであり、製糖現地である台湾への進出を企図する強い動機となっていったと考えられる。また一方で台湾製糖が「事業化を目的としない」とする態度をとったことは、以下に検討する鈴木商店・神戸製鋼所主導の台湾鉄工所が、製糖各社の協力を比較的容易に得て、円滑に成立をみた一つの要因となった。

二　神戸製鋼所打狗分工場計画とその挫折

（一）鈴木商店台北鉄工所と打狗進出計画

一九一七年一一月、鈴木商店台北支店は範多商会台北鉄工所を買収した。同鉄工所はもともと松本鉄工所と称していたもので、蔵前高等工業学校出身の小高竹次郎が工場長として経営をしていた。しかし資金繰りが思わしくなく、経営に行き詰まってからは範多商会に譲渡、さらに鈴木商店の傘下におさまった。この頃には二〇〇〇〇坪の敷地に建坪六八〇余の工場を有し、これらを小高工場長をはじめ職工一五〇名（うち一〇〇人が本島人）で動かした。五〇〇馬力の大ボイラーを帝国製糖に二基、三〇〇馬力のものを桃園電気におさめるなど、ボイラー関連機器の製作を得意とした。また水道鉄管も手がけ、台南水道へ二〇吋の鉄管をおさめるなど、島内全域に顧客をもち年間の売り上げは五〇万円に達した。加えて大戦景気による内地鉄工所の繁忙に乗じ、一部製品は内地へ逆移出も行っていた。[22]

台北鉄工所の買収は、これを打狗に移し、打狗港に新たに造船所を建設することを目論んで行われた。鈴木商店のこの計画は一九一八年に入ると世間が注目するところとなった。『台湾日日新報』は一月、平高支店長の視察から打狗における新規事業の可能性を報じ[23]、続いて三月にはそれが造船所設立の計画であることを報じた。[24]そして六月になるとそれが「神戸製鋼所打狗分工場」で、造船と製糖機械を事業の中心とすることが新たに判明するのである。[25]平高が神戸本店に提出した計画は当初は買収した台北鉄工所の諸設備を移転して「打狗造船所」を建設する内容であった。しかし『田宮嘉右衛門伝』によると第一次世界大戦後の不況を見越し、製糖機械製作をも意図し、これを神戸製鋼所の分工場とする構想へと軌道修正が行われた。[26]

神鋼では造船機関については一九一四年より小型の蒸気エンジンから製作を開始し、次第に大型エンジン製作へと進出し、その技術も大いに向上していた。さらに一九一八年に入るとスイスのズルツァー社から2サイクル・ディーゼルエンジンの製作権を買取するなど、船舶動力分野に特に力を入れていた。また製糖機械については、先に述べたように主力の甘蔗圧搾機が一九一六年の台湾勧業共進会で金牌賞を受賞し、翌年の新高製糖への納入を契機に製糖各社から多くの受注を獲得していた。しかし一方で東京の月島機械や大阪の田中機械がこの分野では先行していたことから、後発の不利を一挙に挽回するためには、製糖拠点である台湾での現地生産に踏み切ることが必要だったのである。鈴木商店は一九一七年には貿易総額において三井物産を凌駕したともいわれており、この時期まさに絶頂を迎えていた。この資本力とブランド力をもって、台湾に造船・機械を主体とした重工業の拠点を製糖現地である打狗に建設しようとしたのである。

（二）打狗進出計画の挫折と大規模鉄工所計画の浮上

ところが神鋼の打狗進出の計画は中止となる。[27]『台湾日日新報』記事は次のように語っている。

> 本島の鉄工所は何れも規模小にしてクラッシャー其他の大形機械に対しては新造修繕共之を能くせず余儀なく内地若くは外国に註文して非常の長時日と多大の運賃とを要し各製糖会社を初めとして工場経営者何れも不便を感じつつあるより鈴木商店にては神戸製鋼所の分工場を打狗に設けて是等の工事に応ぜんとし既に同地に於て整地会社所有の土地二千五百坪を買収して其の準備中なりしが最近田中鉄工所主田中岩蔵《ママ》氏も同様の計画あり聊か重複の姿となりしが両者に親善なる塩糖某重役之を調停し今回両者合同の株式組織にて同地に一大鉄工所設立の計画中なりと。
>
> 「一大鉄工所　打狗に設立の計画」（『台湾日日新報』一九一九年七月二三日）

同記事は「台湾鉄工所の設立」を予告するもので、神鋼が打狗進出を中止した理由の一端をうかがい知ることができる。これによると同じ時期に田中機械側にも打狗進出の計画があり、先行する鈴木・神鋼側との間で調整が行われたとしている。またその調整役を買って出たのが両社に関係の深い塩水港製糖であったという。[28]すでに見たように田中岩吉は、一時は塩水港製糖の社員として工場建設や製糖作業に従事しながら、機械破損時における修繕品及び予備品の製作で経験を積んだ。それが田中機械の立上げの大きな背景であった。また塩水港製糖系の南満州製糖が設立した奉天の甜菜製糖工場には田中がその全装置を納入するなど緊密な関係を築いていた。一方の鈴木商店は一九〇九年より塩水港製糖の粗糖販売を請け負い、安部商店とともに主な得意先になっていた。重役陣の中に鈴木商店に近い有力者がいたことが指摘されている。鈴木系の台湾炭業や以下に見るとおり台湾鉄工所に役員として名を連ねる数田輝太郎などはその一人と推測されよう。[29]また一九一七年には鈴木商店役員窪田駒吉名義で五〇〇〇株を保有する株主となり、さらに一九二一年には店主鈴木よね名義の持株が一〇〇〇〇株に達し、安部幸之助・槇哲に次ぐ大株主となるなど緊密な関係が保たれていた。

『田宮嘉右衛門伝』によるとこの調整談は神鋼の台湾進出に脅威を感じた田中機械側からの申し出によるものであったという。

これに脅威を感じたのは田中機械製作所であった。社長の田中岩吉は田宮に面会して「台湾に神戸製鋼所の分工場ができると田中機械製作所は立ちゆかないので、その実現が必至なら大阪の工場を買収してもらいたい」と強く要請した。田宮は「そんなに熱心にいわれるのなら、製糖機械製作分工場の経営を条件付きで委せてもよい」と答えた。その条件というのは次のようなものであった。

一、神戸製鋼所側は株主として参加する。
一、神戸製鋼所より技師長と支配人を送る。
一、受注品のうちで希望する物は神戸製鋼所に回すこと。
一、鋳鍛鋼品は神戸製鋼所に注文すること。
一、各製糖会社の技師長を役員に入れること。[30]

一九一八年、神鋼においては打狗進出を決めたのちも、それを躊躇する不安要因はなおくすぶっていた。第一次世界大戦はこの年の一一月まで続いており、打狗進出計画は神鋼がまさに繁忙きわまりない時期と重なっていた。当時手がけていた脇浜の埋め立て事業も未完のままであり、まずそれに注力することが望まれていた。加えて神鋼自らが打狗に進出することになれば、三井系の台湾製糖打狗鉄工所と競争せざるを得ない不利が予想されたからである。[31] こうした状況の中、製糖機械受注でライバルとなっていた田中岩吉が、打狗進出と絡めて身売り話をもちかけてきたというのである。当初は繁忙を理由として台湾への進出を躊躇していた神鋼も、一九一八年一一月の大戦終了をもってその状況は一転する。軍事需要に関連する重工業は価格暴落に見舞われ、一九一九年に入ると事業整理への舵きりを余儀なくされるのである。[32] こうした反動不況のあおりは機械メーカーである田中機械にとってもまた同様であり、両社の合意成立を後押ししたと考えられる。製糖機械をめぐる両社の競合関係はこの時点でおおよその解消がはかられたのである。

三、台湾鉄工所の設立とその事業

塩水港製糖の仲立ちにより、鈴木・神鋼と田中との間には打狗進出における協調体制が成立した。そしてこの合意を軸に同時並行的に製糖各社との調整も進められた。製糖機械製作を主たる事業とする本格的な鉄工所が島内に設立されることは、機械の増設・更新・修繕にかかる時間や費用の問題に悩まされてきた製糖業界にとってはおおむね歓迎されたことは間違いない。たしかに業界代表格である台湾製糖は、この時すでに打狗に附属の鉄工所を建設し、相当の費用を固定化させていた。ただ同工場について「鋼鉄鋳物は今日の場合は不可能と為す外なし」[33]と『台湾日日新報』が報じているように、圧搾機のような鋳鍛鋼の重量物については、神鋼など内地メーカーの技術に比べ、本業外であることに由来する弱さは否めなかった。さらに先述のように、台湾製糖には鉄工所を事業化する意識は希薄であり、あくまで本業を円滑化するための対策と位置づけていた。結果として附属施設一切の買取を条件とし、自らは大株主となって、経営に影響力を確保する道を選んだ。ここに製糖会社とは独立した本格的な鉄工所が製糖地打狗に設立されるに至ったのである。

一　設立・株主・役員

一九一九年一一月二二日、鈴木商店・神戸製鋼所、田中機械製作所および台湾製糖をはじめとする島内有力製糖各社の共同出資により株式会社台湾鉄工所が設立された。ハワイのホノルル鉄工所の組織を

表1　台湾鉄工所設立時の主要会社の持ち株配分

株主	持株数	比率
鈴木商店 神戸製鋼所	10000株	25%
田中機械製作所	5000株	12.5%
台湾製糖	4000株	10%
塩水港製糖	2500株	6.25%
東洋製糖	2500株	6.25%
明治製糖	2500株	6.25%
大日本製糖	2000株	5%
帝国製糖	1500株	3.75%
台南製糖	1000株	2.5%
新高製糖	1000株	2.5%
新興製糖	1000株	2.5%
林本源製糖	500株	1.25%
台東製糖	500株	1.25%
内地台湾関係者	6000株	15%
株式総数	40000株	100%

出所）「台湾鉄工所設立　鈴木と田中の共同」（『台湾日日新聞』1919年8月31日）

モデルにしたといわれる。[34] 同社は本社を高雄に置き、[35] 設立と同時に鈴木商店台北支店所属の台北鉄工所と台湾製糖附属の打狗鉄工所を買収し、台北工場は同年一二月一日より、高雄工場は翌年一月一日より、それぞれの事業を継承経営し、設備の充実をはかった。当初は鈴木商店の計画にそって台北鉄工所を高雄に移転させることが検討されたが、台湾北部の機械需要に応える必要からこれを断念し、[36] 高雄街入船町の借地に新規工場を建設することになった。また事業内容は同社定款（一九二六年一月改正）によると「一般鉄工業、船舶修繕、機械据付の請負、機械附属品及金属材料の販売、諸機械の売買及び代理業」となっており、神戸製鋼所分工場が計画された時点にあった「造船業」の構想は棚上げされている。

　資本金二〇〇万円、株式総数四〇〇〇〇株はすべて発起人及び賛成人によって引き受けられ、公募は行われなかった。[37] 設立に向けての決定事項として『台湾日日新報』が報じたところでは主な株主構成は表1のとおりである。これによると鈴木商店と神戸製鋼所はあわせて一〇〇〇〇株を保有し、筆頭株主となっている。田中機械製作所の田中岩吉が五〇〇〇株でこれに続き、さらに製糖各社で一九〇〇〇株が保有され、残る六〇〇〇株が内地台湾関係者に配分されることになった。株主構成から見た鈴木商店の支配力は、分身会社の神鋼と東洋製糖をあわせて一二五〇〇株（三一・二五%）、これに塩水港製糖、共同歩調をとることになった田中機械、さらに資本や販売面において関係の深い台南製糖・新興製糖・林本源製糖を加えると二二五〇〇株（五六・二五％）に達する。[38] 辰巳会編『たつみ』第三七号「鈴木商店分身会社一覧」（一九二六年二月一三日調べ）に台湾鉄工所が記載されている所以はここにある。[39]

次に役員構成を見る。「第一期営業報告書」によると同社創立時の役員は表2のとおりである。社長を置かない専務体制がとられ、専務取締役に田中機械製作所社長の田中岩吉が就任した。取締役は六名で千葉平次郎（明治製糖常務取締役）・依岡省輔（神戸製鋼所専務取締役）・田村藤四郎（東洋製糖専務取締役）・草鹿砥祐吉（台湾製糖取締役）・三浦育三（塩水港製糖取締役）・平高寅太郎（鈴木商店台北支店長）が就任した。専務の田中をはじめ、千葉、草鹿砥はいずれも派遣元会社において製糖機械の製作や修繕などを工場長や技師長として担当した経歴をもつ。監査役は三名で数田輝太郎（塩水港製糖常務取締役）、羽鳥精一（三井物産台北支店長）、鈴木重臣（大日本製糖取締役）が就任した。株主の分析と同じように、鈴木・神鋼、田中、東洋製糖、塩水港製糖の鈴木系という括りで見るならば、専務を含む取締役七名中五名がこれに属し、監査役を含めた一〇名ではこのうち六名がこれに属する。こうして同社の意志決定は鈴木系優位の中で行われる体制がつくら

表2　台湾鉄工所設立時の役員構成（1919年）

役職	氏名	出身会社	持株数	備考
専務取締役	田中岩吉	田中機械	5000株	
取締役	千葉平次郎	明治製糖	2100株	増田系
取締役	依岡省輔	神戸製鋼所	2500株	鈴木系
取締役	田村藤四郎	東洋製糖	2500株	鈴木系
取締役	草鹿砥祐吉	台湾製糖	2500株	三井系
取締役	三浦育三	塩水港製糖	1250株	鈴木系
取締役	平高寅太郎	鈴木商店	3000株	鈴木系
監査役	数田輝太郎	塩水港製糖	2500株	鈴木系
監査役	羽鳥精一	三井物産	680株	三井系
監査役	鈴木重臣	大日本製糖	1400株	藤山系

出所）台湾鉄工所「第一回営業報告書」（1919～1920年）

れていた。

創立の翌年定款が改訂され取締役が二名増員され九名となった。増員枠には佐藤信寿（東洋製糖取締役）・近藤正太郎（台湾製糖技師長）が就任した。また塩水港製糖枠の取締役が千葉から磯适次郎（塩水港製糖取締役）に交代し、監査役の数田は離任しその補充は見送られている。[40] 以後も役員の異動は毎期見られるが、各社に振り分けられた役員枠数は基本的には維持された。鈴木系役員の異動としては一九二二年に監査役の欠員枠に竹内虎雄（鈴木商店台北支店長）が入り、[41] 翌一二年には離台した平高に代って取締役に就任した。また竹内の後任監査役として持木壮造（持木商会代表社員）が就任した。[42] 持木は台湾における鈴木商店の事業の多くに関与し、役員として経営に参画した人物である。さらに一三年には取締役の依岡が離任し、田宮嘉右衛門（神戸製鋼所専務取締役）に代わった。[43]

二　鈴木商店時代の事業概況

鈴木商店は台湾鉄工所設立から八年後の一九二七年四月、台湾銀行からの融資打ち切りにより破綻する。ここでは鈴木商店が大株主として経営にも影響力をもった時代の事業概要を見る。表3は各期損益計算書より作成した業績の推移である。創業の大正八年から鈴木商店破綻の昭和二年までを確認したい。台湾鉄工所が本格的に操業を開始した一九二〇年から翌年にかけては「各製糖会社の特別の同情」「各製糖会社の特殊後援」によって利益を確保している。株価暴落によって始まった戦後恐慌の中、新規需要の減退、製品価格の低下に見舞われる一方、労働コストは高止まりが続いていた。こうした中でも減価償却を行い、純益より株式配当と法定積立を実施した。[44]

表3　台湾鉄工所営業概況　　（単位：円）

営業期			収入	支出	総益	原価償却金	純益	配当金	法定積立金	繰越金
第 1期	1919～20		2445501	2293189	152312	48775	103537	92000	6500	5037
第 2期	1921		1888456	1757768	130688	40000	90688	80000	5000	10725
第 3期	1922		1095443	1088364	7079	0	7079	0	0	17805
第 4期	1923		1097243	1273820	-176577	0	-176577	0	0	-158772
第 5期	1924	上	-	-	-	-	992	0	0	-157781
第 6期	1924	下	539932	479379	60553	0	60553	0	0	-97227
第 7期	1925	上	457745	406272	51473	0	51473	0	0	-45754
第 8期	1925	下	-	-	-	-	-	-	-	-
第 9期	1926	上	-	-	-	-	-	-	-	-55588
第10期	1926	下	548637	480544	68094	0	68094	0	0	12506
第11期	1927	上	255919	266753	-10834	0	-10834	0	0	1672
第12期	1927	下	539197	487492	51705	10000	41705	0	2200	41177
第13期	1928	上	676313	574031	102282	14330	87952	40000	20500	68628
第14期	1928	下	996182	842725	153457	21675	131782	40000	24500	135910
第15期	1929	上	570370	531331	39039	2621	36419	40000	7500	124829
第16期	1929	下	550938	483813	67125	5256	61870	40000	10500	136198
第17期	1930	上	412685	379517	33168	2500	30668	40000	6600	120266
第18期	1930	下	-	-	-	-	-	-	-	87375
第19期	1931	上	232440	226442	5998	0	5998	25200	1300	66872
第20期	1931	下	338254	334905	3349	0	3349	0	200	70021
第21期	1932	上	107372	165677	-58305	0	-58305	0	0	11715
第22期	1932	下	395289	375153	20136	3500	16636	0	1350	27001
第23期	1933	上	260305	235636	24669	3500	21169	0	1800	46370
第24期	1933	下	580515	486774	93741	14250	79491	40000	12500	73360
第25期	1934	上	475342	419512	55830	9500	46330	40000	9500	70190
第26期	1934	下	1030044	856979	173065	102000	71065	51000	14600	75656
第27期	1935	上	565015	479034	85981	12000	73981	51000	15900	82737
第28期	1935	下	924211	774927	149284	55000	94284	51000	18000	108021
第29期	1936	上	807729	712443	95286	27000	68286	51000	17000	108307
第30期	1936	下	941984	802227	139757	70000	69757	51000	13500	113564
第31期	1937	上	1237253	1035458	201796	110000	91796	68000	19600	117760
第32期	1937	下	1480506	1222892	257614	160000	97614	68000	19900	127473
第33期	1938	上	1702853	1409948	292905	200000	92905	68000	19700	132678
第34期	1938	下	2847940	2477718	370222	120000	250222	68000	177600	137301
第35期	1939	上	1655481	1355784	299696	100000	199696	76500	120000	140497
第36期	1939	下	2785681	2256320	529362	50000	479362	76500	392000	151359
第37期	1940	上	2391653	1970731	420922	50000	370922	76500	284000	161781
第38期	1940	下	2437501	2102765	334736	50000	284736	91122	183980	171415
第39期	1941	上	3207055	2862201	344853	50000	294853	112500	172568	181201
第40期	1941	下	3459861	3036530	423331	100000	323331	140474	171259	192799
第41期	1942	上	2438650	2130317	308333	50000	258333	169061	80069	202002
第42期	1942	下	2510426	2197248	313179	50000	263179	180000	76081	209100
第43期	1943	上	2874130	2560145	313986	50000	263986	180000	74818	218267
第44期	1943	下	3225127	2909816	315311	50000	265311	180000	76300	227278
第45期	1944	上	3393414	3022491	370923	100000	270923	173443	89200	235558

出所）株式会社台湾鉄工所「第一期営業報告書」～「第四十五期営業報告書」を参照。ただし第五、八、九、十八期は欠損。

注）第一期は1919年11/22～1920年12/31。第五期以降は半年毎の決算。1/1～6/30が上半期、7/1～12/31が下半期。

しかし一九二二年にはワシントン軍縮の影響による経済界全般の低迷で鉄工需要の減退が著しく、製糖会社の後押しのある同社においてさえ受注は前期の三分の二に達せず、工場の製作能力の半分も生かすことができなかった。この年減価償却は停止され早くも無配に転落したのである。[45] さらに一九二三年には関東大震災による金融逼迫、製糖会社の新規あるいは更新の需要も途絶したため赤字決算となった。[46] 製糖機械製作を事業の中心にすえている性格上、製糖期間にあたる一一月~四月の半年は工場の閑散期となる。これまでも閑散期の受注、つまり製糖機械以外の市場をいかに開拓するかは、同社にとって大きな経営課題であったが、赤字決算はこの課題に対する早急な対応を迫ることになった。

一九二三年を底に業績は徐々に回復してゆく。一九二四年には製糖原料の増収があり、製糖各社が工場諸設備の拡張増設を決めたからである。一九二五年も前年を上回る受注があり、[47] 一時は一株五円（額面五〇円、払込四二円五〇銭）まで売り込まれた株価が急騰し、一〇円五〇銭まで回復した。[48] 一九二六年には製糖各社からの注文に加え、鉄道貨車三〇輌を受注、内地同業者との競争をしのぎながら、比較的良好な成績をおさめた。[49]

一九二七年上半期、台湾鉄工所は再び赤字を計上する。折しも国政では三月の震災手形補償法案の審議過程で第一次金融恐慌が発生、翌四月には台湾銀行救済緊急勅令案否決によって第二次金融恐慌が発生し、日本経済全体が大きく揺さぶられた。上半期という閑散期とも重なり機械製作高は激減したのである。金融恐慌と相まって筆頭株主である鈴木商店が四月四日に破綻、労使ともども大きな衝撃となったと考えられる。鈴木商店時代の台湾鉄工所は戦後不況から昭和金融恐慌の間にあって業績が低迷し、株価も下落した。神鋼としては諸機械や鋼材の納入先の一つであり、また台湾鉄工所の調達と販売の両面を鈴木商店が押さえていたと考えても、鈴木商店として同社設立のメリットは少なかったといえよう。

三　鈴木商店破綻とその影響

一九二七年三月二六日、鈴木商店への融資打ち切りに踏み切った台湾銀行は[50]、その後三井銀行をはじめとする取引銀行のコールマネー引き上げにあい窮地に立たされた。若槻礼次郎内閣は、日銀による緊急融資の勅令案によってこれを救済しようとした。しかしこれが枢密院によって否決されると、四月一七日に総辞職、翌一八日に台湾銀行は営業を停止した。二一日に成立した田中義一内閣は、高橋是清蔵相の采配により、すぐさま三週間のモラトリアムを実施、一方で日銀特融及び損失補償法と台湾銀行救済法を制定・公布、台湾銀行は五月九日、営業を再開したのである。そしてこの時すでに破綻が確定していた鈴木商店とその系列会社は、以後その多くが台湾銀行の管理に委ねられ、あるいは三井・三菱・住友などに吸収されながら、整理が進むことになった。

まず神戸製鋼所は経営の実権が鈴木商店から台湾銀行に移管され、一九二八年三月に臨時株主総会を開催、新たな役員体制を整えた。第四代取締役社長に海軍主計中将で台湾銀行監査役であった永安晋次郎が就任、取締役として台湾銀行から森本準一・浜野寿太郎、海軍主計大佐遠藤寿一、横浜正金銀行神戸支店長の前田忠の四名、監査役に子爵曽我祐邦がそれぞれ就任した。従来からの役員では田宮嘉右衛門が専務、松尾忠二郎が常務として留まった[51]。東洋製糖は同年七月、同社二株に対し大日本製糖三株の比率で合併されその歴史を終えた。同社六工場のうち斗六・北港・月眉・烏日の四工場が大日本製糖の傘下に入り、南靖・烏樹林の二工場は明治製糖に売却された。また金融難に陥った塩水港製糖では三菱商事が株主となって販売権を獲得するとともに、一九二七年八月には長らく代理店をつとめていた安部幸商店と絶縁させ、同社の支配権を確立した。[52]

鈴木商店の破綻は台湾鉄工所の株主・役員の構成に変動をもたらした。まず鈴木商店保有株をみると、親族名義分を含め三三〇〇株を保有していた平高寅太郎の名が株主名簿から消えている。また竹内虎雄保有の三〇〇株は二〇〇株に減り、「鈴木商店台北支店長」の肩書きが消された。これに対し台湾銀行頭取の島田茂が三一〇〇株の株主として新たに記載されており、台銀管理下における鈴木整理の一端がうかがえる。次に神戸製鋼所保有株をみると、二二〇〇株を保有していた依岡省輔の名が消え、一方で田宮嘉右衛門名義の株式は四三〇株から一〇〇〇株へ増加、また新たに神戸製鋼所社長となった永安晋次郎が五〇〇株の株主として名を連ねた。[53]永安は当時台湾銀行監査役でもあったことから、台銀は製糖各社と並ぶ大株主として台湾鉄工所に影響力を保持する立場となったのである。製糖各社の持株数の変化で際立つのは、二三〇〇株を保有していた東洋製糖専務田村藤四郎の名がなくなり、かわりに大日本製糖取締役伊吹震が同じ二三〇〇株の株主として登場していることである。先述の合併による変化と認められよう。また塩水港製糖保有の三二六〇株は鈴木破綻による社長交代に対応して槇哲から入江海平に名義が変更された。

表4　鈴木商店破綻後の役員構成（1928年）

役職	氏名	出身会社	持株数	備考
専務取締役	泉量一	田中機械	600株	
取締役	竹内虎雄	台北カネタツ	200株	旧鈴木系
取締役	喜多島二虎	台湾製糖	330株	三井系
取締役	久保田富三	明治製糖	200株	三菱系
取締役	田宮嘉右衛門	神戸製鋼所	1000株	旧鈴木系
取締役	鈴木重臣	大日本製糖	1300株	藤山系
取締役	勝又葵	塩水港製糖	200株	三菱系
監査役	持木壮造	持木商会	890株	旧鈴木系
監査役	野村健	大日本製糖	100株	藤山系

出所）株式会社台湾鉄工所「第十四回営業報告書」（1928 年下半期）

表4から役員構成の変化を見る。経営トップの専務は田中岩吉から泉量一に交代しているが、これは田中が一九二七年一〇月に死去したことによるもので、専務の地位は従来通り田中機械が引き継いだ。旧鈴木系で引き続き役員となっているのは竹内虎雄・田宮嘉右衛門・持木壮造の三名である。このうち田宮は台銀傘下の神戸製鋼所を代表しており、この時点ではいわば「台銀系」である。竹内は鈴木商店台北支店の旧店員らが設立した台北カネタツの役員となって活動しており、持木が代表する持木商会は鈴木破綻後も健在であった。いずれもこれまでの経験と経営の手腕をもって役員に留まったものであろう。

四　鈴木商店破綻後の事業展開

表3により鈴木商店破綻の翌一九二八年上半期から営業報告書が残存する一九四四年上半期までの事業を概観する。一九二八年上半期には台湾製糖新設工場の圧搾機と分蜜機を製作する大型受注をこなし、翌年にいたるまで不況下の請負価格低廉に悩まされつつも、製糖業界の堅調に支えられて業績は安定的に推移した。しかし世界恐慌の影響が深刻化する中、一九三〇年一月に金輸出解禁が実施されると産業全体の不振や同業者間の過当競争があいまって、同年下半期から業績は急速に悪化していった。また同時に進行した世界的な供給過剰による糖価の下落がこれに拍車をかけた。金輸出は翌年には再び禁止され、内地では徐々に輸出及び軍需関連工業に回復の兆しが見られるようになったが、台湾島内にはその恩恵は及ばず、一九三一年下半期以降四期にわたる無配継続（特に一九三二年上半期は赤字決算）という苦しい経営を強いられた。[54]

一九三二年下半期になると糖価は上昇に転じ、一九三三年以降製糖各社は活況を取り戻した。これを契機に以後台湾鉄工所の業績は驚異的回復を遂げることになる。製糖各社では既存設備の改造や修繕・増設に加え、この時期、製糖現地で精製糖をつくる耕地白糖製造が進められ、白糖工場の新設が相次いだからである。また一九三五年末に完成した日月潭水力発電所によって、安価で安定的な電力供給が可能となると、高雄港一帯が台湾工業化の拠点として開発される兆しが見え始めた。[55] 一九三六年に日本アルミニウムの高雄工場が操業を開始したのはその先駆けである。さらに一九三九年の日中戦争開始をきっかけに、総督府の台湾工業化政策の方針が整備されると、南日本化学（高雄）・旭電化（高雄）・東邦金属（花蓮）・台湾セメント（高雄）・台湾化成（台北・蘇澳）などが設立され、高雄を中心として台湾全域に及ぶ工業化が一挙に進展した。[56] こうした工場新設にともなう機械製作の需要が台湾鉄工所の受注高を大幅に増大させていったのである。先述のとおり同社は製糖各社の機械修繕や新増設の需要に応じる目的で設立された。主たる顧客は製糖会社であるため、製糖期で機械が稼動している上半期の受注は減少し、それを下半期の受注でカバーするという会計パターンが創業以来定着していた。しかし表3を見るとこのパターンが一九三五年以降大きく変化していることが確認できる。[57] 収入項目において上半期と下半期を対比させてみると、依然上半期が下半期を下回っているものの、上半期の下半期に対する収入比率は大幅に向上・改善しているのである。これは下半期の好調な受注が上半期に繰り越されたことのほか、製糖機械以外の受注が伸長していることを意味している。[58] 製糖会社依存の会計パターンはこの時期に急速に改善されたのである。

一九三九年には糖業連合会の南支進出に呼応して広東出張所（広東工場[59]）を開設したほか、旺盛な島内機械需要に対応するため高雄市内戯獅甲に敷地を購入し、新たな工場設立へと動き出した。第二次世界大戦が勃発した下半期の「第三十六期営業報告書」には「本期間に於ける異色の製品」として「〇〇方面からの受注品」という表現で、軍需品注文に応じたことを示唆する記述がはじめて登場する。資金・原材料・労働力など各方面で軍需を優先するための統制も次第に厳しさを増し、従来製糖機械を中心とした民需のみを対象としていた同社の事業は、時局の要請に対応せざるを得なくなったのである。戯獅甲の工場は東工場と呼ばれ、入船町の本社西工場と区別された。敷地内には鋳鋼工場・精密機械工場・木型工場・機械工場などが相次いで完成した。こうした事業拡張に対応するため、一九四〇年には資本金を四〇〇万円に倍増させ、翌一九四一年の会社定款には新たに造船業が主な事業に加えられた。同年一二月に太平洋戦争が勃発、一九四二年四月にははじめての新造船起工式が行われた。同社工場群は、一九四三年になると海軍管理工場の指定を受け、軍主導の増産体制に組み込まれていく。一九四四年には二回目の増資を行い、資本金一〇〇〇万円の大会社となった。[60]これは、一九三七年に設立された三菱重工業系の台湾船渠株式会社とともに、当時の機械造船分野において双璧をなす規模であった。[61]

最後に旧鈴木商店系の役員や神戸製鋼所の関わりを見る。取締役であった竹内虎雄は一九三三年以降は監査役となっており、一九四四年上半期「第四十五期営業報告書」にもその名を留めている。監査役の持木壮造も一九四一年までその職に留まった。[62]神戸製鋼所は一九三四年に台銀の管理を脱し、創業以来実質的な経営のトップであった田宮嘉右衛門が第五代社長に就任した。[63]田宮はこれを機に翌年台湾鉄工所取締役を辞した。神鋼はその後しばらく役員を出さなかったが、一九三九年になって吉田正助が取締役に就任している。また台湾鉄工所増資のたびに新株を引き受け、同社の大株主であり続けた。[64]

おわりに

鈴木商店は、台北支店長平高寅太郎が持ち込んだ高雄における造船所設立のプランを修正し、神戸製鋼所を高雄に進出させ、同社が蓄積してきた製糖機械と造船機関製作両方の技術をもって、機械造船一体の大規模工場建設を目指した。特に製糖機械においては製糖現地で製作することによって、後発の劣勢を一気に挽回しようとしたのである。しかしこの計画は、競合相手であった田中機械の反発や顧客となる製糖各社の思惑、戦中戦後の神鋼自身の繁忙と苦境が相乗することでさらに修正を余儀なくされた。これに変わって浮上したのが鈴木・神鋼・田中・製糖各社共同出資による製糖機械会社設立計画で、一九一九年の台湾鉄工所設立として結実した。鈴木商店としては造船所設立の目論見は断念せざるを得なかったが、鈴木・神鋼、さらに傘下の東洋製糖・塩水港製糖をあわせることで支配的な株式所有と役員構成を実現した。

台湾鉄工所の経営は戦後不況や震災不況の影響から、設立当初より低調に推移した。製糖機械製作を主力とする事業体質は自ずと製糖業の浮沈に経営が規定されるところとなり、長引く製糖業不振とも相まって同社の経営は目立った実績を残すことなく、一九二七年の鈴木商店破綻を迎えることとなった。この後、鈴木商店の持株は債権者の台銀や製糖各社が引き受けることになり、資本的にはダメージを負うことはなかった。また経営・営業の両面においても、営業報告書や新聞報道を見る限り、大きな影響を受けた形跡は見当たらない。このことは鈴木商店が台湾鉄工所の経営において、所有株式や役員構成上に見られる優位性ほどには「鈴木支配」の姿勢や行動を強く打ち出さなかったことを示唆する。そもそも鈴木商店が神戸製鋼所の高雄進出を断念し、製糖各社との共同出資を選んだのは、三井資本を背景とする台湾製糖の附属鉄工所との競合を避ける意図があった。台湾鉄工所はあくまで製糖業界協調の産物として成立し、この協調体制は製糖機械の現地自給化を目指す業界としての強い動機に裏打ちされたものであった。

鈴木商店破綻後の台湾鉄工所は高雄を中心とした台湾工業化と相まって、経営は安定し事業規模を拡大させていった。神戸製鋼所はその間も一貫して資本、経営、技術の各方面で同社に深く関与し、台湾の重工業部門の中核を支え続けたのである。

【注】

1 一九二〇年七月の台湾地方官制改正に伴い「打狗」は「高雄」と名称が変更された。本稿では、台湾鉄工所が一九一九年一一月二二日に創業し、第一期営業報告書から「高雄」が用いられていることから、台湾鉄工所の創業以前の出来事に対しては「打狗」、以後に対しては「高雄」を用いた。

2 東洋経済新報社編『会社銀行八十年史』（東洋経済新報社、一九五五年）三二一頁。

3 日本工学会編『明治工業史　機械・地学篇』（日本工業会明治工業史発行所、一九三九年）一九五頁。

4 糖業協会編『近代日本糖業史　下巻』（勁草出版、一九九七年）一三四頁。東洋経済新報社編『会社銀行八十年史』（一九五五年）三二〇頁。松下伝吉著、中外産業調査会編纂『近代日本経済人大系　第七巻　製作工業篇』（日本図書センター、二〇〇三年、復刻版）二四二―二四四頁。

5 神戸製鋼所編『神戸製鋼八〇年』（一九八五年）三―六頁。

6 拙稿「台湾における鈴木商店の製糖事業について　―人的資本的関係を中心に―」（台湾史研究会『現代台湾研究』第四〇号、二〇一一年九月）三―四頁。大里製糖所は、当時国内精製糖市場を独占していた日本精糖（大阪）に対抗するため、金子直吉が九州門司近郊の大里に二五〇万円で設立した精糖会社である。のちに大日本製糖（一九〇六年に日本精糖と東京の日本精製糖が合併）へ六五〇万円で売却され、鈴木商店の財務的基盤がつくられた。またこのとき大日本製糖製品の北海道・九州・山陽・朝鮮における一手販売権を獲得し、同社との関係強化がはかられた。

7 同上論文七一―一二頁。

8 神戸製鋼所編『神鋼五十年史』（一九五四年）一八―二三頁。

9 同上書二四頁。また鈴木商店のOB会にあたる辰巳会が編集している『たつみ』第八号（一九六八年一月）六―八頁には酒井温が寄稿した「私の足跡を省みて　―故金子直吉翁にお目にかかった印象―」にも同訓示のエピソードが掲載されている。

10 前掲『神戸製鋼八〇年』二〇―二一頁。前掲『神鋼五十年史』二五―二六頁。

11 日本工学会編前掲書一八四頁によると、これより先、一九一五年には斗六製糖所が神戸製鋼所に対して、鋳鋼製のクラッシャーを試作させ使用したことが記されている。

12 前掲『神鋼五十年史』二五―二六頁。

13 同上書一〇四頁。また製糖研究会編『台湾各社製糖工場機械要覧』（一九三七年）によると、神鋼の圧搾機納入先工場は山仔頂（新興）、彰化第一（新高）、渓湖・南靖・烏樹林・蒜頭（以上明治）、虎尾第一・虎尾第二・北港（以上大日本）がある。大正末期から昭和に入ってからが多い。

14 伊藤重郎『台湾製糖株式会社史』（台湾製糖株式会社、一九三九年）前掲書一七一頁。

15 「糖業奨励方針（下）」（『台湾日日新報』一九〇九年八月二五日）。

16 伊藤重郎前掲書一七一頁。

17 真室幸教「先覚糖業会社の鉄工場設備が齎す利益と其の将来」（台湾工業協会編『台湾工業界』一九一九年六月　収蔵）。

18 伊藤重郎前掲書一七一頁。

19 「台湾鋳物工場」（『台湾日日新報』一九一七年一一月一八日）。

20 伊藤重郎前掲書一七〇―一七一頁。「台糖鋳物工場　誇るべきは自製自給」（『台湾日日新報』一九一七年一一月一八日）、「工業地としての打狗港　台糖鋳物工場」（『台湾日日新報』一九一八年三月二八日）。

21 三井文庫監修『第五回三井物産支店長会議議事録』（丸善、二〇〇四年、復刻版）一六四頁。台南支店長羽鳥精一の報告による。

22 台湾工業協会『台湾工業界』（一九一九年六月）二五―二六頁、「工場巡り　台北付近（五）台北鉄工所」（『台湾日日新報』一九一九年一月二二日）

23 「打狗と鈴木　新事業の出現か」（『台湾日日新報』一九一八年一月三〇日）

24 「打狗造船所　鈴木商店の計画」（『台湾日日新報』一九一八年三月三一日）
25 「打狗造船所　鈴木計画決定」（『台湾日日新報』一九一八年六月一六日）
26 田宮記念事業会編『田宮嘉右衛門伝』（一九六二年）九三頁。
27 「鈴木製鋼取止か」（『台湾日日新報』一九一八年九月一日）
28 「塩糖の新計画　鋳物工場と爪哇糖輸入」（『台日一九一八年五月三一日』）によると、この年塩水港製糖自らも機械自給を目指して一六万円の資金を投じて鋳物工場建設を進めていた。同社にとっても打狗における鉄工所設立の動向は一大関心事であったと考えられる。
29 台湾炭業株式会社「第一回営業報告書」（一九二一年）
30 田宮記念事業会編前掲書九三―九四頁。
31 同上書九四頁。
32 前掲『神戸製鋼八〇年』二五―二六頁。鉄鋼価格は一九一八年夏頃に比べて、一九一九年二～三月には三分の一に暴落した。同年、神鋼は二〇〇人の人員整理を行っている。
33 「工業地としての打狗港　台糖鋳物工場」（『台湾日日新報』一九一八年三月二八日）
34 日本工学会編前掲書一九四頁。
35 台湾鉄工所「第一期営業報告書」（一九一九～一九二〇年）「第二期営業報告書」（一九二一年）によると、設立当初の本社は高雄州高雄郡高雄街新浜町一〇六ノ八、翌年には高雄街高雄字塩埕埔百四拾八番地ノ四に移転した。
36 「台湾鉄工所成立　工場は打狗と台北に」（『台湾日日新報』一九一九年一一月二四日）
37 「台湾鉄工所設立　鈴木と田中の共同」（『台湾日日新報』一九一九年八月三一日）
38 台湾鉄工所「第一期営業報告書」（一九一九～一九二〇年）
39 辰巳会編『たつみ』創刊号（一九六四年五月）一〇頁。
40 台湾鉄工所「第二期営業報告書」（一九二一年）
41 台湾鉄工所「第三期営業報告書」（一九二二年）
42 台湾鉄工所「第四期営業報告書」（一九二三年）
43 台湾鉄工所「第六期営業報告書」（一九二四年下半期）
44 台湾鉄工所「第一期営業報告書」（一九一九～一九二〇年）「第二期営業報告書」（一九二一年）。熊野城造『本島会社の内容批判』（事業界と内容批判社、一九二九年）。製糖各社は、従来から取引のあった内地や欧米の機械メーカーとの関係は継続していたから、台湾鉄工所は設立後からこれら既存メーカーと競合する中での厳しい営業状況が続くことになった。

45　台湾鉄工所「第三期営業報告書」（一九二二年）

46　台湾鉄工所「第四期営業報告書」（一九二三年）

47　台湾鉄工所「第六期営業報告書」（一九二四年下半期）「第七期営業報告書」（一九二五年上半期）

48　「台湾鉄工株昂騰」（『台湾日日新報』一九二五年五月二五日）

49　台湾鉄工所「第十期営業報告書」（一九二六年下半期）

50　鈴木商店の借入金は、台銀融資打ち切りの時点で、同行に対するものだけで三億七九〇〇万円近くに達し、その他に横浜正金銀行をはじめ市中銀行に約一億円、合計五億円近い借入金があった。

51　前掲『神戸製鋼八〇年』四一頁。

52　涂照彦『日本帝国主義下の台湾』（東京大学出版、一九七五年）三一一―三一二頁。

53　台湾鉄工所「第十四期営業報告書」（一九二八年下半期）

54　台湾鉄工所「第十三期営業報告書」（一九二八年上半期）～「第二十一期営業報告書」（一九三二年上半期）

55　台湾鉄工所「第二十二期営業報告書」（一九三二年下半期）～「第二十八期営業報告書」（一九三五年下半期）

56　やまだあつし「植民地時代末期台湾工業の構造」（京都大学人文科学研究所『人文学報』第七九号、一九九七年三月、六二頁）。総督府の工業化基本方針は、（一）南進基地としての役割を期待した軍需関連工業の進出計画、（二）島外の資源利用を想定した工場の進出計画、（三）島内の自給自足体制確立を目的とする台湾への工場誘致、の三点に集約できる。

57　台湾鉄工所「第二十九期営業報告書」（一九三六年上半期）～「第三十五期営業報告書」（一九三九年上半期）

58　洪紹洋「日治時期臺灣機械業發展之初探―以臺灣鐵工所為例」（臺灣學研究國際學術検討會『殖民與近代化論文集』、二〇〇九年二八二頁。この時期の生産項目として、製糖機械関連以外に、化学工業機械、鉄道機関車・貨車・油槽車、発電機・電動機・変圧器、工作機械、鉄骨・橋梁など建築資材、蒸気ショベルなど農業用機械の設計・製造・修理に従事していたことがわかる。

59　台湾鉄工所「第四十二期営業報告書」（一九四二年下半期）によると、広東工場は軍の命令によりマニラに移設され、農機具その他の製作に従事することとなった。

60　台湾鉄工所「第三十六期営業報告書」（一九三九年下半期）～「第四十五期営業報告書」（一九四四年上半期）

61　洪紹洋『台湾造船公司の研究　植民地工業化と技術移転（一九一九～一九七七年）』（御茶ノ水書院、二〇一一年）四〇―四一頁、五一頁。台湾船渠は一九三七年、基隆船渠の資産を基礎として設立された。三菱重工業、大阪商船、台湾電力、近海郵船、顔欽賢を主要株主とし、設立当初の資本金は一〇〇万円、のちに五〇〇万円に増資された。

62 台湾鉄工所「第三十六期営業報告書」（一九三九年下半期）〜「第四十五期営業報告書」（一九四四年上半期）

63 前掲『神戸製鋼八〇年』五〇頁。

64 台湾鉄工所「第三十六期営業報告書」（一九三九年下半期）〜「第四十五期営業報告書」（一九四四年上半期）

行き倒れの人びとと巡査

八木　文

二〇二〇（令和二）年頃から、世界の多くの国々が、新型コロナウィルス感染症との戦いを続けている。この新型コロナウィルス（以下コロナと略す）に感染していた変死事案が、日本各地で発生しているとの報道をインターネット等で見聞きし、明治期のある新聞記事を思い出した。以前、神戸又新日報の一八八六（明治一九）年度発行分を閲覧した時の行き倒れ身元不明者数名の公告欄である。[1]現在も行き倒れの人、つまり行旅病人及び行旅死亡人は、毎日の様に全国各地で発生している。時折小さな記事として、ひっそりと新聞の片隅に掲載されていたりする。明治期のこの新聞にも、当時の戸長役場によって、身元不明者の詳細が公告として掲載されており、現代の官報の様であった。

例えば、一八八六（明治一九）年六月一三日付の神戸又新日報の記事では、死者五名の公告欄がある。そのうち印字が判読可能な二名についての公告は、次の様であった。

「倒死人廣告　―原籍姓名不詳　男壹人　年齢五十年位　人相　背五尺二寸位　色白キ方　顔丸キ方　眉薄キ方　耳口目鼻常躰　頭坊主
〇着服及所持品　木綿　淺黄小紋ノ襦袢壹枚
紺淺黄ツギ〳〵袷壹枚　細帯壹筋　小袋二ツ
白麥五勺程

右ノ者五月二十四日部内國衛村字畦田山林中ニテ倒死居候ニ付検視済ノ上該村字小力共葬墓地へ仮埋葬取計ヒ置候條心當ノ者ハ申出ツヘシ

兵庫縣三原郡神稲村外二ケ村
戸長役場

明治十九年六月十日」（原文ママ）

「公告　原籍氏名不詳女壹人　◯相貌年齢十五才位、身躰四尺七八寸、肉肥タル方、色白キ方、顔凡キ方、其他常体　◯着品、木綿紺茶壹縞裏淺黄金巾袷壹枚、木綿欒々ノ帯壹筋、木綿白地ニ紺碁盤縞ノ腰巻壹ツ、木綿紺ト茶横縞前垂壹ツ

右之者本月十一日午後第一時頃部内兵庫今川在家町海濱ニ於テ溺死致居候ニ付其筋ノ撿死ヲ受ケ仮埋葬取計置候條心當リノ者ハ當役塲へ可申出此旨公告候也

兵庫縣神戸區兵庫湊川西小物屋町外四十三町
戸長役塲

明治十九年六月十二日」（原文ママ）

前者は身元不明の初老男性である。所持金無く、僅かな白麦入り小袋を持つも力尽きて倒れたのであろうか。

後者も同じく身元不明者である。身投げしたのか、海浜で溺死していた十五歳程の未成年女子であった。両者共に縁者を探す為の告知記事であったが、それらは身体の特徴をあまり説明していない。「色白キ方」や「顔丸キ方」で何が判明するのだろう。例えば「右目ノ横ニ黒子有リ」や「額ニ一寸程ノ傷痕有リ」といった説明をしないのは何故だろう。それに比べて、所持していた着物と襦袢の色や模様の説明は、妙に詳細である。発見当時、死体は酷く腐敗していたのかもしれない。

奥武則氏によると、「明治一二年に各地でコレラ騒動が頻発した後、コレラの大流行が見られたのは明治一五年、明治一九年の二回である。なかでも明治一九年は一二年の大流行と同じ程度の患者と死者を出した」[2]という。行旅人の中に、コレラ感染者がいることもあっただろう。当時の巡査にとって、行旅人の検視は着衣観察であったのかもしれない。杉山章子氏によると、コレラ患者が出ると、患者の隔離や患者宅の消毒は巡査が担い、

「亭主もつなら巡査はもつな。巡査コレラの先走り」という歌が流行し、病死人護送中の巡査が暴行を受けたり、一八七九年には暴行を受けて医師や警官が死亡する事態も生じたという。[3]

報知新聞記者であった篠田鉱造の聞き書き集『明治百話』[4]には、疫病対策に関して特別な危険手当もなく、コレラであろうと赤痢であろうと一切の伝染病の目付役を勤めなければならなかったという巡査本人からの聞き書きが記録されている。[5]酒の勢いでも借りないとやりきれない、と署でも病院でも酒を飲み、仕事で出動すれば石炭酸をぶちまけ、コレラ感染予防に効果ありという説が大変流行った為に、喫めもしない煙草をプカプカやって苦しくなり、顔色を変え冷や汗を流して倒れた[6]という気の毒な明治期の巡査の姿が目に浮かぶ。

そんなことに想いを巡らせていると、この令和二年国内発生以来のコロナ流行期にも、街中の行旅人にコロナ感染者がいることもあっただろうと想像する。今も昔も、巡査や医療関係者が駆け付けたのだろうと思われ、救急医療における初動の現場の人々の苦労を想う。明治期のコレラ流行期も、酒や煙草など様々な感染対策が考案されていたが、効果がなかっただろうと思われる。

コロナ禍を機に、はからずも明治期の疫病流行を身近に感じる令和期の日々が、ここしばらくの間続いた。明治期のコレラ流行がそうであった様に、令和期にもあの様なパンデミックの時代があったなあ、と何気なく思い出す日がいつの日か来るのであろうか。

【参考文献】

① 「自宅などで死亡の変死事案、122人がコロナ陽性　警察庁」『日本経済新聞』二〇二一（令和三）年一月六日　電子版　http://www.nikkei.com/article/DGXZQODG061OU0W1A100C2000000/　閲覧日：二〇二一（令和三）年七月七日

② 「倒死人廣告」「公告」『神戸又新日報』一八八六（明治一九）年六月一三日　五州社

マイクロフィルム　神戸市立中央図書館蔵
③　奥武則『感染症と民衆　明治日本のコレラ体験』平凡社新書　二〇二〇年
④　杉山章子　第六章「西洋医学体制の確立」新村拓編『日本医療史』吉川弘文館　二〇〇六年
⑤　篠田鉱造著『明治百話(上)(下)』岩波文庫　一九九六年

【注】

1　②　明治一七年創刊、昭和一四年廃刊の日刊紙。
2　③　一五二頁
3　④　二三一頁
4　⑤は、編集付記によると、昭和六年四条書房刊行の『明治百話』が底本となっている。
5　⑤（下）　二〇七―二〇八頁
6　⑤（下）　二〇八頁

旧制七年制　甲南高等学校創立者
平生釟三郎の教育理念とスポーツ
―日記に見るラグビーを中心に―

高木　應光

はじめに

ラグビーの素晴らしさは、どこにあるのだろうか。以下に紹介する平生釟三郎は、一九二三（大正一二）年に旧制七年制の甲南高等学校を創設した人物である。彼は自身の日記に教育理念とスポーツについて次のように記している。

正しき教育は人格の修養及健康の増進を第一義とし、加ふるに天賦の特性を啓発するに在る（略）余は剛健なる精神は剛健なる身体に宿るとの古諺を信ずる（略）健康の維持には精神的修養と肉体的鍛錬こそ必要なり。この鍛錬には武術及sportsこそ尤も適当なれ。（略）sportsも亦勝敗に拘泥せずして正々堂々男性的勇気とsportsmanshipとを以て行はれざる可からず。（記述日一九二六年一月一六日：以下一九二六・一・一六と記す）

（『平生釟三郎 日記』第七巻 六〇八〜六一〇頁）

彼はスポーツ、中でも特にラグビーを奨励している。「スポーツの種類は種々ありますが、（略）ベースボール、ラグビー・フットボールは最も奨励すべきものではないかと考えます。（略）殊にラグビーの如きは」[1]云々と語っている。

当時すでに野球は、早慶戦や甲子園に代表されるように非常に盛んで、サッカーもまた一定の人気を得ていた。しかし、ラグビーの普及は未だまだで、その活動は極一部の大学、高等学校等に限られ、楕円形の珍しさのみ強調される程度だった。

平生が奨励したラグビーが盛んだった甲南高校では、部活動はもちろんクラス対抗の七人制ラグビー大会も行事化され、校技として取り扱われていた。しかし、ラグビー部の活動（試合・練習など）への特別な配慮・便宜を図ることなど一切なし。いわんや、今日見られるようなラグビー経験者や素質ある生徒を特別枠で入学させ、ラグビー部の強化を計るなど全くあり得ないことだった。

図1　平生釟三郎（1866~1945）
（甲南大学資料室より）

ところで、平生はどのような経緯でこのような教育理念やスポーツ観を持つに至ったのだろうか。また全くラグビー経験が無いにもかかわらず、なぜ盛んにラグビーを推奨したのだろうか。これ等の疑問を解くことで、教育とスポーツの関係は如何にあるべきかを、またラグビーの善さ・素晴らしさを、再考することが可能となるのではなかろうか。

一・武士としての生い立ち

平生釟三郎は、一八六六年七月四日（慶応二年五月二二日）、美濃国加納町三丁目（現・岐阜市加納鉄砲町1丁目）[2] 田中時言、松の三男として生を受けた。父・時言はもともと田中家の人ではなく、武家の出身でもなかった。美濃国厚見郡高田村（現・岐阜市高田）庄屋の三男だった。[3] しかし百姓の子でありながら、百姓を嫌い武士であることを熱望していた。一方、一人娘の田中家では、武家の後継ぎにこの時言を婿養子として迎えた。時言は非常なる名誉と思い、より一層武士らしく振る舞うことを肝に銘じた。

釟三郎の幼少期、彼の人生を決定づけたと思われる出来事があった。それは、町内の子供たちの悪戯だった。釟三郎の兄が落し穴を掘り、常々酒を買いに行く近所の少年を転落させた。徳利は割れ酒は路上に零《こぼ》れ、少年は泥だらけになり怪我をした。これを知った父・時言は、兄に対し

衣服を剥ぎ取って丸裸とし、庭前の柿の古木へ後手に縛りつけた。それから時言は刀箪笥から一刀を取り出して来て縁先に腰をかけて鞘を払った。その口をついて出た言葉の中には一徹な、不義を憎む、昔ながらの武士の魂が呼吸をしていた。「貴様は武士の子ではないか。だまし打ちは武士が最も恥《はじ》とする所なるに、貴様の今日の行為は何たることぞ。田中の家名、父の顔に泥を塗るものではないか。かような痴れ者を活かしておいては祖先に申訳が立たぬ。打首にして遣わすからさよう

心得ろ。」

（河合哲雄『平生釟三郎』：以下、【引用文献】番号で示す。② 六頁）

この様子を目の前で逐一見ていた釟三郎は、恐れおののき一生この日の出来事を忘れることはなかったという。釟三郎にとって、不正、不義、卑怯を憎み、一寸の仮借も許さない態度を身に着ける契機となった。

時代は幕末から新たな明治に移ろうとする時で、大政奉還、廃藩置県、廃刀令、秩禄処分など矢継ぎ早に新制度が敷かれた。四民平等となり、武士階級そのものが終りを告げた時期であった。父・時言は、かつてのように藩からの俸禄に依って生活を支えることが出来なくなる。そのため、和傘の骨削りを生業とせざるを得なかった。釟三郎の生誕地・加納町は、江戸時代から美濃紙を使った和傘の産地として全国的に知られていた。父が削った傘骨を問屋へ届けるのが釟三郎の仕事で、時にはついでに二〇～三〇銭の前借りを頼むことさえあったという。父自らが、それを申し出ることに武士の矜持が許さなかったのであろう。

二．困窮する学費

釟三郎は、八歳になった一八七三（明治六）年、憲章校（後・加納尋常小学校）へ入学。一八七九（明治一二）年三月、一四歳で岐阜中学へ入学するも学費が続かず、わずか一年三ヶ月で退学。海運会社の丁稚として身を立てるべく上京。たまたま見かけたポスターで、東京外国語学校・露語科に優秀な成績で入学、官費生となる。ところが学校編成の改変を受け、一八八六（明治一九）年改めて、東京商業学校（後・東京高等商業学校）を受験・入学するも給費生制度もなく学費に困窮。しかたなく、岐阜地方判事・平生忠辰の養子となり[4]、学費を繋いだ。後日、校長・矢野二郎は平生の学才に期待し、特別に給費生とした。一八九〇（明治二三）年、彼は首席で東京高商を卒業、時に二五歳だった。[5]

卒業と同時に矢野校長の命で東京高商・附属主計学校の助教諭を八ヶ月。翌年三月から二年間朝鮮・仁川海関幇辨を勤めた。その後二八歳で兵庫県立神戸商業学校・校長を拝命。およそ一年三ヶ月、同校の立直しに尽力した。

その後また、矢野校長の命で東京海上保険に入社、時に一八九四（明治二七）年二九歳だった。以後、六〇歳（当時、専務取締役）で同社を退職するまで、およそ三〇年間同社の発展に尽力した。

三．社会奉仕

平生は東京高商を卒業する二五歳の時、将来について人生設計を描いた。即ち二五歳までを学業の時代とし、五〇歳までの二五年間を仕事の時代、そして「五〇歳以後は公利公益を先にし国家社会の為に余力を尽くさんと計画せる」[6]と日記に記している。つまり、五〇歳からを社会奉仕の時代と位置付けたのだった。

実際、平生が社会奉仕時代に行ったのは、幾多の事業及び役職への就任だった。主なものだけでも拾芳会《しゅうほうかい》（平生個人の育英事業）、甲南学園の創立・育成（期間：三四ヶ年）、灘購買組合（現・コープこうべ）理事就任、大阪ロータリークラブ設立・会長、甲南病院の設立・運営（一五ヶ年）、川崎造船所社長・会長への就任（四ヶ年）、ブラジル訪問経済使節・団長（六ヶ月）、文部大臣（一一ヶ月）、日本製鉄社長・会長（四ヶ年）、大日本産業報国会々長（四ヶ年）などであった。中でも平生が最も尽力したのが、甲南学園の創設・育成であった。

四．阪神間モダニズムと大正デモクラシー

一八七四（明治七）年に開通した大阪～神戸を結ぶ鉄道は国内二番目の路線で、途中に神崎（後・尼崎）、西ノ宮、住吉の三駅が設けられた。これら三駅の中で住宅地として好適なのは、住吉川の扇状地に拓けた住吉駅北側の地（山側）であった。大阪市内の大気汚染等を避け、財界人たちが阪神間、中でも住吉近辺へ邸宅を移しつつあった。発端は村山龍平（朝日新聞社・創業）で、一九〇〇（明治三三）年に六〇〇〇坪超を取得し移転した。[7]次いで一九〇四（明治三七）年、久原《くはら》房之助（久原財閥）が、住吉川東岸に一万坪超を購入し大邸宅を建てた。この地の住宅地開発を進めたのは、阿部元太郎（後・日本

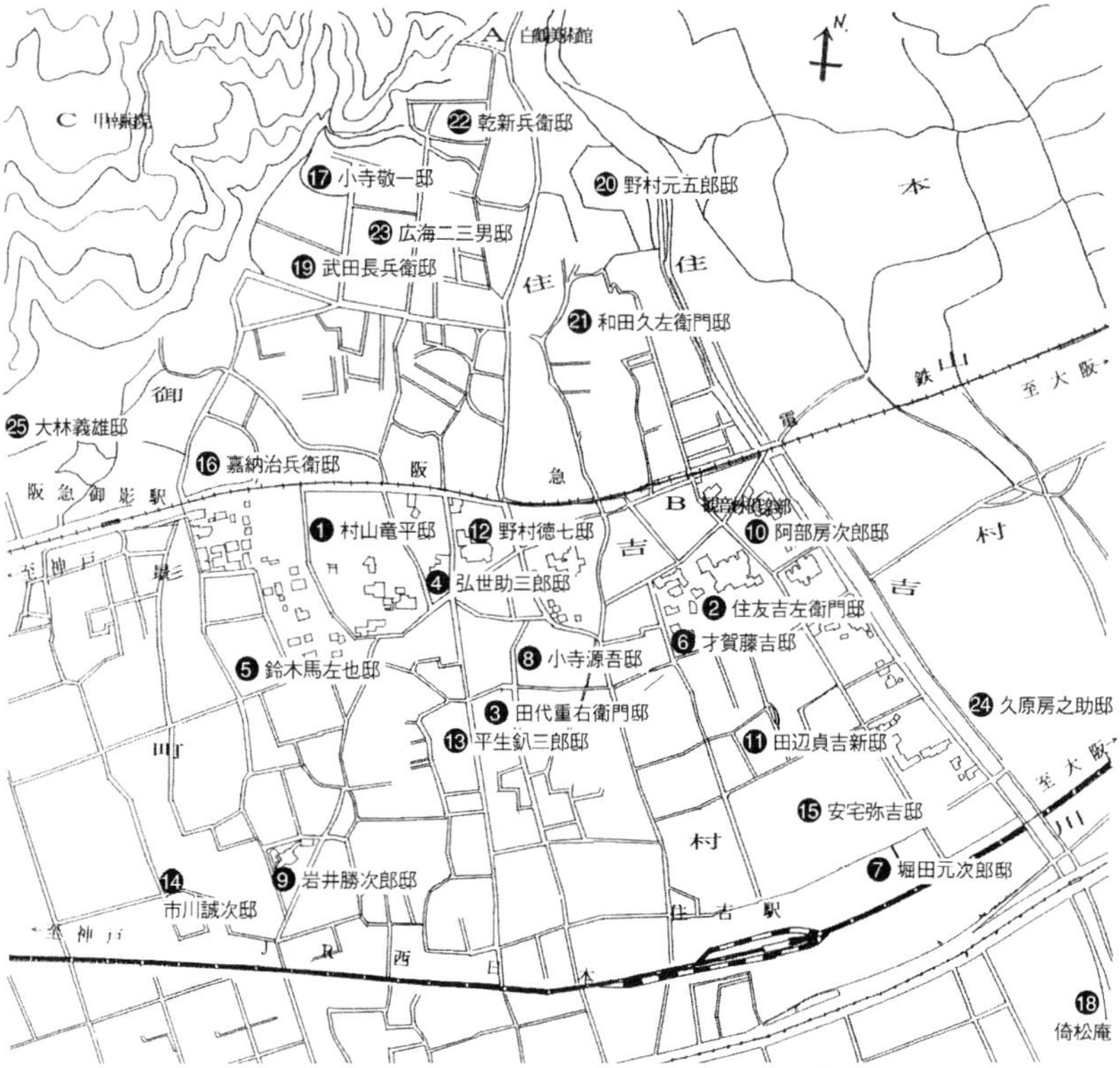

図2　阪神間初の開発住宅地・現住吉駅山側：財界人の邸宅・別宅が多く位置した
（坂本勝比古「御影・住吉／神戸」『近代日本の郊外住宅地』鹿島出版会より）

住宅）で、田邉貞吉（住友・理事：移住・明治三八年二〇〇〇坪）、岩井勝次郎（岩井商店主：明治三八年）、鈴木馬左也（住友・総理事：明治三八年）、弘世《ひろせ》助三郎（日本生命創業：明治四一年）等が続いた。一九〇九（明治四二）年、平生は東京海上保険・大阪社宅から、ここ摂津国菟原郡住吉村（現・神戸市東灘区住吉本町二丁目二九番）の八〇〇坪へ転居する。彼ら大阪や神戸の財界人たちが住むようになり、阪神間は神戸の欧米人文化と相俟って後に「阪神間モダニズム」と呼ばれる生活文化が花開くことになる。

　平生は転居間もなく近所に住む「弘世助太郎（日本生命第三代社

長）の訪問を受けた。用件は、（略）財界人や土地の（略）子女のために小学校を創設したいので協力してもらいたいとの事であった。[8]」甲南幼稚園・小学校の創設について、教育経験者として協力を求められたのだ。それは、一年余の県立神戸商業学校々長として、同校立て直しの実績を買われてのことだった。中心になったのは、弘世はもちろん田邊貞吉（甲南初代理事長）、阿部元太郎、野口孫市（建築家）ら関西の実業家一〇名余りだった。

図3　平生釟三郎邸：1924（大正13）年（甲南大学資料室より）

後世、「大正デモクラシー」と呼ばれた社会思想・運動は、教育の分野でも顕著であった。甲南の小学生も成長し、一九一九（大正八）年には甲南中学校を創設。「幾何・代数の授業では、ロンドンから取り寄せた原書をテキストに利用。国語では現代小説を読ませてディスカッション。地理では阪神間の都市計画を立てさせる等々、自由で創意に満ちた甲南独自の学風を育てて行った。[9]当時の教育状況を平生は、次のように日記に記している。

（略）人間を空瓶とし、単に詰込みたる知識の蓄積が人物を造るものと誤解し、試験といふ苦を以て児童、生徒、学生を鞭撻、迫害して、単に点取虫として試験成績の優越を競争せしめ、精神的にも体格的にも衰耗を意とせざる教育を施し（略）健康も意に介せず、単に高等学校や高等専門学校への入学生多きを誇とせるが（略）体位が甚しく低下して、結核に罹るもの年と共に増加（略）人格的に劣等にして（略）利己的にして協同心薄きものは青年学生である、青壮年の官吏、事務員である（略）（記述日一九四一・一〇・一九）

（①一七巻 六七三頁）

教育思潮は関東でも同様だった。武蔵高等学校は根津嘉一郎（甲州財閥）が、成蹊高等学校は岩崎小彌太（三菱財閥）が、強力に支援した学校である。財界や実業家たちの多くは明治以来の官立教育に飽き足らず、先端的な「教育家や英国パブリック・スクールに傾倒する国際派経済人で[10]」平生もその一人であった。

五．七年制 甲南高等学校

旧制高校と言えば、多くが東大へ進んだ一高（東京）や関西でのラグビーの嚆矢・三高（京都）、さらには夏目漱石や嘉納治五郎らが、教壇に立った五高（熊本）等ナンバースクールがよく知られる。日清・日露戦争に勝利し、世界にその存在を知らしめた大日本帝国は、第一次大戦下の好況期を通してさらなる工業化を進め、世界の列強に大きく近づいた。このような状況下に、高学歴の人材が多数必要となる。原敬内閣は一九一八（大正七）年「高等諸学校創設及び拡張計画」を進め、高等学校はもち

図4 旧制7年制・甲南高等学校・本館とテニスコート（手前）
（甲南大学資料室より）

ろん高等商業、高等工業、高等農林、外語、薬学等を設置。翌年この一環として「第二次高等学校令」を施行、私立校の創立も許可された。従来、中学校五年間と高等学校三年間、計八年の就学を必要としたが、この改正で七年制高等学校（尋常科：中学四年間＋高等科三年間）、しかも私学の創設も可能となった。

この発令に一早く応えた私学が一九二二（大正一一）年創立の武蔵高等学校（東京・練馬区）、続いて甲南高等学校（神戸・東灘区岡本）が一九二三年に、そして成蹊（東京・武蔵野市）が一九二五年、さらには成城（東京・新宿区）が一九二六（昭和元）年と続いた。即ち甲南は全国で二番目、関西で初の七年制・私立高等学校だった。尋常科六〇名、高等科五三名が同時入学。時に平生釟三郎、五八歳。[11] なお関西では七年制私学は甲南以外にはなく、それだけに特異な存在だったと言えるだろう。

徳・体・知への転換

英国の哲学者・社会学者H・スペンサーが一八六〇年に出版した"Education; Intellectual, Moral, and Physical"『教育：知育、徳育と体育』が、いわゆる「スペンサーの教育論」として一世を風靡した（翻訳・尺振八《せきしんぱち》『斯氏教育論』明治一三年)。それはまた、「スペンサーの時代一八八〇〜九〇」と言われるほどであった。福沢諭吉も『学問のすすめ』の中で「知育・徳育・体育」を説明している。それは、教育の三要素「①知・②徳・③体」とも説明され、一般的にも理解されやすいものであった。しかし平生の教育論では、この三要素の順序が「①徳・②体・③知[12]」と入れ換っている。それは、なぜだろうか。

大正の初期、当時の陸軍大臣・大島健一が、地方官会議で徴兵検査の結果について、次のように語っている。「甲種合格者が、高等小学校卒で三六%、中卒二八%、高卒で二〇%、大卒で七・五%(略)(日記一九一六・五・一六)[13]」が実態であると述べている。これを知った平生は、日記に「(略)学問亡国、文化亡国を叫ばざるべからず。(略)体格の優良は啻《ただ》に兵士としてのみ必要なるにあらず、学者としても技術家としても、政治家としても実業家としても、凡そ日本帝国の民として健全なる身体と共に健全なる精神を有せざるべからず(一九一六・五・一七)[14]」と記し、現状を大いに憂いている。即ち、当時の状況は高学歴ほど頑健な者が少ない、という由々しき状況を示していたのである。

平生は明治以来の三育主義の現状を転換させるべきであると考えていた。即ち「知育偏重の弊を避け、人格の修養、健康の増進を第一義とし、個性を尊重して天賦の知能を啓発すべき知的教育を施さん[15]」、「より簡潔にいえば、徳育・体育・知育[16]」への転換であった。

六．平生とスポーツ

甲南の教育について平生は、スポーツを大いに奨励したが、その背景には自らのスポーツ経験と観戦、さらにはスポーツに対する平生自身の高い見識があったからと言えるだろう。

ボート

平生自身が若い時代に経験したスポーツはボートだった。一九一五（大正四）年四月三日の日記に「（略）この日は例に依り東京高等商業学校端艇競漕会あり。在学の当時クラッス選手として墨水（筆者注：隅田川の異名）にオールを握りし快味は、満25年を経たる今日といえども忘るる能はず[17]」と記している。

日本のボート競漕は東京・隅田川から始まり一八七七（明治一〇）年頃には、そのメッカとなって行った。隅田川ボート碑（建立二〇一六・平成二八年）には、「夏目漱石も漕ぎ、福沢諭吉も漕ぎ、レガッタは《春のうららの隅田川》と瀧廉太郎の『花』にも歌われ、ボートは隅田川の華であった」と刻まれている。

平生が在学した当時の東京商業学校（後・東京高商・一橋大学）では、今日で言う自治会活動が始まった頃だった。平生は英語会で『シーザー』（シェークスピア原作）のブルータス役を演じたり、唱歌会では創会者でありながら水島銕也（後・神戸高商校長）とともに音痴グループに入れられたりもしたという。[18]

こうした学生生活を謳歌する平生が、最も力を入れたスポーツはボートだった。一八八七（明治二〇）年に始まった校内クラス対抗ボート競漕に、連続して代表となるも敗退続き。最後の年、平生は意を決し「2月初より風雨雪を厭はず日々隅田川に於て練習をなし（略）」[19]競漕当日は校長夫人からの財嚢[20]もあり、いやが上にも盛り上がりを見せた。さらに平生は記す。

隅田川辺の桜は今や満開にして早咲きの花は、そよ吹く風に誘はれてチラリホラリと飛散りて風情を添へ、観衆は土堤を埋むるの盛況なりき。（中略）桜花は時に戦士の面を打つ此時の感じは実に何とも言ひ知れぬものにて、若き武士が戦場に赴く時の意気やかくやと思はれ、所謂武者ぶるひの感あり。（④七八頁）

平生のボート経験は、三年後校長として赴任した県立神戸商業学校[21]の立て直しに活きる。即ち、活気のなかった学校を何とかしようと考え、人気のボートに着目し「6艇櫓の端艇2隻を買入れた。[22]」だがボートを漕げる生徒が一人もなく、校長・平生自らが指導。やがて二ヶ月も経つと急速に上達、須磨辺りまで遠漕するグループも現われ、平生は同校の立直しに意を強くした。

図5　鳴尾ゴルフ倶楽部：1番ティーグラウンド
（手書き1924は1925の間違い、神戸市文書館所蔵）

六甲山が、日本のゴルフ発祥地だった。一九〇一（明治三四）年、神戸の英国人Ａ・Ｈグルームが、背山・六甲山に造った四ホールのプライベート・コースが、それだった。その後これを基に九ホールに、やがて一八ホールに拡張、しかも一九〇三年には組織化しクラブとした。これが今日にも続く神戸ゴルフ倶楽部（ＫＧＣ）だった。

一九〇四（明治三七）年Ｗ・Ｊロビンソンが、日本で二番目の横屋ゴルフ・アソシエーション（現・東灘区魚崎中学附近）を創設。これが一〇年後に移転、鳴尾ゴルフ・アソシエーションとなる。一九二〇（大正九）年この跡地に生れたのが、鳴尾ゴルフ倶楽部（ＮＧＣ）だった。創設の中心になったのは、西村貫一[23]と鈴木商店[24]の数名および Kobe Regatta & Athletic Club（ＫＲ＆ＡＣ：神戸の欧米人スポーツ・クラブ）のクレーン兄弟らであった。ＮＧＣの誕生は、まさに「阪神間モダニズム[25]」の好例だった。

平生がゴルフを始めたのは、広岡久右衛門（大同生命）から茨木カントリー倶楽部[26]（一九二三年創立）への入会を勧められてのことだった。ゴルフクラブは、東京高商の後輩・川崎肇（日本アマチュア選手権大会三勝）に依頼、英国に註文して揃えた。高齢者の健康には大いに適したスポーツだが、貴族的・富豪向きと感じ入会を躊躇、だが結局入会した。

普段は、西宮浜の鳴尾ゴルフ倶楽部（ＮＧＣ）でレッスンを受けたり、個人練習に励んだ。平生が練習に通うのは殆んど平日。だが、不況時にも関わらず意外にもゴルファーが多かった。

時に10時半なりしが3人の壮年者が（略）日中（weekdays）遊技を楽みつつあるを見ては、営々と労役を事とせる人々が之を見て不快の感に満たさるるならん（一九二七・五・三一）。

（①九巻五一頁）

（略）目下営業不振にして年々損失を重ねつつある（略）如此き人が経営の衝に当りて事業の成功を待は木に縁りて魚を求むるよりも難しいといふべし（一九二七・一〇・二七）。

（①九巻二七六頁）

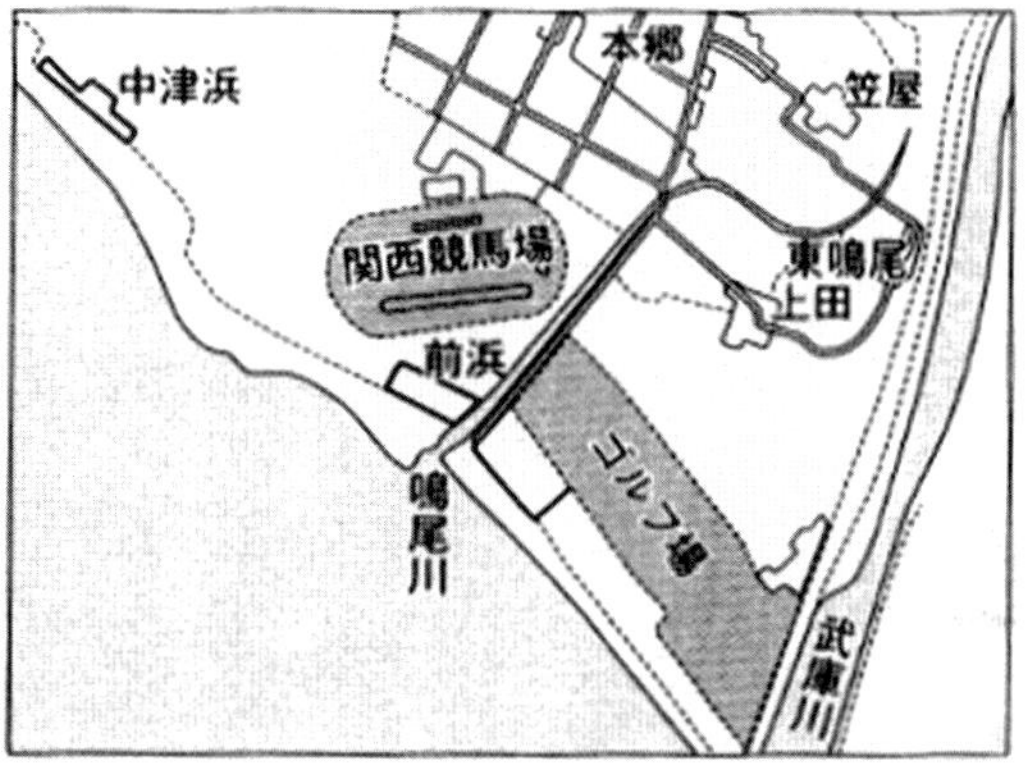

図6　武庫川河口の西岸に在った鳴尾ゴルフ倶楽部（1：25,000「西宮」昭和4年修正，昭和7年1月30日発行から作図）

ゴルフを始めた頃、平生は、その貴族性・富豪性が、労働者たちの怨嗟の的になりはしないかを気に留めていた。案の定、心配した通りだった。前記のような状況では平生の性格上、楽しくゴルフをすることも出来なかった。もちろん気にかかるような人物が居ない時などは、阪神間のロケーションとも相俟って非常に爽快だった。

炎暑焼くが如く、さすが広漠たる場内に一人のゴルハーを認めず。（中略）峨々たる六甲の山脈と波静かにして大小の船舶行通へる茅海の煙波を右眄左顧して長閑なる心地を養ふ（一九二七・六・二一）　（①九巻八三頁）

（略）午後は何人もあらず、練習には尤も適当なり。六甲の山脈は煙の如きモヤの中に淡彩の絵の如く、小春日和の麗かなる日とて実に愉快なり。（一九二七・一二・五）　（①九巻三四一頁）

一方で平生は、モダンな意識も持ち合わせていた。夫婦同伴でゴルフを楽しむことも間々あった。日記では計五回の記述が認められる。[27] 練習場は意外に満員の場合が多く、その理由の一つが婦人ゴルファーの多さだった。平生は日記に彼女らを「モダーンwoman」「modern Mesdames」「modern girls」等と記し、阪神間のモダンさを認めている。

若き夫人がgolf姿にて広きgroundをclubを提げて緩歩しつつある姿は、白帆に軽風を孕みて往来せる青海原を点綴せる帆船と春霞の中に朧に形を示す六甲の青巒と相対して、一幅の画図たるを失はず。実に快き光景なり。（一九二七・二・二七）　（①一二巻一三七頁）

しかし、平生は婦人ゴルファーの多きを諸手を挙げて賛成しない。「果して現代の日本の国情に於いて好ましき流潮なるやは訝《いぶか》しきものなり（一九二七・一一・一）[28]」とも記す。

六甲登山

一九二一（大正一〇）年の夏、平生は桃山中学校々長ローリングスの六甲山荘を購入する。[29] 山上からの眺望は「一眸茅海は勿論、対岸に於ける紀泉の山脈（略）眼下には石屋川、住吉川、芦屋川、夙川、武庫川の（略）住吉川の東岸一帯には久原氏の大邸宅も（略）野村氏の新宅も（略）余の西洋館も（一九二三・六・一〇）[30]」と素晴らしかった。

当時はケーブルもロープウェイも勿論ドライブウェイもなく、山荘へは徒歩だった。時に平生五六歳、毎週末には山荘へ登った。それが功を奏して「（略）余としては山中に暑を避けて静かに其心身を養ふの時日少なりき。左れど余の健康は幸に頑健にして未だ避暑避寒を要するに至らず（一九二六・九・一二）[31]」と記すように、山荘行きは健康をも保証してくれた。

一九二九～三一（昭和六）年にかけて六甲山にドライブウェイ、

▶昭和11年当時の六甲山周辺の地図

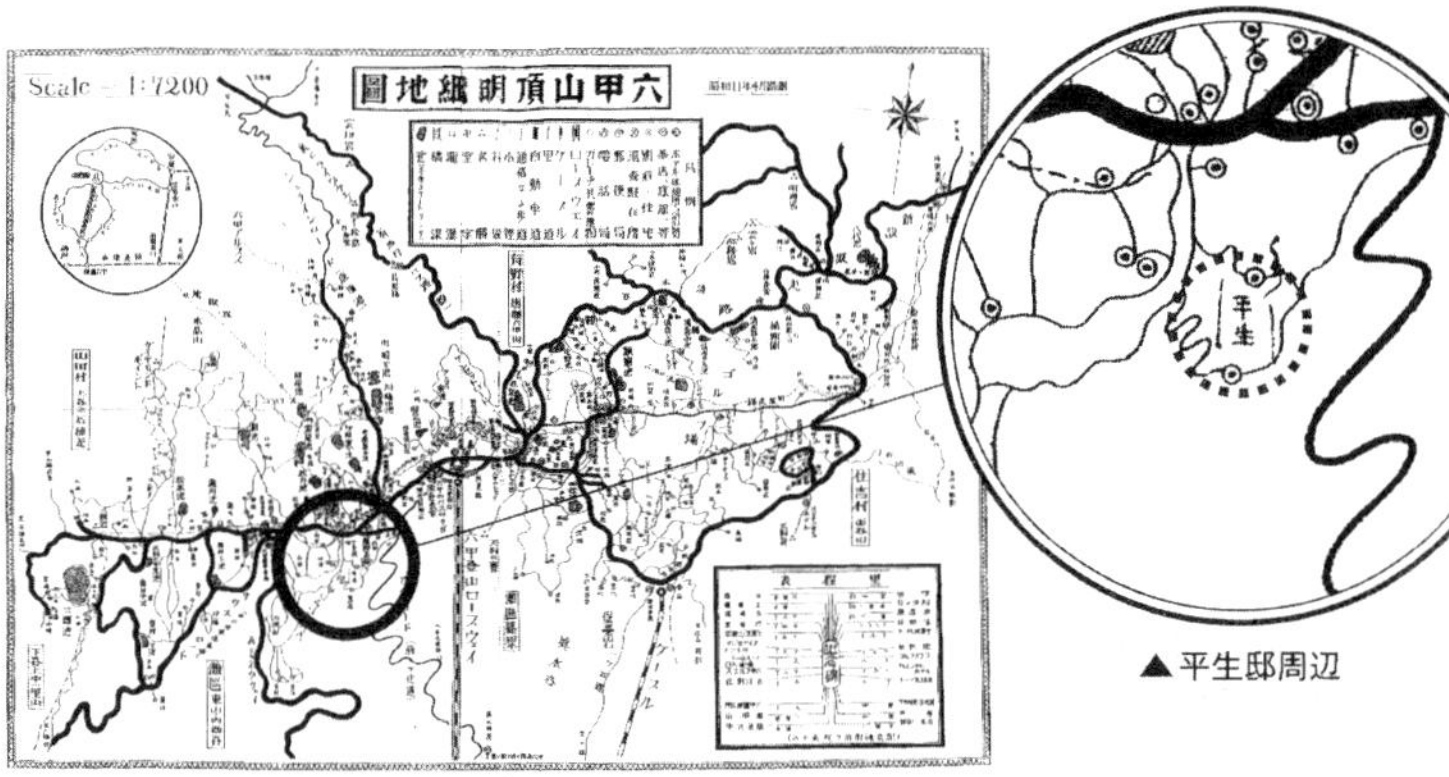

▲平生邸周辺

図8　六甲山の平生山荘（「甲南Today 2011.MAR No.38」より）

ロープウェイ、ケーブルが設けられたが、七〇歳になっても平生は、学生たちと共に徒歩で登っている。「ropeway口より別荘まで1時間半を費す覚悟を以て登り始めたるが（略）山荘に達せし時は約1時間にして、学生に遅るること5〜7分なりしと。（略）何となく一種の快感を覚へ（一九三五・一・二）[32]」と記す。徒歩で登ることで平生は、自らの身体の頑健さと精神力の確かさを確認し、次の仕事へのエネルギーとしたのだった。

山荘では一つの楽しみがあった。「午後は（書生2人）を相手としてクロッケー戯をなし[33]、薄暮球形を弁ぜざるに至る其間7戦して7勝す（一九二六・九・一三）[34]。」「午前中は日記書や読書に費し、午後には例のクロッケーに時の移るを知らず。（一九二九・七・二七）[35]」

そして、夕食は「山荘に於て例に依り牛肉スキヤキを喫す（一九二九・一・二）[36]」。平生家には限らないが、関西では事ある毎にスキ焼きを食することが常だった。

野球観戦

当時はプロ野球もなく、関西で野球と言えば「甲子園」に代表される中等学校野球大会だった。平生は野球観戦が好みで、日記にも多くのページを割いている。

全国中等学校優勝野球大会（朝日新聞社主催、現・全国高等学校野球選手権大会）は、一九一五（大正四）年夏、箕面有馬電気軌道（現・阪急電鉄）経営の豊中運動場から始まった。平生はこの第一回大会から日記に観戦状況を認めている。即ち、「熱夏に於て100余度（筆者注：三七・八度）の炎天下に火花を散らし電光石火の秘術を尽して相戦ふ。其壮挙実に懦夫をして立たしめ、隋者をして快哉を叫ばしむる、実に竜攘虎搏《りゅうじょうこはく》の状あり。（一九一五・八・一九）」[37]と大いに期待をしている。

一九二四（大正一三）年八月、甲子園大運動場（現・阪神甲子園球場）が新設された。平生はその第一〇回大会に息子二人（太郎と三郎）を伴い、しかも真夏に三試合も観戦している。[38]その第二試合：神港商業―米子中学の試合を評して

Pitcherに何等故障なきに形勢少しく不利と見て交代せしむる如きは男性的遊戯なるBaseballに於いて男らしからざる行為として余は神港軍の行動を非難せざるを得ず。負くるも勝つも正々堂々凡て男性的Spiritを以て戦はざる可からず。少しでも女々しき行動は之を避くるを可とする。（一九二五・八・一八）
（①七巻三二八頁）

平生には、米国発祥の野球について少々理解不足の面が見受けられる。

夏だけでなく勿論、春の選抜大会（毎日新聞社主催）も観戦している。一九二八（昭和三）年四月一

図8　現・「夏の甲子園」全国高等学校野球選手権大会
第1回会場・豊中運動場（阪急電鉄経営）
（https：//vk.sportsbull.jp/koshien/articles）

日の日記には、「午前9時より3時過迄日光に曝されたるため顔面が日焼のため紅褐色となり、一目にて余がbaseball見物に行きたるを知らるるに至れり。[39]」春の強い紫外線も意に介さず、好きな野球を三試合も観戦、楽しんでいる。また時には、東京駅二一：〇〇発の夜行列車で帰阪（九：三〇住吉駅着）、甲子園球場へ直行することもあった。[40] しかも観戦するだけでなく、日記に両チームのメンバー一八名を記すことは勿論、スコアー、打数、失策、残塁まで記している。しかも野球観戦の日には、他の事項についての記載はなく、その日の日記全てが野球一色に染まっている。[41]

一九三一（昭和六）年に続き一九三四（昭和九）年、ベーブルースら米国大リーグ選抜チームが、読売新聞社の招きで一一月二四日、来日。平生は甲子園での日米野球を観戦している。ベーブルースの本塁打を期待していたが、他の選手も含め誰一人ホームランが打てなかった。「真剣味を欠けるためか。日米選手の競技に至りては殆んど見るの価値なく、真面目さを欠けるが如く興味なし。[42]」と扱き下ろしている。また、阪急・西宮球場で日本の職業野球を観戦（タイガースVS阪急軍）。これについても「興味も熱意もなき勝負である（略）Playerに少しも熱心の色も見へず[43]」と記す。いずれにしても日米の職業野球に対しては、厳しい批評が多々見られる。

時には、東京で早慶戦を観ることもあった。時代は日米戦争を予期する状況にあった一九四一（昭和一六）年九月、神宮外苑での早慶戦。

文部省に於は（略）静粛を保たしめんため拍手の外応援団の活動を禁じたるためか何となく活気

と興味を失ひたるが如し。（略）角を矯めて牛を殺すの感あり。為めに試合其者も活気なく、興味索然たるものあり。（一九四一・九・二三）　（①一七巻六四九頁）

米英との太平洋戦争が始まって半年。文部省は野球弾圧を企て、翌（昭和一七）年、東京六大学連盟を解散させた。そして、学徒出陣壮行会（文部省主催：昭和一八・一〇・二一）を次週に控えた一〇月一六日「最期の早慶戦」が行われた。これ等について平生が、どのように考えていたか日記に言及はない。

図9　「最期の早慶戦」と言われた「出陣学徒壮行・早慶戦」
1943（昭和18）年10月16日：満員の早大・戸塚球場

ラグビー観戦

平生のラグビー観戦が、初めて日記に登場するのは意外に遅く、一九二七（昭和二）年一一月一三日のことである。「午後2時甲南高校に於いて全校対神戸高商とのラグビー蹴球競技」[44]。この日、息子・三郎は怪我のため欠場。試合中、双方三名に入院を要する怪我が発生。「スズ子が之を見物し居りたらんには必ず蹴球部の脱退をentreatするならんと思へり」[45]と記す。以降、息子・三郎が出場した試合は、詳細に記されている。例えば、神戸・東遊園地での甲南高校―姫路高校の試合。

（略）姫5、甲3にして10分を余すのみ（略）甲南は必死の勇を鼓して前進し、ドリブルにてゴールに近づき終にトライしたるが、余すところ3分のみ。（略）残りし3分が速やかに去れかしと思ふときは口中の唾も乾きて咽喉がひつつくかの感あり。終止の響きを聞きたるときは覚へず拍手し、帽を揚げて喝采。（一九二七・一一・二三）

（①九巻三一八〜三一九頁）

と自らの身体状況をも交えて子細に記している。

ラグビー観戦の多くは、娘・息子や寄宿生らを同伴しているが、[46] 時には夫婦同伴での観戦もある。「この日スズ子が初めてRugby gameを見物に来りしが、三郎が終始勇敢に且機敏にsportsmanlikeの動作を見て心中喜びを禁ぜざりしものの如し（一九二八・一一・一〇）」[47] と記す。

図10　神戸・東遊園地でのラグビー試合風景（『関西ラグビー協会史』より）

図11　甲南高校、成蹊高校に勝ちインターハイ優勝（『甲南ラグビークラブ75周年誌』より）

日記に見える甲南の試合観戦（前記二試合を含む）は、計九試合。最後に記された試合は、インターハイの優勝決定戦、VS成蹊高校。既に太平洋戦争が始まって八ヶ月近い一九四二（昭和一七）年七月三一日の日記に、「吉祥寺　成蹊高等学校に赴く。Inter hiの（略）前半に甲南が５点を得、後半（略）再び５点を取得せられて甲南10、成蹊０にて甲南に優勝旗を授けらる」[48]と記す。

一方、甲南以外の試合についての記載は、計三〇試合にも及ぶ。主なものは、早稲田—慶應、京大—慶應、明治—同志社、早—同、早—明、京大—東大など。対校戦以外では、全関西—全関東や中等学校大会など。外国チームとの対戦は、仏—関西クラブ、豪州学生—慶應・早稲田・全日本・全関西、カナダ—全日本、等々である。グラウンドも花園、京大、甲子園、浜甲子園、神戸・東遊園地、神宮外苑などへ足を運んでいる。

中でも詳しく記しているのは、三郎が出場したカナダ—全日本の試合。しかし、この日に至るおよそ一年半前、三郎は選ばれながら全日本のカナダ遠征を辞退している。それは「夏休みなど長期休業中ならいざ知らず、学期中に二ヵ月も欠席するようでは学生の本分が果たせない」との父・釟三郎の至上命令だった。そして迎えた翌シーズンの一九三二（昭和七）年一月三一日。カナダは花園ラグビー場に姿を現わした。観衆は満員の二万数千人、その前で三郎は思いの丈をぶつけた。それを平生は次のように記している。

（略）時間は刻々と迫り余すところ僅かに3・4分となり、（略）余は三郎の一挙一動には眼も放たず注意しつつありしが、（略）俄然球はスクラムより日本側に出で（略）球が柯より三郎に送られたるとき余は己を忘れて三郎の奮闘を祈りしが、三郎は巧みに球を取って前進すること10数ヤード、follow せる北野に pass せしに北野は（略）敵陣に走込み try となりたるときは満場の観衆は総立ちとなり拍手の声天を動せりと

図12　Vs. カナダ戦の全日本チーム（於花園）：平生三郎（前列左から３人目）
（堀アサ子さん：三郎の息女より）

も形容すべく（略）time upとなりたるが、観衆は欣喜《きんき》の余スタンドより場内に飛下り日本選手を取囲みて嘗て見ざる熱狂振を示した。（一九三一・一・三一）　（①　一二　六七二〜六七三頁）

残り三分にして逆転の九―八。平生は息子・三郎を含め日本選手の沈着にして大胆なるプレーに魅入られたのだった。

No sideのホイスルを聞きたるときは如何にも名残惜しく、全試合を通じて観衆は競技に魅せられ酔へるが如き心地したる事は、余が日本に於てラグビー試合を初めて見たる数年間に嘗てなきほど興味多き三昧に入りたる事はなかりし。（一九三一・一・三一）　（①　一二巻六七二〜六七三頁）

三郎のカナダ戦は、この試合の他にも二月一一日の第二戦（於・神宮G）にも、また京大のカナダ戦にも⑩スタンドオフ（SO）として、計三試合に出場している。これらもまた平生は詳しく日記に認めている。

一八九七（明治三〇）年、東京海上保険・大阪支店長に就任以来、平生は関西実業界との繋がりも深くなり、またラグビー好きでしかもラグビーの奨励者として知られていた。このような平生を「関西ラグビー協会の役員等は余を会長として推戴せんと余に同意を迫りつつあり（略）特別boxに導きたり。（略）協会理事長　田邊久萬三氏に会す（一九三四・一・二一）」[49]など、関西協会々長への外堀を埋められそうな状況にあった。また一九三九（昭和一四）年、早明戦（神宮G）終了後、時の会長・高木善寛氏とバッタリ顔を会わせ「今後良試合あるときは招待券を送られたしと求めたるに[50]」、高木会長は、「貴殿はRugby fanとして何人も知らるることとなれば招待券を要せず、木戸御免として入場せられたし（一九三九・一二・三[51]）」との言葉に、周りの者たちが大笑いしたこともあった。それほど平生のラグビー場通いは、有名だった。

スポーツの奨励

一八世紀後半からの産業革命は、英国に世界の一等国の地位をもたらした。経済はもちろん、政治的にも世界をリードする国家へと成長著しかった。この間、イングランドのラグビー校に始まる教育再興の流れは、スポーツの奨励・実践をその中核とし、やがて「アスレティシズム」と呼ばれる教育思潮となり世界へ拡がった。この時期、平生は二年足らず、東京海上ロンドン支店監督に就任する（一八九七・一一〜九九・一〇）。この間、生活上で英国人から受けた親切な出来事に触れ、エピソードを書き残している。

汽車の網棚に帽子（略）忘れた。（略）住所を書いて帰

図13　東京海上保険・ロンドン支店時代の平生釟三郎（左端：椅子）
（甲南大学資料室より）

宅。翌々日に（略）届けてくれた。　（④二〇七～二〇八頁）

英国の巡査は、公衆に対しても権威を弄ぶ事なく、親切丁寧にしてしかも保護と治安維持の責任を尽し（中略）羨ましきことである。　（二〇〇頁）

ある日、余が帰宅（中略）食堂には生花を飾り、食器も手巾も食卓の被布も、総て平日のものにあらず、（オーナー）夫妻もイブニング・ドレスを着し、来賓として長女夫妻もあり、（中略）本日は何か当家に於ける祝事ありやと問ひたるに、本日は（中略）貴君（筆者注：平生のこと）の（中略）誕生祝賀会をなせるなり。食事も特別料理にして（中略）七面鳥の蒸焼もあり（④二〇〇頁）（中略）非常に家庭的にして、毫も下宿人より利益を搾らんとするが如き行為絶無なりしかば（中略）退英迄１回も他に移住せず、１年８か月この家に同居したるなり。　（④一九九頁）

これ等が親英の念を抱かせ、甲南高校に英国型の教育を導入させる素地となったといえるだろう。一九二四（大正一三）年九月、平生はアメリカ、ブラジル、ヨーロッパへ外遊の旅に出る。実に一七年振りのことで、人生第三期・社会奉仕時代を充実させる方策を考えるためであった。

ところで外遊に先だつ一ヶ月余り前、新進気鋭の甲南高校にとって輝かしい出来事があった。それは七月二七日、東京大学グラウンドで行われた第一回全国高等学校リレー大会に出場、「４００ｍリレーの甲南チームが予選を勝ち抜いて決勝に進出。[52]」「進藤次郎（兼ラグビー部一文、[53]後・関西ラグビー協会会長）・柏原方勝・高柳常雄・山中弘雄（旧姓土居：兼ラグビー部一文）ら四人のメンバーが、４００ｍリレー決勝で見事なバトン・タッチを見せて優勝[54]」。創立・初参加で初優勝したのだった。[55]「応援隊と共に

図14　400mリレー（100m×4）優勝の瞬間：甲南高校・山中選手（『甲南学園50年誌』より）

参観していた釟三郎は覚えず流涕し嗚咽した。[56]」

この優勝は単に競技上において祝すべきに留まらず、甲南高等学校の何物たるやを表示したるものとして恂《まこと》に顕著なる功績であった。甲南の生徒が（中略）寸毫も卑下せず、何等怯懦の様子もなく、正々堂々として力戦奮闘し、もって甲南学園のために万丈の気を吐いたことは（中略）釟三郎の「欣快を禁ずる能わざるところ」であった。

（②四七七頁）

ロンドンへは、一九二五（大正一四）年「1月12日（中略）に入り、それから2月18日まで[57]」滞在し、その間いくつかの私立学校を視察。マーチャント・テイラーズ校とクライスト・ホスピタル校を訪問し、「（略）学科に重を措かずして人物養成に重を置けることが余の尤も敬服するところ。[58]」また、リース校OBでケンブリッジ大学に在学中の池田潔（筆者注：岩波新書『自由と規律』等の著者）を訪ね、リース校「（略）に於もsportsは必須科目として強制的に之を課すことは実に著しき事なり。夏はcricket or tennis、冬はfootball、次いでhockey（略）（一九二五・二・一六）」と記している。一方、同時期、日本の元役人たち（知事二名）が、ロンドン地区・教育局長を訪問視察、「英国に於て、斯様に立派な人物が排出する理由を知りたい」と問うたところ、その返答は次の通りだったという（要点のみ記す）。「①スポーツマンシップを涵養すること。②学校と家庭とで共同して教育を施す」。この説明に平生は、「余はこれを訊き感歎措く能はずして曰く。（中略）こは我等が設立せる甲南小学校、仝女学校、及甲南高等学校に於いても之を応用せんとす（一九二五・一・二九）[59]」と。さらに、

英国に於けるスポーツマンシップは日本に於ける武士道と仝一にして、正を踏んで怖れず、義に伏って屈せず廉耻を尊び、犠牲を敢えてする（中略）日本武士道が（中略）喪失せる今日、教育の力に依りてかかる精神の涵養を計るの外、道なき（略）（一九二五・一・二九）（①六巻五一一頁）

と述べ、パブリック・スクールの教育方針が、平生自身の考えと全く一致することに意を強くした。

さらには、先の大戦に各校の卒業生多数が志願したことも記している。「St. Paull's の如き定員620名中（中略）戦死者500人を超す（一九二五・二・一五）[60]」と聞き、また、「イートンboys在学生4千数百名中の約2500人が戦死せる（一九三三・一〇・三〇）[61]」と。さらにオックスフォード大学への視察では、第一次大戦時、全学生約五〇〇〇名に対し五〇〇〇人を残して全員が志願したと聞く。後日、母校（東京高商）の日露戦での戦死者数が一〇名足らずと知り、その差の大きさに愕然としたとも記している。そして、「兵は凶器にして軽しく動かすべきものにあらざるも、一旦緩急あるときは進んで義勇公に奉ずること（中略）この信念を養ふにはsportsが必要である（一九二八・一・一六）[62]」とまで記してい

図15　日本で初めてラグビーが導入された慶應大学チーム
指導を担ったE.Bクラークと田中銀之助（中央2名）
（『慶應ラグビー100年誌』より）

る。

ところで平生は知らなかったようだが、足下の神戸でも平生を喜ばせるような出来事があった。Kobe Regatta & Athletic Club（KR&AC）の英国人メンバーJ・クレーン他四名が母国・英国からの志願兵募集に応募。一九一八（大正七）年J・クレーン他一名が英国に渡った。しかしながら、入隊を待つ内に終戦（一一月一一日）となっている。[63]

なお、前述のリース校を訪問した際、平生はOB寄贈者名簿の中に「（略）田中銀之助（略）」等七名の名前を発見し、「何れも余り国家の為に成りそうもなき人物（一九二五・二・一六）[64]」と扱き下ろしている。しかしながら田中銀之助は、言わずと知れた日本初・慶應にラグビーを導入した人物（E・Bクラークと共に）なのだが、平生は知らなかったようである。

ラグビーの奨励

現在、花園の高校全国大会に出場する学校、中でも私学が経営戦略の一環としてラグビーを利用している例も多い。このような経営戦略は、戦前から野球に見られたが、ラグビーでは戦後も一九七〇年代以降の動向である。しかし現状、行き過ぎの感も否めない。

一九三〇（昭和五）年の秋、平生は「スポーツが民衆化すると共に興行化するの惧れを十分孕んで居る（略）baseball に於て然り（一九三〇・九・二六）[65]」と警告している。

平生がスポーツ、中でもラグビーを奨励するのは、もちろん経営戦略の一環ではない。平生が信奉する教育理念〔①徳育・②体育・③知育〕の一環としてである。前述したように平生は、「（略）人格の修養、健康の増進を第一義とし、個性を尊重して天賦の知能を啓発すべき知的教育を施さん[66]」と言う。記号化するならば「①徳＝②体➡③知」となり、この「徳＝体」が即ちスポーツや武道である。スポーツ活動や武道の修業を通じて徳育を施し人格を陶冶し、合せて健康を増進させようとするものである。英国的に言えば、「スポーツを通じてのジェントルマンの育成」と言えるだろう。

しかし、あらゆるスポーツを奨励するかと問えば、「Sports にても本校に於ては団体競技たるリレース、テニス、バスケット、ヴハレー、ベース、Rugby football を奨励す。（一九三四・一一・一二）[67]」その結果として「（略）体格検査の成績は全国高校生の夫と比較して最優位にある（略）（一九三四・一一・一二）」と述べ、自らの教育方針の成果に満足を示している。

ところで、なぜラグビーなのか。平生はラグビーのどこに徳育、即ち人格形成の可能性を見出したのだろうか。

第五回開校記念日（一九二八年一月一六日）に平生は、「（略）傷害を意とせざる fair play を主として行ふ Rugby football の如くは、諸子が肉体と共に精神に共共に修練せしむる好個の sports にあらずや。（一九二八・一・一六）[68]」と語り、英国を引合いに出し「英国人はこの Sports に依り正直、公平、忍耐、勇気及協同などいふ諸徳性を涵養せんとするのである（一九二八・一・一六)[69]」。その成果は、「先きの欧州大戦争に於て3ヶ年余の敗北続きにもかかわらず最後の勝利を贏《か》ち得たるは全くこのRugbyに依りて養はれたる国民性の発露なり（略）（一九二八・三・二〇)[70]」と入学式で説明。また英国人は、なぜ小学生にもラグビーをNational Gameとして奨励するのかと言えば、「第1fair、第2honesty、第3courage、第4cooperationとの4つの大なる徳性を涵養する尤も適したるもの」であると語り、さらに「Rugby footballは、日本人の如く我慾のためにも他を陥穽するも辞せざる利己心強き日本人には至高好適なるadviceを与ふるもの（一九二八・一二・二)[71]」であるとも説明している。

平生は、東京高商の後輩・椎名時四郎（後・日本ラグビー協会々長一九七三〜七九）の卒業時、一書を認めている。当時の社会状況は、金融恐慌が生じ蔵相の失言から取付け騒ぎも起こり、『大学は出たけれど』（映画：小津安二郎監督）なる言葉通り、大卒でも就職に難儀した時代だった。

道義頽廃、我利我慾（略）の跳梁跋扈（略）。之は全く明治以後の教育が知育偏重にして人格修養を等閑視したる結果であります。左れば政治国難、経済国難、思想国難の来襲を撃退せんには武士道的精神の涵養の外他にありません。（一九二九・一・三〇）（①一〇巻三〇五頁）

（略）小生が各種のsportsの中にてラグビー蹴球を推奨いたしますのは、このsportsこそ我が青年に武士道的訓練をなし紳士的精神を涵養し得るものと考えたからであります。（一九二九・一・三〇）（①一〇巻三〇五頁）

平生はラグビー推奨の理由について、ラグビーが武士道的訓練及び紳士的精神を涵養し得るからであると明確に記している。そして、次の四つの徳性、つまり「第1 fair（筆者注：公正）第2 honesty（同：正直・誠意）第3 courage（勇気）第4 cooperation（協力）（一九二八・一二・一）[72]」を涵養できると記す。さらに3（勇気）の具体例とし「tackleの如き最も勇敢にして（略）（一九二八・一二・一）[73]」と記し、4（協力）として「15人のmembersは（略）自己の職務を完全に決行せざるべからず（一九二八・一二・二）[74]」と英国H・ネルソン提督と同様の言葉を残している。[75] 加えて「（略）ラグビーfootballが（略）日本人の国民性として欠如せる点を奨励し得るsportsなれば之を日本に普及して学校の遊技としたらんか[76]」と述べる。さらに平生は、

我国古来の習慣として一騎打ちを奨励し、個人に他に優越せんことを要求す。されば（略）Rugby footballに於ては功を他人に譲り、他人にchanceを与ふる事を以て本義とし、かくせざれば勝利を得る能はざるよう仕組まれたればなり。（一九三四・一二・二六）（①一五巻三六三頁）

（略）全然欠け居れる精神教育の一助たるを得ると信ずる（一九三〇・五・二二）（①一一巻三八五〜三八六頁）

日本人の欠点を矯正するためにもラグビーを活用すべきと主張する。加えて平生は、レフリーの絶対性に関するエピソードについても日記に記している。「（略）三郎がラグビーエピソードと題して一文を寄せたるが（略）（一九三三・三・五）[77]」と、その内容を詳しく記述している。要約すれば以下の通りで、

俗に「幻のトライ」と言われる伝説である。

1905年ニュージーランド（以下、NZ）が英国遠征を敢行。32勝したが、最終戦ウェールズに0—3で敗れた。実は、この試合NZのB・ディーンがトライしたのだが、レフリーは認めなかった。それは誤審だったが、レフリーの裁定は絶対である。年月は流れ、12年後の世界大戦。英NZ軍の志願兵B・ディーンは1917年ベルギー戦線で重傷を負い、最期に「あれはトライだった」と呟き、息を引き取った。

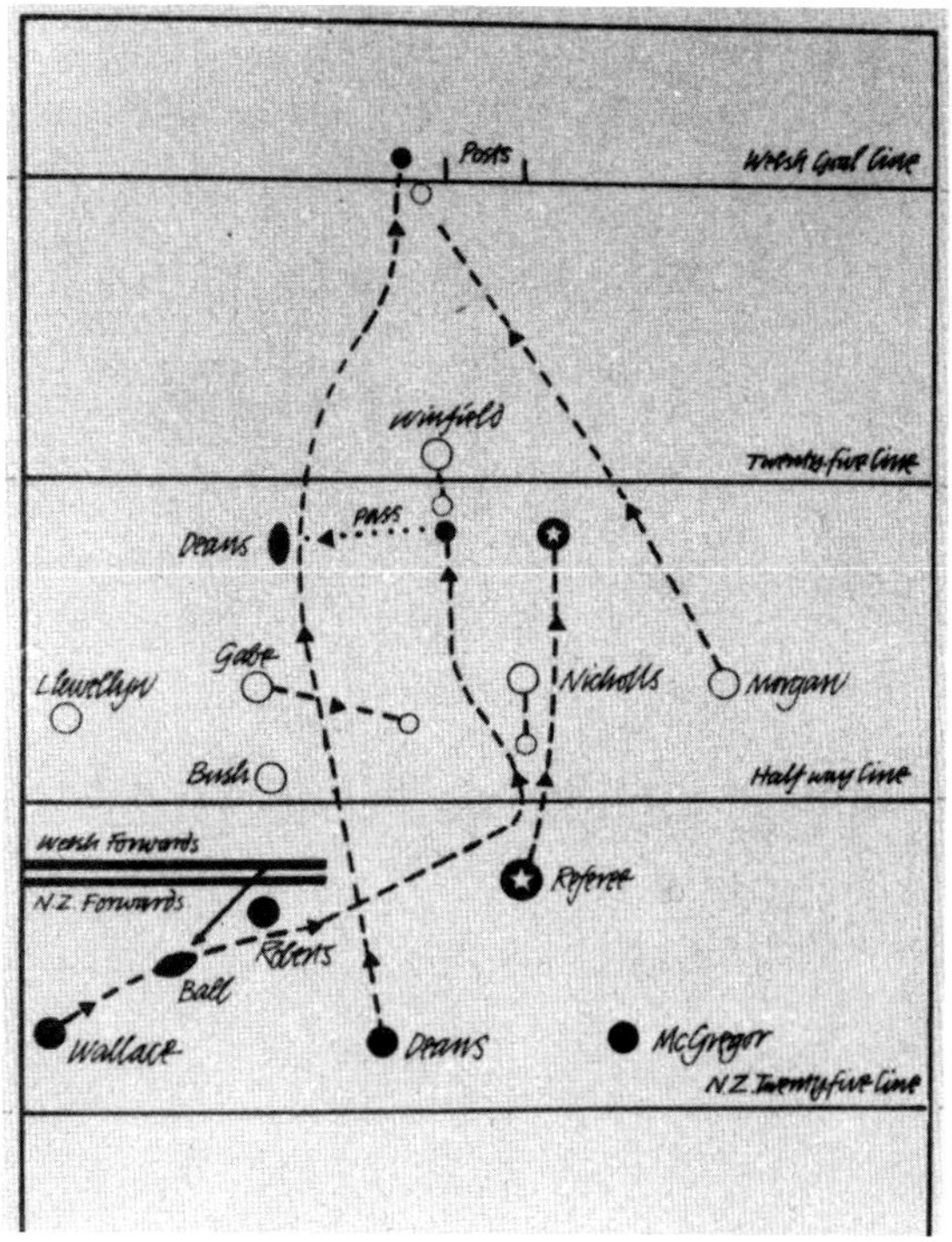

図16　「幻のトライ」図：NZのDeansトライするも認められず
（「ラグビーマガジン3月号増刊—世界ラグビー熱闘の1世紀」より）

平生は「（略）世を去る最後まで黙していたところにラグビー精神をよく体得して居た真のラガーマンであった（一九三三・三・五）[78]」と。そして、「（略）余は涙なしには通読できざりし（一九三三・三・五）[79]」と胸中を吐露、三郎に「どうかこの精神を実行に於て他に示し其模範となることを希望する旨（一九三三・三・五)[80]」を手紙に認めた。

次の事実もまた平生が、ラグビーを大いに奨励する一例である。即ち、甲南のグラウンドで行われた甲南―京大の試合中の出来事である。

試合中captainたる田中磐男（筆者注：六文）が倒れたるを見て、（略）単純なる捻挫（踵部）なりしが、同人はcaptainなるを以て試合には加はること不能なりしも、グラウンドの一隅に仰臥して仕合の終了まで場内を去らざりしは、この競技がsportsmanshipを養成するに尤も適当なることを証して余ありと思ふて満足を禁ずる能はざりし。（一九三〇・九・二六）（①一一巻五七八頁）

当時のルールでは、負傷しても選手交代は認められなかった。そのため、フィールドでの激しいプレーは無理でも敵のトライ地点をできるだけ隅にさせるようインゴール中央・ゴールポスト下等にノーサイドまで居続けた。いわゆる「敢闘精神の発露」と考えられた行為である。加えて主将としての責任感についても大いに賞讃している。

七．平生イズムの浸透

明治以来の三育主義の現状は、大正期に入り知育偏重を蔓延させ、平生にとって耐え難いものであった。大正デモクラシー、大正新教育運動とも相俟って「知育偏重の弊を避け、人格の修養、健康の増進を第一義とし、個性を尊重して天賦の知能を啓発すべき知的教育を施さん」[81]と平生は説く。即ち平生の三育主義は、「徳＝体➡知」でなければならず、その方策としてスポーツ、中でもラグビーの活用であり、それらを通じての徳育・人格形成を目指すものであった。その具体策の一つが、ラグビーを校技とし、ラグビー部主催のクラス対抗七人制大会を開催させた。全生徒が楽しみにし、応援にも力が入る年中行事だった。

ところで平生の教育思想は、果たして生徒たちに充分浸透したのだろうか。ラグビー部員や他の運動部員、文化部員たちが、書き残した文章（主として⑨三二～三六頁）からそれを探ってみることにする。

陸上部

前述したが一九二四（大正一三）年七月二四日、東大運動部主催の全国高等学校リレー大会に於いて、甲南の進藤次郎（兼ラグビー部）、柏原方勝、高柳常雄、山中弘雄（旧姓、土居・兼ラグビー部）の四名が、四〇〇mリレー決勝で見事なバトン・タッチを見せ、初出場・初優勝を果した。翌（一九二五）年の大会でも一六〇〇mリレーで優勝している。その後インターハイでは、一九三一（昭和六）年、三九年、四六年と三度の全国優勝を果している。個人では、松野栄一郎が一九三六年のベルリン五輪ハンマー投げで出場している。

また戦後だが、山本弘一がヘルシンキ五輪（一九五六）一六〇〇mリレーメンバーに選ばれている。

庭球部

一九三三（昭和八）年デビスカップ（デ杯）日本代表に選ばれた伊藤英吉（後・伊藤忠商事会長）、その他七名が計三六回もデ杯選手に選ばれている。インターハイや高専全国大会で九度の優勝を誇り、甲南では最多である。全日本選手権大会への個人出場も一五名（一九二七～三九年）を数える。

ところで当時、世界的な超有名プレーヤー二名が、甲南に来校したことを知る人は少ない。その一人が、清水善造で、[82]『やわらかなボール』で教科書にも載った人物。彼が一九二〇（大正九）年ウィンブルドン決勝で戦った相手が、当時世界№１のＷ・チルデン。この両名が一九三六（昭和一一）年一〇月一五日、甲南高校のテニスコート（現・甲南大学図書館辺り）で旧交を温めている。

図17　戦前のトップ選手たち：左から伊藤英吉,布井良助,佐藤次郎,三木龍喜（日本テニス協会より）

1921年デビスカップ チャレンジラウンド
試合前のチルデン選手と清水善造。
〈資料提供〉
日本テニス協会テニスミュージアム委員会

図18　両名は15年後、甲南高校のテニスコートで旧交を温めた

図20　甲板硬材を用いた屋外コート
（理事・伊藤忠兵衛の寄贈）
（『旧制甲南高校バスケットボール部史』より）

図19　世界的に活躍した山岳家・伊藤 愿は渡欧中、妻に99枚の絵葉書を送っていた。伊藤はラグビー部に所属すると共に部歌も作詞した（昭和４年文卒）（出版：清水弘文堂書房）

バスケットボール部

関西では常に上位に位置し、インターハイでは第一回（一九二九）～第二〇回大会（一九四八）まで、四度優勝という偉業を成し遂げている。一九三八（昭和一三）年卒の宮崎豊は、東大の一九四〇（昭和一五）年度の主将となり、続いて四一年の星、四二年の岩尾と三代続いて甲南出身者が、東大主将の重責を担った。（宮崎 豊（田辺製薬常務取締役）「甲南籠球の思い出」⑧一〇八頁）

山岳部

開校早々「遠足部」として発足し、一九二五（大正一四）年「山岳部」と改称。当時、輸入されたばかりのピッケル、アイゼン、ザイル、登山靴など最新鋭の道具を使って井上靖の『氷壁』で知られる前穂高岳・東岩壁などを踏破。「日本アルプスの岩場に17もの初登攀ルートを拓き、世間を驚かせた。[83]」（一部は「甲南ルート」と名付けられている）初期に活躍した主な部員は、ラグビーと兼部した伊藤愿[84]、水野健次郎（後・ミズノスポーツ社長[85]）、田口一郎・二郎（後・日本山岳会副会長[86]）、小川守正（後・甲南学園理事長）らであった。

進学

一九二六（大正一五）年、第一回卒業生四三名・全員が国立大学に進学した。その実績は、「京大33名、東大8名、九大1名、金沢医大1名。[87]」四月一一日、第一回卒業式を挙行。平生は、この日の日記に「（略）実に近来の快事にして、欣喜胸に満ち、余の挨拶を終ると共に放たれる力を籠めたる拍手は暗涙を催さしめたり。[88]」と記した。創立以来の期待を背負っただけに第一回卒業生は、見事な結果を残している。だが、他学年でも同様の傾向が見てとれる。例えば、一九三九（昭和一四）年卒、理系クラス（二六名）では、その全員が国立へ進学している（東大六名、九大四、阪大四、京大四、岡大二、名大一、千葉医大一、死亡四）。

スポーツの奨励は各クラブの全国的な活躍を生んだ。だが、それに負けず劣らず生徒たちは自己の興味を学問へと追究、それゆえ進学結果も素晴らしいものだった。平生が目指した個性尊重の教育は、生徒たちの努力とも相俟って文武に渡ってその成果を大いに発揮した。

教授陣

平生が広田弘毅内閣（一九三六・三〜三七・二）の文部大臣に就いたのを機に、平生の寿像（胸像）を本館前に建立した。作者は本山白雲、高知・桂浜に立つ龍馬像でも知られる。一九三七（昭和一二）年五月二三日、除幕式が行われた。また、平生像に隣接して船の甲板硬材を用いた屋外バスケットコートが、学園理事・伊藤忠兵衛から寄贈・新設された。

当時、大半の学校では登校途上、上級生に会うと軍隊式の敬礼を義務付けられていた。しかし、甲南では敬礼ではなく「会釈すべし」とされた。[89] それは平生の意を汲んだ生徒監・大倉本澄教授の考えだった。米国ハーバード大学卒業の大倉は、弊衣破帽・バンカラを真似て下駄を履く者に、謹慎三日を命じた。靴を履きズボンの折り目正しく、ヤング・ジェントルマンであることを求めた。また、部活動・自治活動を通じての人格形成が求められ、生徒はいずれかのクラブに入部することが義務づけられた。しかし、勉学が疎かにならないよう練習時間は、二時間を厳守させた。

一九三八（昭和一三）年、満鉄出身の保々隆矣《ほぼたかし》が校長に就任するが、七月の阪神大水害の対応に追われた一年だった。彼は戦時体制下にもかかわらず自由主義を堅持、従来通り生徒の自治を奨励した。また保々は、わざと教育勅語を誤読したり、配属将校と衝突したりしたという。

一九四二（昭和一七）年、郊外授業の一環として戦争を描いた絵画展を鑑賞に行った。「コタバル上陸」と題された絵画が、鉄条網を切る兵士の姿を描き、戦意高揚を煽っていた。後日、美術教授・宍倉が、「あれが絵ですかねぇ。夢も希望も美のかけらもない」と。世間が「戦時一色に染まる中、甲南の先生方は並べて戦争を礼賛されなかった。[90]」教壇の雰囲気は、創立以来と変わらずリベラルだったという。

敗戦色の濃くなった一九四四（昭和一九）年の秋、西陽が影長く射す「1年C組の教室で秋山先生は、敵性語教育廃止などといわれている現在こそ1時間でも多く英語を学んで欲しい[91]」と。「交替で話される先生方の訓話は、戦争と縁遠いものだった。（略）サイパン玉砕の報をしんみりと聞かされたが（略）甲南では相変わらず英語の授業が、週10時間もあった（略）戦争中といえども強烈な国家主義に押し流されること[92]」もなかったという。

とは言っても進級は厳しかった。六〇点未満が赤点（欠点）で、赤点が三科目以上あると落第、四〇点台の赤点なら二科目扱いで、三〇点台なら三科目扱いとなるので「尋常科4年、高等科3年、計7年を終える頃、クラスの1／3が落第生であった[93]」という。

個性尊重

平生はスポーツを通じての徳育と身体づくりを土台として、個性に応じた知育追究を求めた。後に東大・工学部教授を務めた寺尾 満は、「在校中よく効いた言葉は〔個性の尊重〕だった[94]」と語る。また「現在エール大学教授の角谷静夫君（筆者注：ラグビー部六文）は（略）世界的数学者になられたが、個性の尊重という平生精神を地で行った人である[95]」と語る人物もいる。趣味や得意科目から興味を深め、さらに学問の世界へと進んだ生徒も多かった。中学時代からアマチュア無線に興味を示した人物が、エレクトロニクス企業を展開。先輩の厳しい学問修行を垣間見て「勉学」の言葉を肌で感じ、やがて学問を生業とするようになったと言う阪大理学部教授・関 集三。ラグビー部出身の堀場雅夫（一九理）は、甲南で「正田先生に会い物理をしたらターゲットが絞られ（略）[96]」ベンチャー企業・堀場製作所を創立したと言う。

図21　世界的数学者：角谷静夫
（https：//ja.wikipedia.より）

個性尊重の結果だろうか、次のような生徒たちもいた。一九三四（昭和九）年一月、甲南生九名が治安維持法違反で特高警察に逮捕された「白亜城事件」（全国高校初・白色コンクリート校舎を白亜城と呼んだ）。新聞も「阪神間の財界人や富豪の坊ちゃんが・・・」、と大きく取り上げた。前年に瀧川事件が起こり、浦松佐美太郎『たった一人の山』の題名が、個人主義思想を連想させるとして発禁処分になるような時代。彼等は左翼系のパンフを配布、軍事教練の時間増反対のビラを撒き、『資本論』の勉強会などを行った。現代なら全く問題にもならない行為だが、時代が、国家が、間違った方向へと進んでいたのだった。平生は何度も警察に足を運び「自分が責任を持つ」と掛け合うも拘留二ヶ月、やっと釈放。他校では放校・退学が当然だったが、平生は「勉強不足、もっと様々な勉強をし、それでもマルクスが…と言うなら、その道へ進め」と諭し、復学させた。父兄会や右翼から「平生は赤」との非難もあったが、平生は意に介さなかった。逮捕された九人中七名が、山岳部員だったが部も存続させた。飯島 修（後・俳優・永井智雄、同志社卒）は自主退学したが、他八名の中には、後の東大原子物理学教授・山口省太郎、前述の関 集三らもいた。[97]「白亜城事件」が起こる数か月前、一人の生徒が万引き・換金する事件が発覚。平生は父兄・教員らの嘆願をはねつけ放校にした。[98]

図22　永井智雄（本名：飯島 修）（https://ameblo.jp/bosszaurus）

　前述の関 集三は、芦屋ロックガーデンでの岩登りとキャンプなど山岳部で過ごした日々を思い出し、「優れた先生に恵まれ、良き先輩を持ち、自由な雰囲気で学問の面白さと、課外活動の楽しさを与えてくれた甲南時代[99]」と記している。

一九二五（大正一四）年、学校で軍事教練が義務づけられることとなる。それは「宇垣軍縮[100]」による余剰軍人の受け皿だった。配属将校は大尉以上で大佐まで。校内では校長の配下に属し、訓練内容は軍隊と変わらないが、戦争目的とは異なり心身の鍛錬であるという。しかしながら大阪・天六での「ゴーストップ事件[101]」（一九三三・昭和八年）に見られるように、やがて軍人がのさばるようになる。

後に京都工芸繊維大学教授となる松尾秀郎は、とにかく軍事教練が嫌いだった。それが態度に出るのだろう、だから睨まれたと言う。教練の試験時「回れ右」を左廻りし、エライ目に遭った。また銃の掃除の際、誰かが銃身に砂を詰め込んだ。これがバレて、また大変な目に遭ったという[102]。

敗色濃い一九四五（昭和二〇）年三月、軍事教練の時、配属将校・福永常助の訓話があった[103]。大佐は「最近、戦局が好転せず、敵は本土に近づき（略）何故このようなことになるのか。解かっている者は言ってみよ。」・・・暫く沈黙が続いた後、T君が「軍人がバカだからであります。」大佐が「何という怪しからぬことを言うか。（略）放校だ。退学だ。貴様のような奴がいる学校は俺が潰してやる」と怒鳴り散し喚き散らして校舎へ去った。だが、T君は退学にもならず、甲南の名も消えることはなかった[104]。

八．ラグビー部員と平生イズム

平生の「徳・体・知」と武士道精神、教授陣の大正デモクラシー思潮、東大ラグビー出身の監督・南郷先生、阪神間モダニズムの家庭環境など。これ等が、ない交ぜとなって生れた甲南ラグビー部の雰囲気は、次のようなエピソードも生んだ。

一九三一（昭和六）年卒の西村（旧姓：田中）は「（略）一番大事なことは、フェアープレー精神だ。（略）相手が勝てば、自分たちよりもそれ以上に練習したからで、相手を称える。自分たちも勝って相手から称えられるように練習する」[105]と語る。第一期黄金時代のメンバーは、大半が大学でもラグビーを続け、一九三七（昭和一二）年には東北大：山本正（一〇理）、東大：野田真五郎（一〇理）、京大：由良修（一〇文）、阪大：楠本四郎（一〇理）らが、各帝国大学で主将を務めた。また、京大では一九三六（昭和一一）年から池田賢（九理）、由良修（前記）、川本信彦（一一文）と三代続けて甲南出身者が主将の重責を担った。[106]これらの件について平生の日記に記述はないが、「甲南教育の成果だ」と確信したに違いない。

「〃甲南精神は即ちラグビー精神である〃との平生先生の言葉は、（略）大きな心の支えであった。（略）これに徹した私（筆者注：伊藤健一郎・一七理）は、英国的ヤング・ジェントルマンであることに行動的に努めた」[107]と言う。また平生は、自らの思想に共鳴する教授陣を招致。例えば、成蹊高校、東大ラグビー部出身の南郷茂治（英語、世界史）や紀元節の日モーニング姿でセービング[108]をして見せた松井武敏（地理、歴史）など、「両クラス70人中、16人もがラグビー部員、両クラスの首席もラグビー選手という有様だった。[109]」京大時代にベンチャー企業（堀場製作所）を起ち上げた堀場雅夫（一九理）は、「徳、体、知が一体になった教育が（略）私自身、甲南の7年間は甘ったれの虚弱児童を、勇気ある若者に変身させた[110]」と語っている。当時尋常科の生徒だった福井俊郎（一修理[111]：後・阪大教授）は、「世の中は忠君愛国一色、（略）ところが甲南へ来てみると全然違う。（略）自由があると感じました」[112]と語る。

南郷が赴任した一九三六（昭和一一）年頃から一段と強くなったラグビー部。負けたのは京大、同志社など大学チームのみ、と黄金時代。以前から何人もの甲南部員が、京大ラグビー部へ進んでいるが、[113]中でも中川路家の三兄弟は、[114]揃って京大ラグビー部へ進み両校で同じユニフォームを着る等、多くが京大へ進んでいる。[115]しかし、どうしても京大に勝ちたい一心でライバル東大へ進んだのが、水田泰朗（一七文）、伊藤健一郎（一七理）、樫野順三（一七理）、浜野祐二（一八文）、角野源平（一八文）、高橋勇作（一九文）等だった。[116]

図23　髙橋勇作：甲南高校→東大・副将（『東京大学ラグビー部70年史』より）

九．太平洋戦争とラガーマン

一九四一（昭和一六）年一二月八日に始まった太平洋戦争も、ミッドウェー海戦を境に戦局は悪化。一九四三（昭和一八）年秋には、学徒出陣も始まり遠征試合も禁止。東大へ進学した高橋勇作は、「（略）極、近い将来、戦場へと駆り出されるという緊迫感と、ひいては〔死〕を見つめざるを得ない一種の恐怖・虚無に埋められたような[117]」雰囲気を感じていた。この気持ちを打破する為には、戦場に赴く前にライバル京大と是が非でも試合をしたいと願った。他の部員も京大のメンバーも同様だった。目立ちやすい東京を避け一九四三（昭和一八）年一〇月一九日、京都・三高Gで実施と決定。東大のメンバーは、一八日バラバラで夜行列車に乗り込み、翌日京都へ。そして積年の悲憤をこの試合にぶつけた。試合結果は、東大一二―一一京大。レフリーは井藤高明（甲南高卒一七理、阪大医学部）。『東大ラグビー部70年史』は、当日の様子を次のように記す。

もはや試合の勝敗など問題ではなかった。それぞれが、お互いに思い出のゲームがつくれたこと、身体をぶつけ合ってプレーできたこと。それだけで満足だった。試合が終わり、両大学のラガーマンたちは汗に滲んだジャージーの肩と肩を組んで、両軍の校歌を歌った。その後は、宿で祝盃となったが、（略）戦争で出来れば死にたくないな、と漠然と思ったのを覚えている。（一一八頁）

ラグビー精神

京大の主将を務めた川本信彦（一一文）の南方戦線での体験は、ラグビー精神の最たるものではなかろうか。少々長くなるが、以下に引用する。

貨物廠担当（食糧等の補給：筆者注）・将校だった川本信彦（一一文・後小西六社長）は、食料もなく草木・爬虫類を捕食して生き延び、最前線から敗走してくる兵士たちにわずかな乾パンと湯茶を与え、さらに後方へ退却させる仕事に就いていた。連絡の将校のみに、一杯の味噌汁と1本のタバコを差し上げて（略）味噌汁を涙ながらに味わい御礼を言って去られる人が殆んど、（略）中には是非もう1杯と粘る人も（略）ある日、森田君（正俊・ラグビー部ＯＢ一二理：筆者注）が、部下30人余りを引き連れて到着（略）例によって味噌汁とタバコを差し出したところ、「私の部下は30人ばかりいる。それに1杯ずつ当たるのか？」「いや、それだけの量は無い、貴方だけです。ここで飲んで行って下さい。」「そうですか、部下に一滴もわたらぬなら、私はいりません」と立ち去って行かれました。そのやせた後ろ姿に、これこそ真のラガーマンだと甲南魂を見た気がして、私は思わず頭を下げました。それから幾日が経ち、南郷先生がやって来られました。[118]（略）恒例の如く味噌汁とタバコを差し出したところ、森田君と同じ言葉を言われ、手もつけずに引揚げて行かれました。（略）私はその貨物廠で数百人の将校を迎え、送りました。その内で、たった2人だけが味噌汁を断られました。それが森田君と南郷先生だったのです（略）あの激しい戦闘の後、飢餓と悪疫のジャングルをさまよい、苦しいひもじい中で、1杯の味噌汁、夢にも見たであろう御馳走を、それを自分一人だけ良い目を見ることを断って立ち去る勇気、それは本当に光り輝くものだった（略）甲南魂と本当のラグビー精神が、「生と死」に直面した時に発揮されたんだ、と思います。（林恒徳（一五文）「甲南魂とラグビー精神」⑩一六三頁）

図24　1944（昭和19）年頃：マカッサル師範学校３年生と教職員。
南郷茂治校長：前列左から４人目（朝日新聞1979.4.12より）

敗戦と甲南生

ところで未曾有の敗戦は、甲南生にどのような人間観を与えたのだろうか。

陸上部は、敗戦翌年（一九四六）のインターハイ（於：京大・北白川G）に優勝。部員・中井は「感激に流れる涙と共に、人間として生き返った感がしたのは、私だけであったのだろうか[119]」と述懐している。

平生釟三郎の孫・舜一（修一理、ラグビー部、四女・美代の子息）は、「甲南時代に育まれた節度ある自由と自律の精神、個性豊かな先生方から叩き込まれたユニークな発想と文化的素養[120]」が、他校出身者とは大きく異なっていた。そのため、敗戦後の政治的混乱にあっても道をはずすことはなかったと語る。

学制改革（一九四九）のため、心ならずも甲南を出て行かざるを得なかった生徒は、ある日曜日の午後、サー・ロレンス・オリヴィエの映画『ハムレット』を鑑賞。

あの堂々として荘重で美しい英語。ぼくはそれに興奮した。（略）完璧で圧倒的だった。これが本当の文化だと思った。戦争に負けてよかった、心の底からそう思った。8月15日にぼくは天皇陛下に申し訳ないと泣いたが、ぼくをそこまで無知にしていたものが戦争だったと、ぼくは戦争を憎んでいた。戦争に負けたから、こんなすばらしいものを見た。嬉しくて泣けそうだった。ぼくの敗戦記念日は、あの日だったのかもしれない。

（明坂英二（一修）『学制改革と甲南大学の誕生』二八〜二九頁）

おわりに

平生釟三郎は明治直前の一八六六（慶応二）年に生を受け、「明治の決算」としてのアジア太平洋戦争の敗北を見届け、一九四五（昭和二〇）年一一月二七日、八〇歳で亡くなっている。平生は、まさに「明治」と言う日本を背負って生きた人物の一人だった。

平生の生涯に亘る精神性の真髄は、父・時言から躾られた武士道精神だった。やがて二五歳、東京商業学校（後・東京高商）卒業時、五〇歳以降の余生を国家・社会のために奉仕しようと決心する。当時「大正デモクラシー」の思潮下に在って多くの財界人らは、明治以来の官立教育に危機感を持っていた。彼等は英国パブリック・スクールに傾倒する国際派経済人が多く、平生もその一人であった。平生にとってその具現化は、全国で二番目、関西初の七年制・甲南高等学校の創設であった。

英国H・スペンサーの教育論『教育～知育、徳育、体育～』が、日本にも伝わり一世を風靡。教育の三要素は「知・徳・体」と説明されたが、平生はこの陶冶順を「①徳・②体・③知」とし甲南高校で実践、それがスポーツの奨励ともなった。

一九二五（大正一四）年一～二月、平生は英国の学校教育を視察。英国パブリック・スクールでは、スポーツマンシップを涵養することを通じて人格形成、ジェントルマンの育成を目標としていた。さらにラグビーによって正直、公平、忍耐、勇気、協同などの徳性を身に着けさせていることも知る。即ち「アスレティシズム」を理解する。また、パブリック・スクールやオックス・ブリッジの学生たちが、

「一旦緩急あれば義勇公に奉じることに非常に積極的である」ことを知り、甲南でもこの意志を陶冶したいと考えた。その背景に在ったのは、自らが幼少期に躾られた武士道精神とスポーツマンシップの同一視だった。これがスポーツ、中でもラグビーの奨励へとつながった。

ところで、平生の教育論「平生イズム」は、甲南生たちに浸透したのだろうか。平生が奨励するスポーツ・運動部活動は、学校から何ら強化・支援策もない状況にありながら、陸上、テニス、バスケ、山岳、ラグビー等のクラブが、全国レベルで活躍した。また、個性尊重の下での進学実績も非常に優秀だった。第一回生四三名は、全員が国立へ進学。他の回生もリベラルな教師たちの教えを励みに、そして個性尊重は学問を追究するレベルにまで昇華され、やがて各分野で優秀な学者やベンチャー企業を生んだ。

一方、スポーツに個性尊重を求めた生徒も多々いた。名だたる帝国大学のラグビー部主将を甲南出身者が連続して務めた時期もある。京大ラグビー部では三代連続で甲南出身者が主将を担った。また甲南高校時代、敗け続けた京大に勝利したい一心で、ライバル東大へ進学した年代もあった。バスケット部でも甲南の主将だった生徒が、東大の主将を三代連続で務めたこともあった。甲南の各運動部ともにリーダーシップに秀でた者が育つ素地があったのだろう。

一方、生と死に直面する極限の、しかも敗走・飢餓の戦線にあってもラグビー精神“One for All”[121]を貫いた甲南ラガーマンもいた。

【主な引用文献】

①『平生釟三郎 日記 1〜18巻、補巻』甲南学園 二〇一〇年（第一巻）
②河合哲雄『平生釟三郎』羽田書店・拾芳会 一九五二（昭和二七）年
③津島純平『平生釟三郎 追憶記』（財）拾芳会 一九五〇（昭和二五）年
④平生釟三郎『平生釟三郎 自伝』名古屋大学出版社 一九九六（平成八）年
⑤『甲南学園50年誌』甲南学園 一九七一（昭和四六）年
⑥『甲南学園の70年』甲南学園 一九九二（平成四）年
⑦『平生釟三郎講演集 ―教育・社会・経済―』甲南学園 一九八七（昭和六二）年
⑧『甲窓11号 甲南創立50周年記念号』甲南同窓会 一九六九（昭和四四）年
⑨『旧制 甲南高等学校 ―歴史と回想―』旧制甲南高等学校同窓会 二〇一七（平成二九）年
⑩『甲南ラグビークラブ75年誌』甲南ラグビークラブ・中高ＯＢ会 一九九九（平成一一）年

【注】

1 「中学校調査会における演説」『平生釟三郎講演集』甲南学園 昭和六二年八三頁
2 岐阜加納町・太田成和「附録 平生釟三郎小伝」③一九一〜一九二頁
3 【主な参考文献】の②七頁（以下、同様）
4 旧・岸和田藩家老：岐阜加納町・太田成和「附録 平生釟三郎小伝」③一九一〜一九二頁
5 ④四四一〜四四二頁
6 ①二巻一二四頁
7 坂本勝比古「御影・住吉／神戸」『近代日本の郊外住宅地』鹿島出版会 二〇〇〇年四二五頁
8 ⑦二頁
9 ⑤一三九頁
10 ⑦四頁
11 『平生日記一八巻』「平生釟三郎年譜」七二八頁
12 平生自らが「徳・体・知」と示したことはないが、「（略）より簡潔にいえば徳育・体育・知育の三育主義の理念がそれである」と『平生釟三郎講演集』（甲南学園一九八七年）に記されている。

13 ①二巻一一四頁
14 ①二巻一一四頁
15 ⑦四五頁
16 ⑦二頁
17 ①一巻二八九頁
18 ②五二〜五四頁。
19 ④七八頁
20 財嚢とは財布のこと。一八世紀初頃から始まった英国の競馬賞金レースの一つ。貴婦人たちが寄付を集め賞金としたことから始まった。やがて、他のスポーツにも広まる。
21 前身は一八七八（明治一一）年開校の兵庫県商業講習所で、東京に次いで二番目。当初は、現在の神戸市中央区北長狭通四丁目に位置した。なお、商業高校としては日本で最古である。
22 ②一〇五頁
23 西村貫一（一八九二〜一九六〇）：神戸の西村旅館々主。一九一六（大正五）年頃からゴルフを始め、一九二〇年鳴尾ゴルフ倶楽部創立メンバーの一人。マサ夫人も五年連続で関西婦人チャンピオンとなる名手。一九三〇年『日本のゴルフ史』を著し初期の姿を伝えた。また、世界のゴルフ文献を収集、機転を利かし戦後ＧＨＱからの接収を免れた。その文献類はＪＧＡ博物館（廣野ゴルフ倶楽部内）に保存されている。
24 鈴木商店：明治初期、神戸で鈴木岩次郎が洋糖取引商を創業。その後、番頭・金子直吉の下、台湾で樟脳、ハッカの取引・製造に乗り出す。後、幾多の業界の企業を傘下に収めた。第一次大戦景気を利して貿易でも巨利を得て、三井物産・三菱商事を凌いだ。だが、昭和不況にあえなく倒産。神戸製鋼、帝人、日本製粉、播磨造船、日商岩井（現・双日）などは、鈴木商店の流れを汲む企業である。
25 阪神間モダニズム：明治後半から昭和一〇年頃にかけて、神戸からの欧米文化と大阪・上方文化が、融合し阪神間で花開いた生活文化をいう。現代生活の黎明期の姿を示した。
26 茨木カントリー倶楽部創立者の一人が広岡久右衛門（旧姓：三沢正直）で、大同生命三代目社長。三沢は、慶應、三高に次いで日本三番目・同志社ラグビー部の初代主将だった。
27 ①九巻五五頁、①九巻二一五頁、①九巻三〇二頁、①九巻三三一頁、①一二巻一三七頁
28 ①九巻三三二頁
29 ①四巻九六頁

30 ①五巻三三三頁
31 ①八巻三〇六頁
32 ①一五巻三七六頁
33 クロッケー：英国一四世紀頃からのゲームで、日本のゲートボールの原形。テニスの全英選手権で知られるウィンブルドンのテニスクラブ、このクラブの正式名称は、「オールイングランド・ローンテニス&クロッケー・クラブ」で、元々クロッケーのクラブだった。
34 ①八巻三〇七頁
35 ①一〇巻五七五頁
36 ①一〇巻二六七頁
37 ①一巻四一〇頁
38 ①六巻二八二頁
39 ①九巻五〇三頁
40 ①一七巻三四二頁
41 ①九巻五三七頁、①一〇巻七〇頁等々
42 ①一五巻三三一頁
43 ①一六巻三六五頁
44 ①九巻三〇二頁
45 「スズ子」と記しているが「すゞ」が戸籍上の表記である。①九巻三〇二頁
46 拾芳会（しゅうほうかい）：平生自身が経済的に困窮し学費に困った経験から一九一二（明治四五）年、私財を投じて創った育英事業。全国から優秀な若者を集め、国家・社会に貢献することを誓約させ、返済不要の学資を援助した。一六〇名余りの若者がその恩恵に浴した。常時数名が、住吉の平生宅に寄宿していた。
47 ①一〇巻一九四〜一九五頁
48 ①一八巻二二七頁
49 ①一四巻五一三頁
50 ①一七巻六四頁
51 ①一七巻六四頁
52 『甲窓 二〇二〇年六二号』甲南学園同窓会七九頁

53 一文：第一回卒業生で文系の生徒。一三理：第一三回の卒業生で理系生。（偶々、数字と昭和年度が同じ）。
54 『甲南学園の七〇年』三八頁
55 翌（一九二五）年の大会（七・二四）でも一六〇〇mリレーで優勝している。
56 ②四七頁　また、次のようなエピソードも残る。「平生は、内ポケットから一〇〇円札を抜き出して、選手たちに腹一杯食べさせてくれたまえ、と上林教諭に手渡した。一〇〇円といえば、当時のサラリーマンの二ヶ月分の俸給に当る。生徒たちの中には、一〇〇円札を見るのが初めての者もあったという。⑥三八頁
57 ②五一二頁
58 ①七巻一四～一五頁（一九二五・二・一五）
59 ①六巻五一一頁
60 ①七巻一二～一三頁（一九二五・二・一四）
61 ①一四巻三七八頁
62 ①九巻四一〇頁
63 The Japan Weekly Chronicle. July 25th, 1918.
64 ①七巻一六～一七頁（一九二五・二・一六）
65 ①一一巻五七五～五七六頁
66 ⑦四五頁
67 ①一五巻三〇二頁
68 ①九巻四〇九～四一〇頁
69 ①九巻四〇九～四一〇頁
70 ①九巻五一〇～五一一頁
71 ①一〇巻二二一～二二二頁
72 ①一〇巻二二一～二二二頁
73 ①一〇巻二二一～二二二頁
74 ①一〇巻二二一～二二二頁
75 一八〇五年、英海軍H・ネルソン提督は、フランス・スペイン連合艦隊とのトラファルガー沖海戦を前に"England expects that every man will do his duty."（英国は、各員が自らの責務を尽くすことを期待する）と信号旗を掲げ、全員を鼓舞した。一〇〇年後

の一九〇五年、これに倣い日露戦争・日本海海戦に於いて司令長官・東郷平八郎は、「皇国の興廃この一戦にあり、各員一層奮励努力せよ」とZ旗を掲げ全軍を鼓舞した。

76 六七に同じ

77 ①一四巻九～一〇頁

78 ①一四巻九～一〇頁

79 ①一四巻九～一〇頁

80 ①一四巻九～一〇頁

81 ⑦四五頁

82 清水善造は、平生と同窓・東京高商の出身。一九二〇（大正九）年ウィンブルドンで日本人初のベスト4に進出。一九二二年、全米選手権でベスト8。両名の初の出会いは、一九二四年ニューヨークで開催された如水会（東京高商の同窓会）に於いてである。現役引退後、清水は三井物産から三井生命に転籍、大阪や神戸の支店長を勤め、神戸・住吉に住んだ。やがて、清水の次男・節郎が甲南に入学している。

83 小川守正：甲南学園・元理事長「甲南ラグビー三題」⑪一二八頁

84 伊藤　愿：芦屋ロックガーデンで腕を磨き、高校生ながら日本アルプスに足跡を残す。甲南山岳部・部歌やラグビー部・部歌を作詞。京大山岳部時代には極地法を開発し、西堀栄三郎（後、南極観測隊長）を驚かせた。松方三郎の仲人で松方恭子（松方幸次郎の孫）と結婚。戦後は中央官庁からの派遣で欧州へ。世界の著名な山岳家と交友すると共にマッターホルンに単独登頂を果す。世界的に活躍するも四八歳の若さで病没。六ヵ月の欧州出張中、夫人に九九通の葉書を送付、後に『妻におくった九九枚の絵葉書』（松方恭子編二〇〇八 清水弘文堂書房）として出版された。

85 水野健次郎：一九三一（昭和六）年三月、西村や多田らと共に残雪の白馬小蓮華尾根の初登攀に成功。阪大・理学部化学科卒。父・利八を継ぎ、カーボンファイバーを野球バット、スキー、テニスラケット等に活用するなど理系経営者として腕を振い、用品改良を進め世界トップクラスのスポーツメーカーに育てた。

86 田口一郎・二郎兄弟：一九三一（昭和六）年以来、高校生ながら兄弟で日本アルプス数か所に初登攀を印す。東大山岳部でも活躍。一九三七年兄弟で渡英、留学。スイス・アルプス各峰へ登攀。一九三九年九月第二次大戦が勃発、帰国できず中立国スイスに留まる。一九四一年兄・一郎が病死、二郎は一時日本公使館で働くも朝日新聞の記者になり、欧州の情報を日本に送信。一一年振りの帰国は一九四八年のことだった。一九五三（昭和二八）年隊長・今西錦司と共にマナスル登山隊に参加、惜しくも三七五ｍ手前で断念。一九五六年やっと第三次隊が初登攀（八千一二五ｍ）に成功。以後、日本国内は登山ブームに沸く。一九八一（昭和五六）年、日本山岳会副会長に就任。
87 「甲南のあゆみ④」⑨二〇頁
88 ②五七七頁
89 「会釈すべし」：冊子「甲南禮法」の1．一般作法及び心得（ヲ）の文言。一九三四（昭和九）年に制定され、全生徒に配布された。
90 二〇回文・弘世徳太郎（ラグビー部）⑦六〇頁
91 久島健一「疾風・怒涛～京大合併か単独昇格か～」⑨二一七頁
92 二六回理・福井俊郎⑦五六頁
93 二四回文・三杉隆敏⑦五四頁
94 寺尾満（東大工学部教授）「応援団ぎらい」⑨一〇七頁
95 林龍雄「甲南時代の思い出」⑨四五頁
96 堀場雅夫「ラグビー精神はベンチャー精神」⑪八九頁
97 山口省太郎、関集三ら両名ともに甲南一〇回理卒：『平生さん物語』甲南学園同窓会　平成一五年五頁
98 小川守正・上村多恵子『世界に通用する紳士たれ平生釟三郎・伝』燃焼社平成一一年　一六五～一六七頁参考。
99 関集三（阪大理学部教授）「二つの感謝」⑨八三頁
100 宇垣軍縮：一九二五（大正一四）年、第一次加藤高明内閣の陸軍大臣・宇垣一成が、四個師団を廃し約四〇〇〇人の将校を全国の中学以上の学校へ配属し軍事教練を実施させた。
101 「ゴーストップ事件」：一九三三（昭和八）年、大阪・天六交差点で起こった陸軍兵と巡査の喧嘩に端を発し、陸軍と警察の大規模な対立事件となる。やがて軍部が法律を無視して動き、政・軍関係が正常に働かなくなるきっかけとなったといわれる。
102 松尾秀郎（京都工繊大教授）「イギリス貴族の子弟の学校の印象」⑨三三頁
103 ⑤一〇五頁
104 二二回文・加藤直邦⑦五二～五三頁
105 西村（旧姓田中）磐男「フェアープレーと友情」⑪一一三頁
106 野田真五郎「ラグビー部の思い出」⑪一一五頁
107 伊藤健一郎（油業報知新聞・取締役）「甲南精神」⑨一四〇頁
108 セービング：ラグビー技術の一つ。転がるボールに身を挺して跳び込み、味方ボールにする技術。
109 一九・文：福井律「末久直心君を悼む」⑪一六六～一六七頁。

110 堀場雅夫「人間改造」⑪一三九頁

111 一修理：旧制高校の理系高等科一年生課程を終了し、新制大学へ進んだ生徒。

112 月刊誌『KOBECCO　二〇一九年 四月号』神戸っ子出版事業部四三頁

113 進藤（一文）、立原（二理）、福島（二文）、平生三郎（四文）

114 中川路家の三兄弟：忠男（二二理）、誠（二三文）、明（二四理）

115 甲南ラグビー部から京大へ進学しラグビー部に入部した人数。第一回卒業生一名（以下，回生と人数）四回：一名、六回：五、九：一、一〇：二、一一：一、一二：三、一四：三、一五：一、一六：一、一七：二、一八：一、一九：四、二〇：一、二一：一、二二：一、二三：二、二四：二、二五：三。旧制時代の合計：ラグビー部三六名が京大へ進学しラグビー部に入部している。（⑩及び『京都大学ラグビー部六〇年史』一九八七（昭和六二）年より）

116 ⑩一八六～一八七頁

117 高橋勇作「戦時体制下の学窓生活」⑨一五三頁

118 南郷が部下を率いてこの地の戦線に参加しているとは考えられない。何かの思い違いであろう。南郷茂治の戦歴については、南郷茂治自身による『南郷三郎　健康に恵まれた九七年』（一九八六年）及び『雲海雑記帖』（南郷菊代一九八八年発行）に依れば、「一九四三（昭和一八）年夏、海軍司政官としてインドネシアのセレベス島へ赴任。翌年二月マッカサル師範学校長に就任（写真あり：本文三一八頁）。やがて空襲が激しくなり、男子生徒一二〇人を率いて約一五〇㎞奥地のネンゴ村へ疎開。一九四五年八月敗戦、パレパレの捕虜収容所に収容される。翌一九四六年五月セレベス島パレパレより復員」と記されている。

119 中井善夫「暗い谷間の三年間～その中での曙光＝陸上インターハイ優勝～」⑨一七六頁

120 一修・平生舜一「学制改革と甲南大学の誕生」甲南学園同窓会　平成二九年二一～二二頁

121 一般的には“One for All, All for one.”は、「一人は皆のために、皆は一人のために」と訳す（コープこうべ等）が、ラグビーでは「一人はチームのために、皆は勝利のために」と言う。従って、この場面では前半のみの“One for All.”とした。

神戸におけるユダヤ難民の足跡～新聞資料を中心に～

松本　正三（元神戸市文書館長）

はじめに

筆者は、二〇一一（平成二三）年から二〇二一（令和三）年三月末まで神戸市文書館で勤務した。神戸市文書館は神戸市が運営する地域歴史資料館で、神戸市域に関する歴史的・文化的な価値のある文書や資料類及びその複写物などを保存・公開している。

図1　神戸市文書館

神戸市文書館の建物は、私立「池長美術館」（一九三八（昭和一三）年開館）として建設されたもので、戦後に一時、占領軍に接収されたのち、所有者の池長孟が南蛮コレクション（池長が収集した七千点以上の美術品）と併せて神戸市に寄贈した。これを受けて神戸市は建物を整備して、一九五一（昭和二六）年に「市立神戸美術館」として開館し、一九六五（昭和四〇）年には名称を「市立南蛮美術館」と改めた。次に神戸市は、旧横浜正金銀行神戸支店の建物（中央区京町二四番地）を改修して、一九八二（昭和五七）年に神戸市立博物館を開館した。このとき南蛮美術館が所蔵していた美術品は、すべて神戸市立博物館に移された。これ以後、しばらく建物は閉鎖されていたが、一九八九（平成元）年に神戸市文書館として開館した。

筆者が神戸におけるユダヤ難民の調査を始めたのは、二〇一五（平成二七）年一〇月のことである。『朝日新聞』の記事を読んだ久元喜造市長から「ユダヤ難民に関する情報は時間の経過とともに失われてしまうので、至急情報を収集するように」との指示を受けたことがきっかけである。神戸市企画課は広報誌等を使って市民に呼びかけ、所有する関係資料や写真の提供を募った。市民からは、一年間で五四件の情報が寄せられた。神戸市文書館は、外務省外交史料館や兵庫県立美術館等の資料や写真を収集するとともに、当時発行された『神戸新聞』『朝日新聞』『大阪毎日新聞』のマイクロフィルム約一年分余（一九四〇年一〇月〜四一年一一月）を調査した。このような調査・研究の成果として、二〇一六（平成二八）年一一月に神戸市文書館において神戸開港１５０年記念企画展「神戸と難民たち」を開催するに至った。さらに、神戸市史紀要『神戸の歴史―神戸開港１５０年記念―』第二六号（平成二九年三月発行）に収集した写真や情報を掲載し、調査報告とした。また、同紀要にはユダヤ難民の研究に取り組んだ故岩田隆義（神戸外国人居留地研究会理事）が論文「神戸とユダヤ難民」を執筆した。

本研究は、先述の企画展等の調査報告に含まれなかった新聞資料等を含め、杉原ビザ等により来神したユダヤ難民たちの足跡を紹介するものである。なお、当時の新聞記事を転載するにあたり、旧仮名づかいは原文のままとしたが、旧字体は新字体に置き換え、必要に応じて漢字にふりがな及び説明を括弧書きで追記した。

一・神戸のユダヤ人社会

神戸にユダヤ人社会が形成されたのはいつ頃のことであろうか。一八六八（慶応三）年の開港を機に、神戸にユダヤ系商社が進出してきた。一例を挙げると、ユダヤ系イギリス人が経営するイギリス最大の「香港上海銀行」、アメリカのユダヤ系商社「ウォルシュ・ホール商会」、イギリスのユダヤ系商社ジャーディン・マセソン社の代理社「グラバー商会」があり、他にも一八七一〜七二（明治四〜五）年の『ディレクトリー（住所録）』にユダヤ系と思われる「ゴールドマン」「ゴットリンガー」などの名前が見える。

一八七〇（明治三）年一二月七日付の『ヒョーゴ・ニュース』に次の記事がある。

「一二月四日の日曜日、ゲトリンガー師により日本の神戸のシナゴーグにおいて、神戸在住のゲイソン・ブラスとテネシー州メンフィス出身のマイケル・ブラスの娘ソフィアの挙式が執り行われた」

「シナゴーグ」はユダヤ教の会堂で、宗教的な集いの場である。したがって、この頃には神戸にユダヤ人共同体があったと考えられる。ただし、一八七〇（明治三）年当時のシナゴーグは、会堂というよりも簡易的な施設であったと考えられる。

日露戦争（明治三七〜三八年）以後、長崎のロシア貿易が衰退し、長崎のユダヤ人共同体がトーラー（ユダヤ教の聖典）とともに神戸に移ってきた。また、神戸における会堂としてのシナゴーグは、一九一二（明治四五）年の設立であると言われている。

二．神戸をめざしたユダヤ難民

第二次世界大戦下におけるユダヤ難民の状況や当時のヨーロッパ情勢などについては、岩田隆義の論文「神戸とユダヤ難民」を参照いただくとして、本稿ではヨーロッパを脱出して神戸に逃れてきたユダヤ難民を当時の新聞がどのように報じたのか、ということについて述べていきたい。

一九三九（昭和一四）年にリトアニア領事館の領事代理となった杉原千畝は、迫害から逃れようとするユダヤ人に大量の日本通過ビザを発給した。ユダヤ人のヨーロッパ脱出を手助けした杉原は、「東洋のシンドラー」と呼ばれて広く知られている。杉原が発給したビザを携えて出国したユダヤ難民は六千人を超えるとも言われており、その半数以上が一九四〇～四一（昭和一五～一六）年に神戸を経由して北米や南米、パレスチナ、オーストラリアへと渡っていった。

では、なぜユダヤ難民は神戸にやってきたのであろう。杉原ビザを発給されたユダヤ難民の多くはポーランドをはじめとする東欧あるいはドイツ国籍で、当時のソ連がユダヤ難民の領地通過を認めたことにより、シベリア経由で日本へ渡る経路が最も可能性の高い脱出ルートとなったからである。ユダヤ難民はシベリア横断鉄道でウラジオストクまで移動し、そこから敦賀（福井県）行きの船に乗って、敦賀からは鉄道で神戸に入った。また、シベリア横断鉄道でハルビンまで移動し、大連や釜山を経由して神戸あるいは下関へ渡った人々もいた。いずれのルートをたどったとしても、日本を経由して次の目的地に移動するためには外航船に乗らねばならず、国際港都である神戸はユダヤ難民にとって自由の天地へ向かうためのトランジット港であった。

ただし、ユダヤ難民が神戸を経由した理由はそれだけではない。当時、神戸には神戸ユダヤ人協会（アシュケナージ派）[1]があり、難民救済の拠点となっていたことも来神動機のひとつである。

次に、神戸ユダヤ人協会に関する新聞記事を紹介する。

> 【ユダヤ人協会起つ　勇士の遺族に一千円】（前略）神戸の貿易、雑貨商人ら約八十名は相互扶助の機関としてユダヤ人協会を組織し神戸神戸区京町七六番館に事務所を置いて活動してゐるが、今回の支那事変に際して…（中略）…十四日朝ユダヤ人協会の代表者が三宮署外人係を訪れ金一千円を慰問金に寄託した　ユダヤ人協会が表面に出たのは今回がはじめて（以下略）〈一九三七（昭和一二）年一〇月一五日付『神戸新聞』〉

神戸市立中央図書館所蔵の『クロニクル・ディレクトリー』（一九四一～四二年）には、「Jewish Community of Kobe, The / 6 Yamamoto-dori 1chome, Kobe-ku」との記載があり、神戸ユダヤ人協会は神戸区京町七六番館（図2）から神戸区山本通一丁目六（図3）に移ったことがわかる。一九一〇（明治四三）年の地籍図から、神戸区山本通一丁目六は現在の神戸電子専門学校の校地（中央区山本通一丁目）に相当することが確認できた。

二〇一六（平成二八）年五月に、かつて神戸に滞在したユダヤ難民のピータ・バルーク氏（オーストラリア在住）が来神し、神戸市役所を表敬訪問した。このとき、山本通一丁目の神戸ユダヤ人協会の跡

図2　神戸ユダヤ人協会（中央区京町76番）

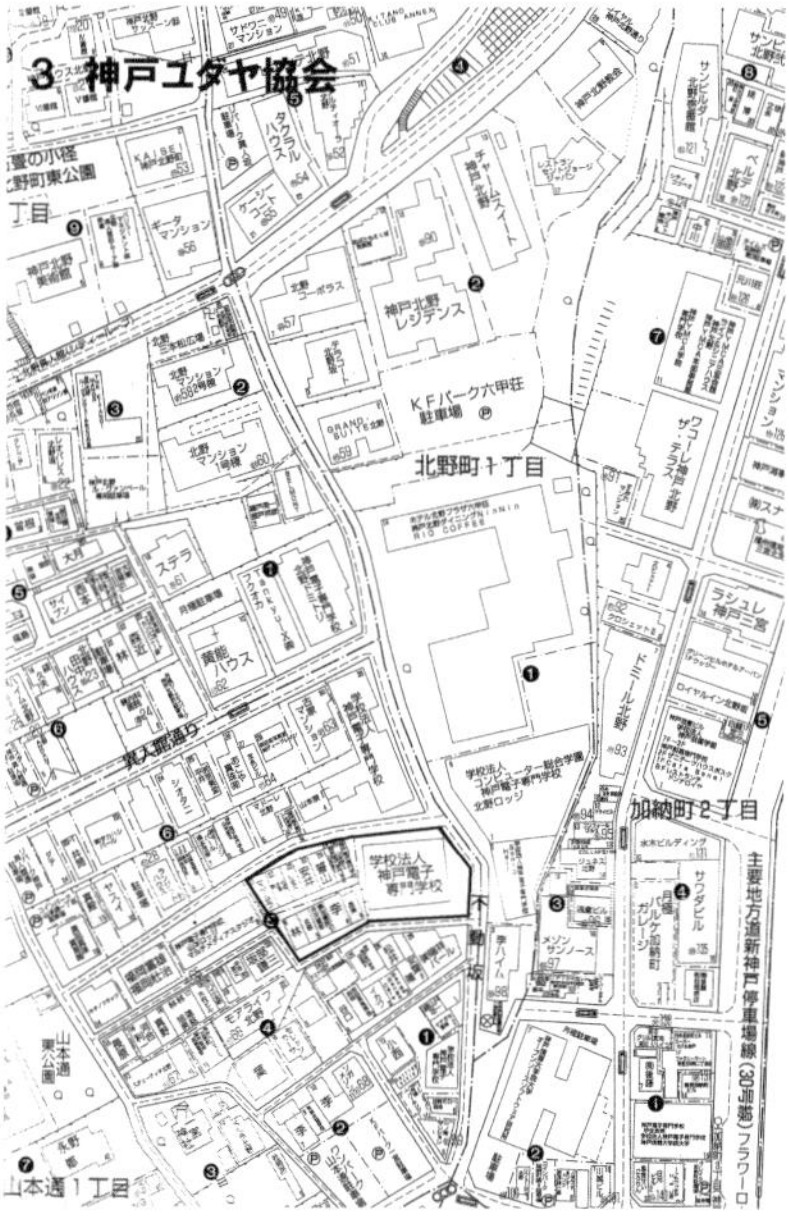

図3　神戸ユダヤ人協会（中央区山本通1丁目6）

地を訪れて、南側の石垣を見たバルーク氏は「記憶にある石垣だ」と証言している。石垣の上部は当時の写真とは異なっているが、コンピュータ総合学園の福岡賢二常務理事によると「上部は後年に積み替えたもの」である。

　このような調査を踏まえて、二〇二〇（令和二）年一一月、「北野ふれあいのまちづくり協議会」「山本通一丁目自治会」「学校法人コンピュータ総合学園」により、神戸ユダヤ人協会の跡地に歴史を伝える看板が設置された。

　神戸にやってきたユダヤ難民たちは、シナゴーグにも通った。次に、シナゴーグに関する新聞記事を紹介する。

【流浪の民にも生きる歓喜よ】　二ケ月ほど前ポーランドの首都ワルソーから枯葉のやうに神戸に舞ひ込んできたイスラエル・リサク君（三一）は長い同宿生活の間に可愛いユダヤ娘

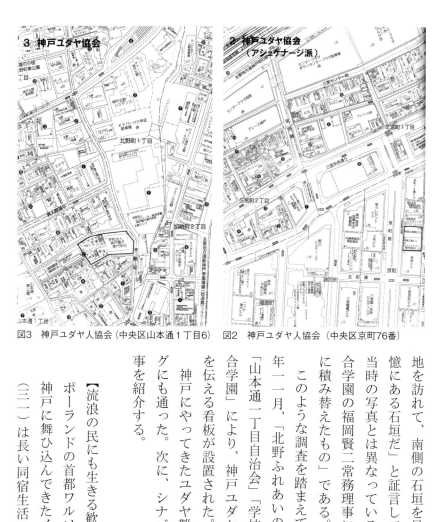

のハヤ・ゼルダ・フイサイテイーさん（一八）と恋の花を咲かせて、このほど同じく避難民のルスキー牧師が月下氷人に立ち大勢のユダヤ人たちに羨まれながらユダヤ協会で結婚式をあげ…（以下略）〈一九四一（昭和一六）年五月一一日付『大阪毎日新聞』〉

記事に「ユダヤ協会で結婚式を挙げた」とあることから、協会内にシナゴーグがあったのではないかと推察される。また、神戸にユダヤ難民が急増したためか、同年一〇月にセファルディ派のシナゴーグが新たに開かれたという新聞記事がある。

図4　神戸ユダヤ教会跡地の看板

【堂に満つ異国情緒　猶太《ユダヤ》教新寺院の開堂式】猶太人のセフアラジ派―猶太の貴族の血をひく在神イラク・シリヤ人百五十余名の猶太教の信徒が神戸区山本通二丁目四五に設けた新寺院で十四日午後四時から慶びに輝く信徒が集うて、異国情緒も豊かな開堂式を挙げた。この寺院は外人邸宅を改造したもので、（中略）…全員起立「萬歳」を三唱、続いてアシケナジー派の代表江磐柄三郎氏が「和協一致神の前に努力を誓ふ」と祝辞を述べ…（以下略）〈一九四一（昭和一六）年一〇月一五日付『神戸新聞』〉

セファルディ派シナゴーグの会堂式ではあるが、アシュケナージ派の信徒も参加している。現在の会堂は北野町の関西ユダヤ教団シナゴーグ一か所となっており、両派がともに集っている。なお、山本通二丁目四五は、現在の中央区山本通二丁目一三―一〇～一三付近にあたる。

三．報道されたユダヤ難民

ユダヤ難民の来神は連日のように新聞報道された。神戸にやってきたユダヤ難民の姿は、市民の目にどのように映ったのであろう。

【抱き合つて嬉し泣き　猶太人《ユダヤ》三百四十名どつと神戸へ】（前略）十四日のたそがれ大阪から省電の急行に乗込んだ一行は三輛連結の電車を殆んど占領して四時五十分三宮駅着、三宮駅では、すでに神戸市内五ケ所の収容所やホテルなどに泊つてゐる発先のユダヤ同胞約二百名が改札口プラット・フオームを埋めつくして一時間も前から出迎へてゐたが、電車の到着と同時に溢れ出す同胞の中から知己を、肉親を求めて相抱き、頬ずりして涙を流さんばかりの歓迎ぶりに駅頭の人々の眼頭をうるませた（以下略）〈一九四一（昭和一六）年二月一五日付『神戸新聞』〉

【猶太人は流浪す　着のみ着のままの気毒な姿　きのふ三百余名来神】（前略）一行は大和、神戸、富士各ホテルに入つたがここにはすでに四百四十名の先客ユダヤ人が船待ちしてゐるので、とても収容し切れず新たに借りた葺合区中島通二丁目の民家二軒と新築したばかりの灘区青谷町四丁目アパート山楽荘を独占して収容するといふ騒ぎ
一行は殆ど着のみ着のままでトランク一個持ってゐるものは豪勢なうちで、大部分はボストンバッグ一個といふあはれさ…（中略）…服装もお粗末極まるもので、スキー帽、ベレー帽、無帽など色とりどりで満足な防寒具を持つてゐるものは一人もない、神戸へ着いたものの食物もなく、林檎一個齧りながら徒歩、電車（市電）、バスと思ひ思ひにふところ相談に応じてユダヤ人協会から各自割当てられた宿舎に向かつたが、布引の市バス停留所には多彩な頭布を被つた流浪の女がズラリと一列になつてバスを待ち、来る車も来る車も亡命の人たちで満員の有様…（中略）…相ついで殺到するこれら流浪の民に神戸ユダヤ人救済委員十五名のうち半数は過労のために病床にあり…（以下略）〈一九四一（昭和一六）年二月一五日付『大阪毎日新聞』〉

【荊《いばら》の旅語る破れトランク　雪崩れこんだユダヤ人の荷物】

どっとばかりに雪崩れ込んだ荷物の洪水、一度になんと五百個余が三宮駅の地下室に堆《うずたか》く積み上げられた、こんなこと全く空前です――とは大袈裟な駅員の嘆きやう…（中略）彼らのトランクはいづれも真新しいが皮革製は一つもない、いづ

山と積み上げられたユダヤ人の荷物　三宮駅地下室にて撮す

図5　昭和16年2月18日付『朝日新聞』より

れもファイバーもしくは布張りのみるからに安物だ、無残にも永の旅に金具はこはれパツクリと口を開けてゐるもの、そこかしこが破れて中から汚れた衣類がのぞいてゐるものなどれにも安住の天地を求める彼らの荊の道程を語るものばかり、中には「英語会話の手引」などといふ本をしのばせてゐるものもあり、アメリカ大陸への彼らの儚《はかな》い憧憬を示してゐる（以下略）〈一九四一（昭和一六）年二月一八日付『朝日新聞』〉

ユダヤ難民の到着が相次いだ一九四一（昭和一六）年初旬の新聞報道は、「哀れ」「流浪の民」「気の毒な姿」という言葉が目につく。ユダヤ難民の窮状に対して、神戸のキリスト教会が行った支援活動も新聞報道された。この活動については、神戸市企画課の呼びかけに応えた市民から当時の記録写真と情報が提供された。次の記事中の「きよめ教会」は一九三〇年代にホーリネス派と呼ばれており、神戸教会は長田区宮川町にあった。

【林檎の贈り物　神戸のユダヤ人に】　流浪の宿命を背負うて亡命の旅路を神戸で過ごすユダヤ人七百七十名に廿一日キリスト教きよめ教会大阪、京都、神戸三教会から林檎十三箱を神戸区山本通のユダヤ人協会に寄贈、午後三時パンの配給を受けに押

図6　ユダヤ難民にリンゴを配る牧師たち
（斉藤真人氏提供）

寄せたさすらひの民達を喜ばせた〈一九四一（昭和一六）年二月二三日付『大阪毎日新聞』〉

【日本と猶太《ユダヤ》は大違ひ】四、五日前神戸ホテルのロビイでビールを飲んだユダヤ人が立去つた後に百円札が落ちてゐた、ホテルで保管してゐると三日目になつて見覚えのあるその顔が現れたので百円札を返すと「落し物が帰つてきたためしがないので虎の子ですがあきらめてゐました」といふので「日本人だよ」といふとこのユダ君すっかり感激、その場で泣出したといふ話〈一九四一（昭和一六）年八月二九日付『朝日新聞』〉

四．ユダヤ難民の旅立ち

神戸にやってきたユダヤ難民は数週間あるいは数か月の滞在ののち、各自の目的地へと旅立っていった。出国のピークは一九四一（昭和一六）年の夏で、九月一七日には最後のグループが神戸を離れた。短期間ではあったが、彼らが神戸に残した印象は強いものがあったようで、新聞記事は出発の情景をさまざまな観点から描いている。

次の記事は、インド洋から南アフリカのケープタウンを経由、アフリカ大陸を縦断してパレスチナへ向かったユダヤ難民の過酷なルートを紹介している。この記事に興味を持った『岐阜新聞』の堀尚人記者が、二〇一七（平成二九）年に神戸市文書館へ取材に来た。堀尚人記者はその後、自らイスラエルへ行って取材し、このルートでイスラエルに到着した人の子孫と会ったとの連絡があった。

【暗黒大陸《アフリカ》を縦断　パレスタイン（パレスチナ）へ決死行　猶太人ジャングルをゆく】（前略）二十九日午後四時神戸出帆の大阪商船（商船三井）アフリカ南米線まにら丸で突如五十三名のポランド系ユダヤ人が大挙パレスタインに向つた、最初彼らはコロンボに上陸し陸海両コースによつてパレスタインに向ふ予定であつたが、イラン、イラクの通過が不可能なことと紅海航行の危険が増大したためこの最短コースを断念、止むなく一行は南阿《ア》ケープタウンに上陸、アフリカのジャングル越えで大陸を縦断、スエズからパレスタインに入るといふ大迂回コースをとることになつたものだ…（中略）…人跡稀なアフリカのジャングル越えを敢行しなくてはならない彼らの旅は文字通りの決死行といふことが出来る（以下略）〈一九四一（昭和一六）年五月三〇日付『神戸新聞』〉

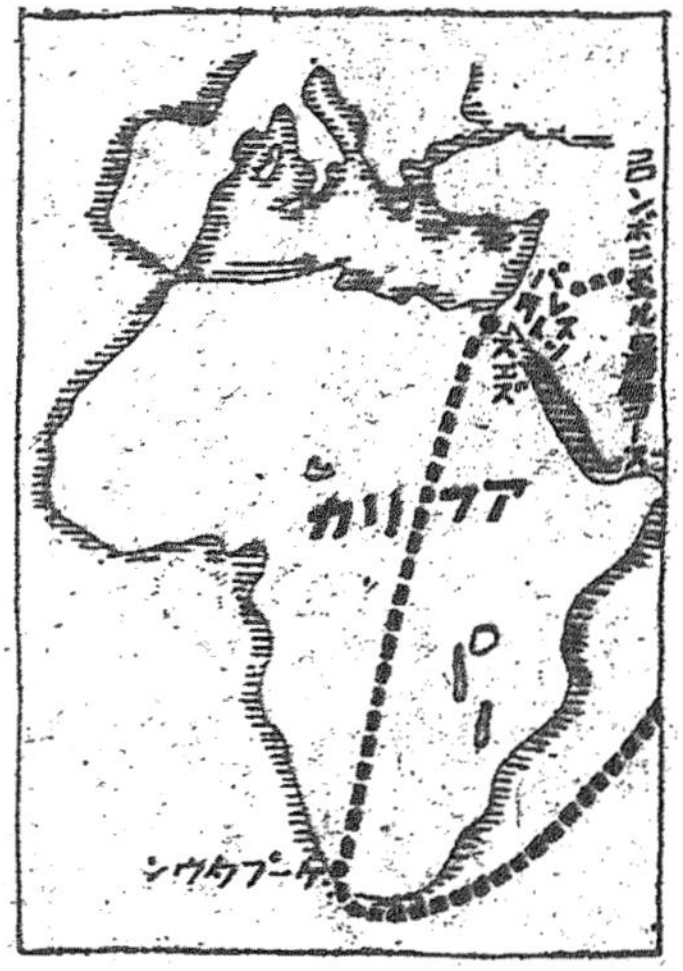

図7　昭和16年5月30日付『神戸新聞』より

【さよならするユダヤ人　決してクヨクヨせぬ　彼等にも偉大な特質】（前略）祖国なき民族の同胞愛は祖国なきがゆゑにまた一しほ激しい、彼らには金はなくとも世界中至るところユダヤ財閥を背景にしたすばらしい救済機関を持つ、たとへば神戸ユダヤ人協会のごとき——これが何よりの強みでユダヤ人ならではの独芸《ひとりげい》です、彼らは非常に利口である、神戸へはすでに六千人ものユダヤ人が出入したが犯罪らしい犯罪はまるでなかつた…（中略）…彼らは神戸の生活をこよなく楽しんでゐた、昨年九月ポーランドを脱出して以来黒パンばかりかじつてゐたのに日本へきてはじめておいしい白いパンを食ふことができたと喜ぶもの、果物が豊富だといつて梨や林檎を歩きながらかじりつくもの、そしてまたユダヤ人協会へ見舞品を持込んでやる日本人などがあつたため彼らは常に大喜びで「ニツポンは本当に住みよい親切な国だ」と心から感謝し神戸に永住を許してくれと泣きつくものさへ続出する始末だつた、合宿所[2]で不幸病死したあるユダヤ人の爺さんなどは「私はこれで永久に神戸に滞在できますネ」とニツコリ微笑みながら息を引きとつたといふ涙ぐましい話さへある
〈一九四一（昭和一六）年八月二〇日付『大阪毎日新聞』〉

【ユダヤ人　落した金五百万円　来月末には全部姿を消す】（前略）昨年七月以来神戸に出入したユダヤ人は合計六千人を突破してゐる、これらが一体どれだけの金を落としてゐるかを今回兵庫県外事課で見積つて見ると総計五百万円以上[3]といふから馬鹿にならない
この内訳は米国ほか各国行の船賃が約二百六十万円、滞神中の合宿費、食費、滞邦許可料および入国特許料などの雑費が約百五十万円その他彼らが米国その他の肉親、知人から金を取寄せ個人的に生活費に使つたものが百万円内外に上るといふもので懐中無一文の彼らはこの金の全部をニューヨークのユダヤ人救済本部はじめ海外のユダヤ人たちから送金を受けてゐる　〈一九四一（昭和一六）年八月二〇日付『大阪毎日新聞』〉

【〝冬服〟に流浪の悲哀　ユダヤ人部隊大げさな引揚げ】

（前略）この朝十時メリケン波止場に勢揃ひした一同は旅具検査を受けて市電高松終点へ、こゝから徒歩で和田岬検疫所へと引越し部隊の長列は沿道の眼を大げさに瞠《みは》らせる、鍋釜下げての引越しといふがまさに文字通り、スーツに入れ切らない荷物は女子供まで分担、なかにも念入りなのはいかめしく着込んだフロックコートの腰に荒縄をからげて荷物を吊るしおまけに両手には大トランクといふ珍妙な姿も交る、チヤプ〳〵音をさせながら大樽を担いで歩く男がある中はとみれば梅干や漬物類が一ぱいだ…（中略）…検疫所に着いてバナナとパンの簡単な朝食、十分に憩ふ間もなくやがて本船へゆくランチが出る、旅立つ民と見送るユダヤ人の群、思ひ出深い神戸の港頭しばし劇的な風景が点綴《てんてい》された　〈一九四一（昭和一六）年八月二一日付『朝日新聞』〉

市電高松終點から和田岬檢疫所へ急ぐユダヤ人

図8　昭和16年8月21日付『朝日新聞』より

【ユダヤ人は神戸がお好き　美人を先頭に泣き落し戦術】（前略）上海に行くのはいやだいつまでも神戸にゐたいと駄々をこねてゐる、欧州の戦火をのがれて神戸に来たユダヤ人は一時は三千人にも達し港都に愛嬌たつぷりな亡命風景を描いたが兵庫県外事課の強硬方針によりどん〳〵退去し、来る二十八日上海へ送る三百五十名を以て神戸からユダヤ色を一掃することになつてゐるところがこの連中は上海行を非常に嫌がり二十六日午後代表四十名が若い美人を先頭に立てゝ県外事課に押しかけ「どうか神戸に住まはせて下さい」と陳情した…（中略）…「永久にとは申しませんからアメリカ行の船があるまでもう暫く神戸に置いて下さい」と哀願、…（中略）…係員を悩ませた

さて何が彼等をかうまで神戸に愛着させ、上海行を嫌がらせるのか事情をきいてみると彼等亡命ユダヤ人はユダヤ人協会から一人一日一円五十銭の扶助を受けてをりパン代三十銭を差引いても菓子や果物を買つて気楽に暮せる、ところが上海は高物価で同じ一円五十銭をもらつても神戸にゐる半分の生活さへ困難だ

「日本は戦争をしてゐるといふのに物資は豊富で安いし神戸の人たちはみんな親切だし、こんなに住みよいところは世界中にない、若し置いて下さるなら一生住みたい」といふのが彼等の偽らぬ告白だつた〈一九四一（昭和一六）年八月二七日付『神戸新聞』〉

【忘れぬ銀座と宝塚　さよならユダヤ人部隊殿軍《しんがり》】約六ケ月間流浪の身体を港都に休めてゐたユダヤ人の最終部隊百九十九名は、十七日午後三時神戸出帆の日華連絡船大洋丸で上海に向かつた、結局後に残つた者は、病人、子供たち約七十名であるが、これも近日の便船に分乗上海に向ふ予定である

（中略）…職業別に見ても技師、会社重役、法律家、医師等比較的中流階級の人々が多数を占めてゐた、（中略）…有力者としてはリスアニア人（リトアニア人）の経済学者レポラトスキー氏（四二）、

ポーランドの医博ポラキエヴイツチ氏（四〇）の姿も見えた

この日船上で水上署外事係の調べをうけたとき、誰も彼もが稍《やや》感慨深い面持で「大変お世話になりました、日本人の好意は永久に忘れません」と盛んに愛嬌を振り撒いてゐたが、中にも経済学者レポラトスキー氏は「南米ブラジルに行つて永住の仕事を求め更生する、貴国滞在中色々と面倒をかけたが、東京銀座の情緒と、宝塚の歌劇は終生忘れることの出来ない印象である」と語つた〈一九四一（昭和一六）年九月一八日付『神戸新聞』〉

【猶太人殿《しんが》り部隊も出発】　神戸―上海を幾度か渡つたさ迷へるユダヤ人の群れも昨十七日午後五時神戸出帆の便船を最後に大移動を終わつた…（中略）…この日出発したのはポーランドのクラカウ市ユダヤ教会大僧正シモン・ハリシ氏以下ユダヤ教僧侶、神学生ら二百七名、うち二十余名の婦人もまじつてゐたかくて神戸に残る流浪のユダヤ人は女、子供、病人などこの便船に間に合はなかつた百二十余名で、彼らはそれ〴〵近く長崎経由で後を追ふことになり、ユダヤ人部隊の大移動はこの日が最後となるわけである〈一九四一（昭和一六）年九月一八日付『朝日新聞』〉

神戸を去った人々の消息や後日談を丹念に報じた新聞記事も見られる。

【ユダヤ人からお礼状】　さる二十日も約二百人のユダヤ人部隊が悄然と上海へ旅立ち九月末には神戸の街から彼らの姿は消えてしまふのだが、祖国なく流浪の旅をつゞける彼らにも民族を越えて美しい人情はある、さる三日神戸を発つたニユース・バーム氏（独波国境にあるオイルカンパニーの社長だつたといふ）がこのほど上海から神戸ホテルの増田支配人に「神戸滞在の淋しかつた半年間[4]をとてもよく慰めてくれたことを喜んでゐます一生忘れ得ない思ひ出となりませう、従業員御一同にもよろしく」と丁重な礼状をよせてきた〈一九四一（昭和一六）年八月二三日付『朝日新聞』〉

【叱られても嬉しい人情　雑誌に載つた　ユダヤ人の日本印象記】（前略）日本の印象を偲ぶことの出来る興味深い雑誌が廿三日兵庫県外事課に届けられた、それは哈爾濱《ハルビン》で発行される極東ユダヤ民族会議機関誌「ジュウイッシュ・ライフ」この中には避難ユダヤ人の一人ヤコブ・フィッシュマンが露文で寄稿した「日本における日記から」と題する短文の神戸、大阪滞在印象記があり、それには日本に上陸第一歩を印してまづ驚いたことはみどり濃やかな景色のうるはしさと人情のうるはしさ、それに婦人の着物のきれいさであつた、人情のうるはしさを説く一例としては、私が神戸の果物屋でリンゴを二つ買ひ五十銭札一枚をおいて帰り、翌日その店へまた買物に行くと、主人になぜリンゴの剰銭（つり銭）をもつて帰らないのかとどなられ叱られながらうれしかつた、また大阪で手まねによつて若い男にレストランをたづねたところ親切に教へてくれたので、私はそこへ行く途中煙草屋へ立寄つた、するとその若い男は追掛けて来て、そこはレストランと違ふとまた手まねで教へてくれた…（中略）…この親切に私は非常にうれしかつたと、しきりに日本人のやさしさをたたへ、最後に日本の本屋は店先で自由に子供に本を読ませてゐるが本が汚れて古くなると値が下るのに、なぜおこりもせずに読ませてゐるのだらうと、算盤高いユダヤ的な批判をつけ加へてゐる

〈一九四一（昭和一六）年一〇月二四日付『大阪毎日新聞』〉

表1　ユダヤ難民の渡航先

渡航先	人数（人）
アメリカ	1,964
上海	966
カナダ	202
パレスチナ	199
アルゼンチン	176
エクアドル	104
ブラジル	91
オーストラリア	83
メキシコ	76
ボリビア	69
南アフリカ	64
ウルグアイ	63
フィリピン	60
ニュージーランド	30
ミャンマー	28
インド	16
その他中南米諸国	216
その他	22
神戸に残留	121
合計	4,595

＊北米合計 2,242人、中南米合計 759人
昭和16年（1841）10月2日付『大阪毎日新聞』より

五．調査活動で判明したこと

二〇一五（平成二七）年から神戸市企画課が市民に呼びかけたことにより、ユダヤ難民に関する情報が一年間で五四件寄せられ、関係資料や写真が提供された。その中には、市民がユダヤ難民を自宅に招いて和服姿で撮影した記念写真があったほか、自宅や事業所の一室を住居として提供していたという証言もあった。日本も戦時下にあったが、困窮するユダヤ難民を支援したいという人道的な意識が市民の中にあったのであろう。市民からの情報による交流エピソードについては、岩田隆義「神戸とユダヤ難

民」が報告している。

岩田論文以後に判明した事柄について述べておきたい。神戸市史紀要『神戸の歴史―神戸開港150年記念―』第二六号に、垂水区在住の市民から寄せられた「新神戸駅の北東、馬止（中央区葺合町）のドイツ人住宅にユダヤ難民が滞在していた。情報提供者は当時この近くに住んでおり、ユダヤ人たちが建物に出入りしていたのを目撃している」という情報を紹介した。この情報をもとに現地調査を行い、該当の建物が現存していることがわかった。現在ここに住居している人に聞き取りをしたところ「ロシア人がいたと聞いている」との回答を得た。滞在者はロシア系ユダヤ人であったのかもしれない。この馬止のドイツ人住宅は、ユダヤ難民の神戸滞在を現在に伝える貴重なモニュ

図9　馬止のドイツ人住宅

メントのひとつである。
二〇二〇（令和二）年一二月には、ユダヤ難民の滞在施設（合宿所）として利用されたヤマト・ホテル（当時、神戸区中山手通二丁目一五三番屋敷）創業者の子孫の方から建設当時の写真が提供された。西洋式の立派なホテルで、一九四一（昭和一六）年二月一五日付『大阪毎日新聞』の記事に「一行は大和、神戸、富士各ホテルに入った」と書かれている「大和」は、このヤマト・ホテルであると推察される。

図10　ヤマト・ホテル建築当時の写真
（上）外壁に「YAMATO HOTEL」の文字が見える
（中）建物正面入り口
（下）ホテルのロビー
（神戸市文書館蔵）

六．おわりに

ユダヤ難民にとって神戸は最終目的地ではなく、亡命という航海の寄港地のひとつでしかなかった。しかし、この港都は開港以来さまざまな国の人々が居住・滞在してきた歴史があり、神戸市民は多様な文化的背景を持つ人々と共生してきた。短期間に五千人近いユダヤ難民を受け入れたにも関わらず、大きなトラブルが起こらなかったのは、近代神戸が紡いできた都市文化と港町特有の鷹揚さを備えていたからではないだろうか。

神戸の街がユダヤ難民に利した事柄に、外国語学校がある。生まれた国を離れて全く異なる環境の中で生きるためには、英語やスペイン語といった新たな言語の獲得が不可欠であった。神戸滞在中に教育を受けた、学校に通ったというユダヤ難民の証言が複数ある。例えば、高橋文『太平洋を渡った杉原ビザ：カウナスからバンクーバーまで』[5]には、「米国メソジスト派教会の使節が運営している小さな学校に通い始めた。歩いて行ける距離だ。英会話の上達が主な目的で」というユダヤ難民の証言が紹介されている。これは当時、省線（現・ＪＲ）元町駅北にあったパルモア学園のことであろう。また、ユダヤ難民の子女が、カトリック修道院が運営していた聖マリア女学校（中央区下山手通二丁目にあった）に通ったという証言もある。さらには、オーストラリア在住の方から神戸市文書館に届いた調査依頼に、「家族が英会話を習ったところを探してほしい」というものがあった。最初は「アメリカンミッションで習った」、次に「セブンスデー・アドベンチスト・チャーチへ行った」というメッセージが届き、その場所を特定することができた。外国語学校や外国人学校、教会などもまたユダヤ難民受け入れの素地となっていたのである。

本稿では、新聞資料を中心に神戸におけるユダヤ難民の足跡を紹介した。神戸市史紀要『神戸の歴史―神戸開港１５０年記念―』第二六号には、神戸に滞在したユダヤ難民に関する市民からの主な情報提供一覧、ユダヤ難民の神戸での滞在状況、ユダヤ難民関連新聞記事を資料としてまとめている。こちらも参照いただければ幸いである。

（構成補助：谷口義子）

【注】

1　ヨーロッパのユダヤ人には大きく二つの勢力がある。アシュケナージ派は中世にドイツ語圏にいたユダヤ人で、迫害を受けて東欧・ロシア地域へ移住していった。セファルディ派は中世にイベリア半島に定住していたユダヤ人で、一四九二年の大追放令によりスペインから脱出し、北アフリカやイタリア、トルコ、オランダなどへ移住していった。杉原ビザで日本へ逃れてきたユダヤ難民は主としてアシュケナージ派であったため、同派が創設した神戸ユダヤ人協会の存在は彼らにとって重要なものであった。

2 ユダヤ人が滞在している施設（ホテル等以外）を合宿所と呼んでいた。

3 現在の価値に換算すると八億円相当。

4 半年もの長期にわたって神戸に滞在した例は多くない。

5 バンクーバー新報企画・編／高橋文編著『太平洋を渡った杉原ビザ：カウナスからバンクーバーまで』岐阜新聞社 二〇二〇年

神戸を舞台とした文楽を楽しむ

島田　壯八郎

はじめに

若い頃に国立劇場が勤め先の近くだったので、歌舞伎を見始めましたが、小劇場では大阪発祥の文楽も公演しており、見る機会がありました。その後関西に戻り日本橋まで近いことからここ二十年近く毎年文楽の公演を楽しんでいます。一方、関係するＮＰＯは、みなと、神戸を主題とする講演会を十数年来続けています。一度神戸を背景とする文楽について考えたいと思い、居留地研究会神木会長に雑談で話したところ、「それは是非やりなさい」とうまく勧められました。少し年月が経ちましたがコロナ禍のもと時間と暇ができましたので試みました。

神戸を背景、舞台とする演目はかなりあると思いましたが案外少なく、拡大解釈をして摂津尼崎から明石辺りも取り込み六演目をまとめました。各演目を「あらすじ」、「背景となった場所など」、「みどころ」に分けています。すべて筆者の見た目であり、間違って解釈しているところもあろうと思っています。ご指摘いただけば幸いです。

あまり興味のない方もおられるかもしれませんが、一人でも文楽を見ようかと思われる方が現れればと期待しています。

一．源平布引滝《げんぺいぬのびきのたき》

あらすじ

「平治の乱」の後、源氏再興を望む木曽義賢《よしかた》は、百姓の九郎助に懐妊中の妻葵御前を預けます。義賢は、九郎助の娘小まんに源氏の白旗を渡し葵御前に届けるように頼みます。葵御前が小まんの行方を案じていると、九郎助の孫（小まんの子）太郎吉が川で見つけた片腕を持ち帰ります。腕には白い布が握られていて、手から離れませんが太郎吉が試すと難なく離れ、源氏の白旗と分かります。

平家の武将、斎藤実盛と妹尾十郎がやってきて葵御前と生まれた子供を出せと迫ります。九郎助の妻は片腕を生まれた子供と偽って持ってきます。妹尾は聞きませんが、実盛は中国の故事にもあることと庇います。実盛は元は源氏方であったと言って、腕を切ったのは自分であると言います。

一同が悲しむ中、小まんの亡骸が運び込まれ、実盛が片腕をつなぐと息を吹き返し、我が子太郎吉に話しかけ息絶えます。小まんは九郎助が拾って育てた平家方の子でした。葵御前は、男の子駒王丸（後の木曽義仲）を生み、九郎助は太郎吉を駒王丸の家来にしてほしいと頼み、実盛も太郎吉に手塚太郎光盛の名を与えます。しかし、葵御前は小まんが平家方の出自であり、何か手柄を立ててからと断ります。そこへ妹尾がやってきて赤子を渡せと迫り、小まんの死骸を足蹴にします。怒った太郎吉は母の形見の刀で妹尾を刺し、平家の侍を討ち取ったから駒王丸の家来にしてくれと頼みます。妹尾は、実は小まんは自分の娘であると告白し、自ら首を掻き切って孫の手柄として絶命します。葵御前も太郎吉を駒王丸と主従の縁を結ばせます。太郎吉は母の敵と実盛を討ち取ろうとします。実盛は成人して若君と共に挙兵したなら、その時に改めて討たれようと約束します。

なぜ布引の滝か

源氏の白旗を源平互いに引き合うことから布引と名付け神戸の布引の滝にかけて、題目が設定されたのであろうが、その裏に平清盛がかつて布引の滝で宴を持ったという故事に合わせたという。清盛布引の滝の宴の絵図を見た覚えがあるがどこにあるのか定かではありません。

みどころ

斎藤実盛は平家物語にも登場し、平家方の武将として加賀の国篠原の合戦に老いを隠すために白髪を黒く染めて出陣し、木曽義仲（駒王丸）の家臣である手塚太郎光盛に討ち取られます。このことから、義仲は実盛には命を助けられたことがあると、黒髪を洗うと白髪姿を見たという伝えがあります。史実と併せて見事な脚本になっていると思われます。江戸時代の庶民は良く本を読んでいて広い知識を持っていたと感じられます。

二．絵本太功記《えほんたいこうき》尼ケ崎《あまけざき》の段

あらすじ

武智光秀（明智光秀）の母さつきは尼崎にわび住まいをしています。そこに旅の僧（実は真柴久吉）が現れ一夜の宿を乞います。その僧を追って光秀もやってきます。さつきは僧に風呂に入るように勧めます。そこに光秀の息子十次郎が別れの挨拶に来ます。十次郎と夫婦の約束をしている初菊との夫婦固めの盃がなされ、十次郎は戦へと出陣して行きます。光秀は風呂に入っている僧を真柴久吉と確信して竹槍を突き立てますが、風呂にいたのは母のさつきでした。さつきは、光秀の主殺しの罪を責めており改心するようにと自らの命を掛けたのです。

辺りが騒がしくなり周囲に久吉の軍勢が現れ、久吉が僧衣から陣羽織にかわって登場します。さつきは久吉に詰め寄る光秀を押しとどめ、光秀の罪を少しでも軽くするために命を捨てた本心を明かし、十次郎と共に息絶えます。久吉と光秀は、改めて山城の国山崎の天王山で勝負を決することを約束して別れます。

尼崎の場

さつきの住まいが尼崎のどの辺りかはよく分り

ませんが、そこから和田岬が遠望できるような表現が次のようにあります。

「光秀聞くより突っ立ち上がり『あの物音は敵か味方か。勝利如何に』と庭先の、拗木（ようぼく、捻じれた木）の松が枝踏みしめ〴〵よぢ登り、眼下の村手をきっと見下し、『和田の岬の弓手より追々続く数多くの兵船、間近く立つたる魚鱗の備へ、千成瓢の馬印は、疑いもなき真柴久吉。風を食らってこの家に逃げ延び。手勢を引つ具し光秀を討つ取る術覚えたり』」

みどころ

実話（これも最近色々な説が出ているところですが）とは異なるが、光秀と母、妻操、息子十次郎、その嫁初菊のそれぞれの感情が込められており、特に母さつきの息子光秀を思う心が感動を与える場面でありましょう。

三．一谷嫩軍記《いちのたにふたばぐんき》

あらすじ

一の谷の合戦で、十六歳の平敦盛《あつもり》は熊谷直実に討ち取られます。戦いの前線基地である熊谷の陣屋に、わが子十六歳の小次郎の初陣を気遣って熊谷の妻相模が訪ねて来ます。一方、陣屋に平家の女藤の局が現れます。藤の局は十六年前御所勤めの侍（直実）となさぬ恋を咎められた相模を助けた人でした。藤の局は平経盛《つねもり》に嫁ぎ一子・敦盛をもうけましたが、実は敦盛は後白河法皇の御落胤でした。藤の局は「わが子敦盛を討った直実にかたき討ちをする。」と言います。

そこへ直実が戻って来ますが、陣屋の前には「一枝を伐らば一指を斬るべし」の制札が掲げてありました。直実が相模に、戦いで敦盛を討った手柄話をすると、藤の局が「我が子の敵」と斬りかかります。直実は戦場では仕方がなかったことと藤の局に言い聞かせます。

直実が討ち取った敦盛の首を携え、義経のもとへ向かおうとすると、義経が陣屋に現れ首の真偽を確かめる首実検を行います。首桶の中にあったのは直実と相模の子小次郎のものでした。制札の文言は、我が子を身代わりに出せという命令であったのです。院の御落胤を救い、自身も以前平家に助けられた義経が、その借りを返す意味で敦盛を救おうとしたのでした。

主命とはいえ、我が子を自らの手にかけた直実は、世の無常を感じ出家して戦場を去るのでした。

弥陀六

この物語の間に敦盛の石塔を建てていたという ことで弥陀六が陣屋に引き立てられますが、「敦盛の幽霊に頼まれた」と答えるばかりでした。義経は、弥陀六が伏見の里で母常盤らと凍えているところを救ってくれた平家の侍弥平兵衛宗清と見抜き、敦盛を忍ばせた鎧櫃を与えて旧恩に報います。

弥陀六が出て行こうとするところの話で、義経が留めて次のような問答があります。

『ヤア待て親仁。コリャ弥平兵衛宗清待て』と義経の詞にびっくり。『ハッ』と思へどそらさぬ顔『ハレヤレとつけもない。御影の里の隠れのない白毫の弥陀六といふ、へへ男でえす』『テハハハハハ。真や諺にも、至って憎いと悲しいと嬉しいとこの三つは、人間一生の忘れずと言ふ。その昔母常盤の懐に抱かれ、伏見の里にて雪に凍えしを、汝が情けを以て親子四人が助かりし嬉しさ。その時我三歳なれども面影目先に残り、見覚えある眉間の黒子ナコリャ、隠しても隠されまじ。重盛が卒去の後は行方知れずと聞きしが、ハテ堅固でいたな満足や』

みどころ

直実が敦盛を討つ場面は平家物語に詳しく記さ

れており、我が子小次郎と同い年位の若武者を殺すに忍びないと躊躇するが、味方の軍勢が現れ仕方なく首を討つ様子が描かれています。敦盛は笛（青葉の笛）を錦袋に入れて腰に差しており、皆その風雅さに涙をこぼさぬものがなかったとも語られています。直実の出家も平家物語に、「熊谷の発心のおもひすすみけれ」と書かれています。

四、生写《しょううつし》朝顔《あさがお》話《ばなし》明石《あかし》船《ふね》別《わか》れの段

あらすじ

　宮城阿曽次郎は宇治川へ蛍狩りに行った時に秋月弓之助の娘美雪と知り合い互いに思いを寄せ合うようになります。しかし二人は離れ離れになりますが、別々の船で帰国する時に明石の浦で再会します。嵐が来て再び離れ離れになります。美雪には国許で駒沢次郎左衛門との縁談の話が進んでいました。実はこの次郎左衛門が阿曽次郎でした。このことを知らない美雪は、その後苦労と悲しみから盲目となり、瞽女（ごぜ）となって朝顔と名乗っていました。いったん二人は会うことができますが、阿曽次郎は役目の関係からこのことを打ち明けることができず、みたび別れて美雪は次郎左衛門を追うことになります。悲しさを見せる大ロマン劇です。

明石での出会い

　明石の宿で、次郎左衛門に所望され朝顔が愛しい人と知らずに、我が身を語っています。

「よう問ふて下さります。・・・もと私は中国生まれ。様子あって都の住居。一年宇治の蛍狩りに焦がれ初めたるる恋人と、語らう間さえ夏の夜の、短い契りの本意ない別れ、所尋ぬる便りさへ思ふに任せぬ国の迎ひ。親々に誘はれ難波の浦を船出して、身を尽くしたる憂き思ひ、泣いて明石の風待ちに、たま／＼逢ひは逢ひながら、つれなき嵐に吹き分けられ、国へ帰れば父母の思いも寄らぬ夫定め。立つる操を破らじと、屋敷を抜けて数々の憂き目をしのぎ都路へ、登って聞けばその人は、都の旅と聞く悲しさ。またも都を迷い出て、いつかは廻り逢坂の関路のあとに近江路や、身の終わりさへ定めなく、恋し恋しに目を泣き潰し、物の文色も水鳥の陸に彷徨う悲しさは、いつの世如何なる報ひにて、重ね重ね嘆きの数、哀れみ給え」とばかりに声を偲びて嘆きける。」

みどころ

愛し合う若い二人がすれ違いを繰り返し、美雪は盲目となっても恋する人を尋ねます。その逢う瀬の場面の一つに明石の浦が、中国、西国へ向かう船の船着き場と設定されていることは、感じるところでしょう。

五、彦山権現誓助剣須磨浦《ひこさんごんげんちかいのすけっとすまうら》の段

あらすじ

敵討ちを題材とした長編の物語です。京極内匠（きょうごくたくみ）に長州藩の武芸師範の父吉岡一味斎を闇討ちされた妻、お園、お菊の姉妹が敵討ちを目指しますが、お菊は須磨浦で返り討ちに会い、子供の弥三松も若党友平に託します。その後様々な話があって姉お園は、豊前の国毛谷村で毛谷村六助の助けを借りて目指す敵を討ちに行くこととなります。

お園は六助を尋ねる時に男姿の虚無僧となって、初め六助を敵と間違いますが、親の決めた許嫁と分かり世話女房に変身します。やがて妹お菊の残した甥弥三松とも再会します。

須磨浦の段

妹お菊が折角出会った敵の京極内匠に隙をついて斬りかかりますが、反対に返り討ちに会う場面です。連れていたわが子弥三松を友平に託しますが、友平はお菊の亡骸を入れた葛籠を背負い弥三松の手を引いて歩き出すのでした。

みどころ

お菊が返り討ちに会う場が須磨浦に設定されており、あまり楽しい設定ではありませんが、この地域の海岸が畿内と西国との海上交通の結束点となっていることが伺えます。このほかの演題でも多く登場してこの地域の重要性が良く分かります。

六助住家の段はよく公演されますが、須磨浦の段はあまり上演されないのは場面の哀れさにもよるものでしょうか。

六．義経《よしつね》千本桜《せんぼんざくら》渡海屋《とかいや》・大物浦《だいもつうら》の段

あらすじ

「義経千本桜」は、「菅原伝授手習鑑」、「仮名手本忠臣蔵」を合わせて文楽の三大名作として数多く上演されてきました。平家を打ち取った義経は兄頼朝の不興を買い、追われる身となって西国に逃げます。その途中に滅ぼされたはずの平家の武将らが生き延びて様々な物語が生まれます。大物の浦の段では、平家の武将知盛が安徳天皇を擁して義経を討つべく策略を巡らします。

九州へ落ち延びようとする義経一行は、尼ケ崎大物浦の廻船問屋渡海屋に船を求めますが、数日の雨に足止めを余儀なくされます。そのうち折が来たと渡海屋の主人銀平（実は義経に滅ぼされ入水したとされる中納言平知盛）が出発を勧め、義経一行はそれに従って出発します。銀平は白装束に身を固め義経を討つべく後を追います。しかし、銀平の計画は見抜かれており、平家方は大半を討たれ知盛も深傷を負って帰ってきます。

帰ってきた義経に知盛は勝負を挑みますが、義経は天皇を供奉することを約し、安堵した知盛は大碇を背負って海中に飛び込み果てるのでした。

知盛の亡霊

知盛の義経を討つ一連の作戦は、生きている者の仕業ではなく亡霊が行ったこととしようという計画でした。従って亡霊のように白装束を身にまとっています。その姿はなかなか見ごたえのあるものです。

出陣に当たり知盛は、安徳天皇の世話をする娘のお安を上座に据えて、次のように自らの素性を明かします。

「そもそもこれは桓武天皇九代の後胤、平知盛の幽霊なり。渡海や銀平とは仮の名、新中納言知盛と実名を顕す上は恐れあり」

みどころ

知盛は最後を遂げるために大碇を背負い、海中へと果てるのですが、碇を背負ったまま仰向けに海中へと飛び込みます。文楽ではこの演出ですが、歌舞伎では文楽と同じように仰向けに飛び込む演出と、碇を背負って、海中へと歩んで行く演出とがあります。いずれの演出でも知盛の哀れさが感じられますが、仰向けで飛び込む演出の方が観る者には感動を与えるのではないでしょうか。

知盛最後の場面は、次のように語られています。

「今際の名残に天皇も、見返り給ふ別れの門出とどまるこなたは冥途の出船『三途の海の瀬踏みせん』と碇を取って頭にかづき『さらばさらば』も声ばかり、渦巻く波に飛び入ってあえなく消えたる忠臣義臣、その亡骸は大物の千尋の底に朽ち果てゝ、名は引く汐に揺られ流れ流れて、跡白波とぞなりにける」

おわりに

何とか六編をまとめることができましたが、筆者の感想文のようなものとなったようにも思えます。一度完成したと思っていましたが、「彦山権現」を思い出して追加しました。六編の並びは意味はありませんが、ただ一つ「知盛往生」の場面を歌舞伎と併せて話したく最後に持って行きました。

文楽は、語り、三味線、人形の三つが見事なハーモニーで演じられる総合劇であり、筋書きでは様々な工夫が凝らされています。ストーリーを追って作者の意図を感じ、それをどのように表現されているかが楽しめます。年間上演される演目も限られていますので、各演目を楽しむのが一番の道でないかと思っています。「誰が上手い、音がどうの」などはさておきその時々が一番と思えば楽しいものでしょう。演者に若い人も育ってきています。これからも関西の文化の担い手として発展し続けられるよう願っています。

【引用、参考文献】

国立文楽劇場各上演プログラムと同封の床本
高木浩司『文楽に親しむ』和泉書院　二〇一五
藤田洋編『文楽ハンドブック』三省堂　二〇一一
高木秀樹『あらすじで読む文楽五十選』世界文化社　二〇一五
岩波文庫『平家物語』岩波書店

岩田隆義先生を偲ぶ

宇津　誠二

皆さん、明治時代に神戸・北野にあった幻の農園「国営 神戸阿利襪（オリーブ）園」のことをご存じでしょうか。私たち〝インターナショナル　オリーブアカデミー神戸〟は、この史実を伝える活動を二〇一三（平成二五）年以来続けています。[1]

私たちが伝承活動を始めたころ、岩田先生の指導の下、「こうべ北野町山本通伝統的建造物保存会」の森田 義氏、一宮神社の山森宮司、平井さん等が、北野の歴史を後世に残そうと、『北野「雑居地」ものがたり』の制作にとりかかられました。この本の編集時、「神戸阿利襪園」のことも触れるべきだと決まり、私に声がかかりました。やがて編集会議に顔を出すことになり、これが岩田先生に心服する切掛けになったのです。本来なら「神戸阿利襪園」の原稿を書けば、私の役目は終わりです。ところが、岩田先生から聞く神戸の江戸時代や開港前後、居留地時代。さらには戦後に至るまで幅広く興味深い話が楽しみで、毎回顔を出すようになりました。

ちょうどその頃、私は『神戸居留地に吹く風』（秋田豊子著）の挿絵を描いていました。たまたま岩田先生に、その挿絵を見せたところ大変褒められ、『北野「雑居地」ものがたり』にも挿絵を依頼されました。そこで先生から聞いたエピソードを一枚、絵にしたところ、微笑みを湛えた優しい目で「宇津さん凄いね、いいじゃないの」と大変喜ばれました。それが励みとなって、合せて六カットもの挿絵を描いてしまいました。

目を輝かせ、私に神戸開港直前の話をされた時の顔、そして私の絵心を膨らませた先生の顔が、今でも忘れられません。岩田先生は、研究者ではない私の話もしっかり受け止められ、共にイメージを膨らませ、さらに良いものを創り上げようとされました。思いつきの私のアイデアにも、「宇津さん、その捉え方は面白いね。当時はきっと、そんなだったかも知れないね」と。

先生と最後にお会いしたのは二〇一九年の秋、北野歴史研究会（於・一宮神社社談話室）だったと覚えています。その後、世の中はコロナ禍一色となり研究会も開かれなくなってしまいました。

しばらくして山森宮司から、岩田先生が闘病中だと聞き先生にメールしたところ、「痛くて辛い」との返事。私は「コロナが終わったら、是非また先生のお話を聞かせて下さい。楽しみにしています」と返事するしかできませんでした。

1867年12月12日、神戸居留地の視察に来たミッドフォード（右から3人目）の前で、緋ちりめんの着物を着た村人たちが、浮かれ騒ぐ図（作：宇津誠二）

2009年10月3日「風見鶏の館100周年記念」での岩田先生
（隣は一宮神社・山森宮司）提供写真：山森宮司

先生は、『北野「雑居地」ものがたり』も「神戸ユダヤ人共同体の研究」（未完）も研究を研究で終わらせることなく、一般市民の方々にも分かりやすい形にして伝えること。そこ迄が自分の仕事であると考えておられました。また先生は、関わった人々を成長させる優れた教育者であり、素晴らしい指導者でもありました。

岩田先生と『北野「雑居地」ものがたり』の制作に携わったことは、私にとって一生の良き思い出となりました。短い期間ではありましたが、充実した日々を送らせてもらったことに心から感謝し、ご冥福をお祈りいたします。

（二〇二二年五月一〇日 記）

【注】

1 この史実については、神戸大学の学生・森 由香さんと中西テツ教授が、発表された研究論文（二〇〇三年）によって確認されたものである。

神戸外国人居留地研究会副理事長・野澤太一郎さんを偲んで

神木　哲男

野澤太一郎さんは、一九九八（平成一〇）年三月、当会発足当初から副会長として、さまざまな面で当会の発展に尽くされてきました。

野澤さんには、「ダンディ」という言葉がぴったりで、物腰が穏やかで、いつも笑みを絶やさず、矍《かく》鑠《しゃく》とした姿で、会員の皆さんとにこやかに接しておられました。

私が研究会の副会長への就任をお願いにあがった時、私の話を終いまで黙って聞いておられ、「私は、研究はしていませんが、主旨はよくわかりましたので、お引き受けいたしましょう」と、副会長への就任を快く承諾して頂きました。それ以来、研究会や役員会には欠かさず出席され、発言すべき時には、穏やかな口調で、はっきりと発言されました。

旧居留地に居留地時代の建物として唯一残る十五番館は、太一郎さんのお父様の野澤幸三郎さんが保存に尽くされ、それを引き継いで太一郎さんも保存につとめられたことで、現在も国の重要文化財として残されています。十五番館は、一八八一（明治一四）年にアメリカ領事館として建てられ、一八九〇（明治二三）年、アメリカ領事館が移転したあと、個人の住宅として使用され、居留地返還後、江商株式会社の神戸支店となり、一九六六（昭和四一）年、野沢石綿セメント株式会社（現・株式会社ノザワ）の本社・営業所として使用されました。当時の社長、野澤幸三郎さんは建設当時の建物の復元につとめられる一方、現地活用保存を目的にレストランとして利用することをはじめられました。直後に社長として跡を引き継がれた太一郎さんも、その方針を堅持され、一九八九（平成元）年五月には、居留地時代全国唯一の建物として、国の重要文化財の指定を受けられました。

　一九九五（平成七）年一月一七日の阪神・淡路大震災では、建物は倒壊し、大きな被害を受けましたが、見事に再建され、元の重要文化財の姿を取り戻しました。野澤さん父子の旧居留地の歴史に対する見識と実行力がなければ、十五番館の建物の存続が危ぶまれていたかもしれないと思うと、お二人の決断と実行が、神戸の重要な文化財の保存と活用に大きな役割をはたしたことをいくら強調しても強調しすぎることはないでしょう。

　野澤さんと会食を共にした時、「ぼくはね、戦中戦後の食糧難の時代を過ごしてきたから、何を食べてもおいしく、ありがたいですね。」と言われ、一二年年下の私も、「そうですね、私もおいしくて、お腹が一杯になったことが一番です。」と言って応じると、野澤さんは、本当においしそうにお箸を運ばれていたのを思い出しています。

　二〇二二（令和四）年二月二十三日、享年八九歳で御逝去された野澤太一郎さんに対し、副会長として長きにわたって本会の発展に尽くされたことに改めて御礼を申し上げるとともに、ご逝去に対し衷心より謹んで哀悼の誠を捧げ、ご冥福を心からお祈りいたします。

おわりに

二〇二三年は神戸開港一五五周年の節目の年であり、居留地返還一二五年である。

神戸は一八六八年一月一日に開港した。横浜、長崎、函館から九年遅れの開港である。一八六七年六月二五日、将軍慶喜が参内して、朝廷に「兵庫開港」を強く奏請し翌二六日に開港勅許がおりた。外国側に約束した開港予定日の約半年前である。幕府は、柴田剛中を兵庫奉行に任命し、外国人居留地建設責任者とした。柴田は、居留地建設に着手したが、政権が交代したため、維新政府が居留地建設を引継ぎ、一八六八年九月一〇日に第一の居留地永代借地権競売を実施した。

居留地は一八九九年七月一七日に日本側に返還された。

一九九八年、外国人居留地返還一〇〇年を記念して、神戸外国人居留地研究会（以下「研究会」）が発足した。会長は神木哲男（神戸大学名誉教授）と崎山昌廣（神戸新聞元論説委員長）である。研究会ができる前は、神戸に組織的な居留地研究組織はなく、居留地に関する研究は個人単位でなされていた。研究会立ち上げで、研究会は一〇〇人超の会員を擁し、会員同士の情報交換と切磋琢磨で、神戸の居留地研究は飛躍的に進んだ。二〇二三年、研究会は満二五年になる。この間、研究会は研究紀要『居留地の窓から』を八巻、書籍（論文集）二冊を出版した。三年間に一冊のペースである。

書籍第一号は、二〇一一年刊行の『居留地の街から～近代神戸の歴史研究～』で、第二号は、二〇一七年刊行の『開港と近代化する神戸』である。第三号となる本書には、居留地地図、行事局売却、居留地時代の日本企業、居留地の外国商社、かつての神戸の外国人と日本人等に関する研究論文と、居留地に関するエッセイ等を収録している。論文には、会員による新発見の事実もある。この二五年間、研究会は多くの市民研究者を育ててきた。それまで研究と縁がなかった一般市民が、研究会で、研究の楽しみを覚え、研究手法を身につけ、立派な研究成果を挙げてきたことも特筆すべきことである。

もし、四半世紀前に研究会が発足していなかったら、この研究報告書に収録されている研究成果の大半は日の目を見なかった可能性が高い。研究会を立ち上げた先人たちは、神戸の外国人居留地研究という「井戸を掘った人」である。井戸水は汲めば汲むほど澄む。井戸の水を飲むときは井戸を掘った人を忘れてはならない。

今、神戸は、第二の開港を迎えようとしている。二〇〇六年に地方空港として開業した神戸空港が、神戸市・兵庫県・財界・市民の努力が実って、国際空港に生まれ変わることになったからである。一五五年前の開港が、神戸を、我が国を代表する国際貿易港に発展させてきたように、国際空港が神戸に新たな都市活力と魅力を創造する起爆剤になる。神戸の次の一〇〇年に国際空港がもたらす効果が楽しみである。研究会は、これからも、外国人居留地を中心に「神戸学」研究に必要不可欠な「知的インフラ」として、多くの研究成果を生み出すであろう。一〇〇年後、研究会会員が、神戸空港国際化効果を論考する姿が目に浮かぶ。

最後になったが、寄稿してくださった皆様に心からお礼申し上げる。

神戸外国人居留地研究会 理事

楠 本 利 夫

【執筆者紹介】（五十音順）＊全員：神戸外国人居留地研究会会員

・秋田　豊子：神戸外国人居留地研究会

・宇津　誠二：インターナショナル オリーブアカデミー神戸・理事長

・大国　正美：神戸深江生活文化史料館・館長　神戸新聞社常務取締役

・神木　哲男：神戸外国人居留地研究会・会長　神戸大学名誉教授

・楠本　利夫：神戸外国人居留地研究会・理事

・斎藤　尚文：兵庫県立東灘高等学校・教諭

・島田壮八郎：NPO 近畿みなとの達人・顧問

・高木　應光：日本ラグビー学会・理事

・谷口　義子：神戸学院大学・非常勤講師

・中村　三佳：日本山岳会　神戸史学会

・深山たか子：神戸外国人居留地研究会

・松本　正三：元神戸市文書館・館長

・八木　文　：神戸外国人居留地研究会

・頼定　敬子：神戸外国人居留地研究会

⊙編集委員会（五十音順）

委員長　神木哲男

委　員　海老良平　梶原苗美　楠本利夫　島田壮八郎　高木應光

谷口義子　谷口良平　戸田清子　堀野正人

【NPO 法人 神戸外国人居留地研究会】

事務局：〒 663-8033 西宮市高木東町 31-20-101　高 木 應 光

近代神戸《きんだいこうべ》の群像《ぐんぞう》　居留地《きょりゅうち》の街《まち》から

2023 年 1 月 20 日　第 1 刷発行

編者　　神戸《こうべ》外国人《がいこくじん》居留地《きょりゅうち》研究会《けんきゅうかい》
発行者　金元昌弘
発行者　神戸新聞総合出版センター
〒 650-0044 神戸市中央区東川崎町 1-5-7
TEL 078-362-7140 ／ FAX 078-361-7552
https://kobe-yomitai/

印刷　株式会社神戸新聞総合印刷

落丁・乱丁本はお取り替えいたします

ISBN978-4-343-01174-9 C0021

目次

女性活躍が企業価値を高める

子育て中の
部下を持つ
経営者・上司のための
マニュアル

上田理恵子
（株式会社 マザーネット）